玩转社交心理学

连山 编著

浙江工商大学出版社
ZHEJIANG GONGSHANG UNIVERSITY PRESS

图书在版编目（CIP）数据

玩转社交心理学 / 连山编著 . — 杭州 : 浙江工商
大学出版社 , 2018.9

ISBN 978-7-5178-2306-3

Ⅰ . ①玩… Ⅱ . ①连… Ⅲ . ①心理交往－社会心理学
Ⅳ . ① C912.11

中国版本图书馆 CIP 数据核字（2017）第 180017 号

玩转社交心理学

连山 编著

责任编辑	唐　红　任晓燕
封面设计	思梵星尚
责任印制	包建辉
出版发行	浙江工商大学出版社
	（杭州市教工路 198 号　邮政编码 310012）
	（E-mail: zjgsupress@163.com）
	（网址 : http: // www.zjgsupress.com）
	电话 : 0571-88904980，88831806（传真）
排　　版	北京东方视点数据技术有限公司
印　　刷	三河市兴博印务有限公司
开　　本	710mm × 1000mm　1/16
印　　张	18
字　　数	283 千
版 印 次	2018 年 9 月第 1 版　2018 年 9 月第 1 次印刷
书　　号	ISBN 978-7-5178-2306-3
定　　价	52.00 元

前　言

任何人都无法孤单地活在世上，在社交沟通越来越重要的现代社会更是如此。每一个人生活的幸福、工作的成功都离不开与他人的交往。在社交的过程中，我们难免会碰到这样那样的问题，比如：如何塑造良好的第一印象？怎样快速说服别人？怎样让别人跟自己愉快合作？怎样在职场中获得上司的青睐、同事的支持……如果不能很好地解决这些问题，就会影响人际交往的成效，影响人际关系的建立与发展，甚至影响事业的成功。

现实生活中，有的人潇洒从容，谈笑风生间诸多问题就得以迎刃而解；有的人忙忙碌碌，到头来却还是一事无成，落寞失意。当今社会，人心日趋复杂，竞争几近沸腾，仅靠着一副好心肠已很难应对现实的挑战。接连不断的困顿和坎坷，都在告诉你一个不争的事实——只靠着一股蛮劲横冲直撞，是抵达成功的最远路途，在社交中懂得策略才是做人做事的最大资本。害人之心不可有，但防人之心不可无，我们无意去伤害他人，却不得不学会保护自己。策略是使环境对自己更加有利的计策谋略，是令事业更上一层楼的巧言妙语。在处理各种事情的时候，若懂得用策略来做润滑剂，困难的事情往往就会变得简单起来。有策略的人，做什么都易如反掌；相反，如果不懂策略，不知提防别人，不知藏巧于拙，就会处处碰壁，庸碌一生。我们要想在这个高速运转的社会保护自己，发展自己，就一定要懂社交策略。

要掌握社交策略就不能不学社交。只有走入他人的内心深处，把握心理脉搏，洞悉人心的奥妙变化，才能运用恰当的策略赢得人心！聪明的人之所以聪明，成功的人之所以成功，就是因为他们懂得如何利用社交心理学，时刻注意运用心理策略辨人识人，营造和谐的人际关系，知道何为"难得糊涂"，懂得进退有度，因而能在各种人生场景中游刃有余。如果你不懂为人处世的心

1

理策略，不知与上级、同事、下属、朋友、爱人、家人的相处之道，就难免处处碰壁，使人生陷于庸碌无为的困局。懂得心理策略，既能防止别人伤害到自己，同时也可以增强自身的竞争力和适应力，为我们的人生创造更多的可能和精彩。

人际关系的成败，与社交心理学有着千丝万缕的联系，一旦掌握了相关的社交心理学知识，工作和生活中的许多难题就能迎刃而解，就能建立起完美的人际关系。本书旨在帮助读者运用社交心理学的知识和技能，建立完美的人际关系。全书从交友、职场、商场、爱情等与人们生活息息相关的各方面讲述社交心理学的知识和技巧，深入挖掘人性背后的心理秘密，巧妙揭示人们内心深处的行为动机，以期帮助读者迅速提高说话办事的能力，掌控社交的主动权，从而避免挫折和损失，一步一步地落实自己的人生计划，获得事业的成功和生活的幸福。

本书从现实出发，最终又回到现实，相信每一位读者都能够从本书中找到自己需要的社交策略。只要你真正领会了心理学的奥妙，你就能将人生的主动权牢牢握在手中，人生之路就会越走越通畅顺达。

目录

第 1 章

眼明心亮，结交益友的策略

巧说第一句话，陌生人也能一见如故

假如在一个严冬的夜晚，与一位现在很陌生、但希望将来能成为朋友的人见面，你想说些什么作为初次见面的开场白呢？

大多数人都认为从谈天气切入最好，如"今晚好冷啊"。可是，单纯地使用它，虽然能彼此引出一些话来，但这些话往往对你们彼此无关紧要，于是，再深一步地交谈也就出现困难了。不过，如果你这样说："哦，今晚好冷！像我这种在南方长大的人，尽管在这里住了几年，但对这种天气还是难以适应。"相信，对方若也是在南方长大的，就会引起共鸣，接着你的话头说出一些有关的事；对方若是在北方长大的，他也会因为你在寒暄中提到了自己的故乡在南方，而对你的一些情况产生兴趣，有了要进一步了解你的欲望，从而可把你们的交往引向深入。

要知道，人都是独立的个体，都具有思维能力，与陌生人打交道时，你与对方都会存有一定的戒心，这也是初次交往的一种障碍。而初次交往的成败，关键就要看你们能否冲破这道障碍。如果你用第一句话吸引住对方，或是讲对方比较了解的事，那么，第一次谈话就不仅仅是形式上的客套了。如果运用得巧妙，双方会因此打成一片，变得容易接近。

在实际交往过程中，有的人采用一种很自然的、叙述型的谈话开头，也能给人一种亲切感，同时还能让人想继续向他询问一些细节。

1

在一个街道的计划生育办公室，一名记者正在了解此地青年男女早婚早育的情况。那位主管此事的女干部没有像他想象的那样给他列举一堆数字，而是很自然地为他讲了个故事。

"今年的元月 26 日那天，这个街区某校的一名 15 岁的高中少女，初次见到本区的一个体户青年，这个青年也不过 20 岁出头，刚刚到法定结婚年龄。元月 29 日，也就是距他们相识不过 3 天的时间。他们就双双到当地婚姻登记机构要求登记结婚，那少女发誓说她已工作，父母远在边疆，因此无须征得父母的同意。婚姻登记机构当然不相信，一定要她出示户口本以验证她的实际年龄，但他们却不知从哪里找来一治安人员，硬是替他们做了证，领取了结婚证书。就这样，新郎为新娘租了一间旅馆，两人在那里住了 3 个月有余，少女的母亲发现已为时过晚，因为少女已经怀孕，而新郎却在此后突然不知去向，并到此为止，一直再没出现过。"

听完故事后，记者非常喜欢这段自然的开头，因为那名女干部说出具体的时间，令人预感将要有一段回忆或暗示一件有趣的事情要发生。令人产生渴望要了解细节的欲望，既为其采访提供了很好的素材，同时也从侧面揭示出早婚早育的后果。

总结来说，说第一句话的原则就是亲热、贴心、消除陌生感。常见方式主要有三种：

1. 问候式

"您好"是向对方问候致意的常用语。如能因对象、时间的不同而使用不同的问候语，效果则更好。对德高望重的长者，宜说"您老人家好"，以示敬意；对年龄跟自己相仿者，称"老×（姓），您好"，显得亲切；对方是医生、教师，说"李医生，您好""王老师，您好"，有尊重意味。节日期间，说"节日好""新年好"，给人以祝贺之感；早晨说"您早""早上好"则比"您好"更得体。

2. 攀认式

赤壁之战中，鲁肃见诸葛亮的第一句话是："我，子瑜友也。"子瑜，就是诸葛亮的哥哥诸葛瑾，他是鲁肃的挚友。短短的一句话就定下了鲁肃跟诸葛亮之间的交情。其实，任何两个人，只要彼此留意，就不难发现双方有着这样或那样的"亲""友"关系。

例如，"你是××大学毕业生，我曾在××进修过两年。说起来，我们还是校友呢！""您来自苏州，我出生在无锡，两地近在咫尺，今天能遇同乡，令人欣慰！"

3. 敬慕式

对初次见面者表示敬重、仰慕，这是热情有礼的表现。用这种方式必须注意：要掌握分寸，恰到好处，不能胡乱吹捧，不说"久闻大名，如雷贯耳"之类的过头话。表示敬慕的内容也应该因时因地而异。

例如，"您的大作《教你能说会道》我读过多遍，受益匪浅。想不到今天竟能在这里一睹作者风采！""桂林山水甲天下。我很高兴能在这美丽的地方见到您这位著名的山水画家。"

不过，说好了第一句话，仅仅是良好的开端。要想谈得有味，谈得投机，你还得在谈话的过程中寻找新的共同感兴趣的话题，这样才能吸引对方，使谈话顺利地进行下去。

熟记名字，更容易抓住他的心

人们在日常应酬中，如果一个并不熟悉的人能叫出自己的姓名，就会对其产生一种亲切感和知己感；相反，如果见了几次面，对方还是叫不出你的名字，便会对其产生一种疏远感、陌生感，增加双方的心理隔阂。一位心理学家曾说："在人们的心目中，唯有自己的姓名是最美好、最动听的东西。"许多事实也已经证实，在公关活动中，广记人名，有助于公关活动的展开，并助其成功。

美国前总统罗斯福在一次宴会上，看见席间坐着许多不认识的人，他找到一个熟悉的记者，从记者那里一一打听清楚了那些人的姓名和基本情况，然后主动和他们接触，叫出他们的名字。当那些人知道这位平易近人、了解自己的人竟是著名政治家罗斯福时，大为感动。以后，这些人都成了罗斯福竞选总统的支持者。

记住对方的名字，最好时而高呼出声，这不仅是起码的一种礼貌，更是交际场上值得推行的一个妙招。你想一想，对于轻易记住你的名字的人，我们怎不顿觉亲切，仿佛双方是老友相逢，这时，他来求我们什么事情，我们怎好不竭尽全力予以优先照顾呢？

在交际场上，如果第一次见面时你留给一位姑娘一个良好的印象，可是第二次见面时，你却嗯嗯啊啊地叫不出她的名字来，这位姑娘心里会不舒服，认为自己如此不具分量，她会记恨你一辈子的。那么，即使原来想好好谈谈，或谈生意，或谈人情，这一下全变得兴味索然了。叫不出对方的名字，谈下去就没戏了，因此你或许断了一方财路，或许使一段姻缘夭折。

在对方面前，你一张口就高呼出他的名字，会让对方为之一振，对你顿生景仰之意。就是原本不利的情势，也往往会因为你的这一高呼而顿时"化险为夷"。

一位著名作家说："记住人家的名字，而且很轻易地叫出来，等于给别人一个巧妙而有效的赞美。因为我很早就发现，人们把自己的姓名看得惊人的重要。"

人对自己的名字是如此重视。不少人甚至不惜任何代价让自己的名字永垂不朽。且看两百年前，一些有钱人把钱送给作家们，请他们给自己著书立传，使自己的名字留传后世。不言而喻，一个人对他自己的名字比对世界上所有的名字加起来还要感兴趣。

卡内基也是认识了这一点才成为钢铁大王的。小时候，他曾经抓到一窝小兔子，但是没有东西喂它们。他就想出了一个绝妙的主意。他对周围的孩子们说："你们谁能给兔子弄点吃的来，我就以你们的名字给小兔子命名。"这个方法太灵验了，卡内基一直忘不了。当卡内基为了卧车生意和乔治·普尔门竞争的时候，他又想起了这个故事。

当时，卡内基的中央交通公司正跟普尔门的公司争夺联合太平洋铁路公司的卧车生意。双方互不相让，大杀其价，使得卧车生意毫无利润可言。后来，卡内基和普尔门都到纽约去拜访联合太平洋铁路公司的董事会。有一天晚上，他们在一家饭店碰头了。卡内基说："晚安，普尔门先生，我们别争了，再争下去岂不是出自己的洋相吗？"

"这话怎么讲？"普尔门问。

于是卡内基把自己早已考虑好的决定告诉他——把他们两家公司合并起来。他把合作，而不是竞争的好处说得天花乱坠。普尔门注意地倾听着，但是他没有完全接受。最后他问："这个新公司叫什么呢？"

卡内基毫不犹豫地说："当然叫普尔门皇宫卧车公司。"

普尔门的眼睛一亮，马上说："请到我的房间来，我们讨论一下。"

这次讨论翻开了一页新的工业史。

如果你不重视别人的名字，又有谁来重视你的名字呢？如果有一天你把人们的名字全忘掉了，那么，你也很快就会被人们遗忘。

记住别人的名字。对他人来说，这是所有语言中最甜蜜、最重要的声音。

如果你想让人羡慕，请不要忘记这条准则："请记住别人的名字，名字对他来说，是全部词汇中最好的词。"

熟记他人的名字吧，这会给你带来好运！

用细微动作可以拉近与陌生人的距离

与陌生人相处时，必须在缩短距离上下功夫，力求在短时间内了解得多些，缩短彼此的距离，力求在感情上融洽起来。孔子说："道不同，不相为谋。"志同道合，才能谈得拢。

我们在百货公司买衬衫或领带时，女店员总是会说："我替你量一下尺寸吧！"

这是因为对方要替你量尺寸时，她的身体势必会接近你，有时还接近到只有情侣之间才可能的极近距离，使得被接近者的心中涌起一种兴奋感。

每个人对自己身体周围，都会有一种势力范围的感觉，而这种靠近身体的势力范围内，通常只能允许亲近之人接近。如果一个人允许别人进入他的身体四周，就会有种已经承认和对方有亲近关系的错觉，这一原理对任何人来说都是相同的。

本来一对陌生的男女，只要能把手放在对方的肩膀上，心理距离就会一下子缩短，有时瞬间就成为情侣的关系。推销员就常用这种方法，他们经常一边谈话，一边很自然地移动位置，跟顾客离得很近。

因此，如果你想及早建立亲密关系，就应制造出自然接近对方身体的机会。

有一场篮球比赛，一位教练要训斥一名犯了错的球员。他首先把球员叫到跟前，紧盯着他的眼，要这位年轻小伙子注意一些问题，训完之后，教练轻轻拍了拍球员的肩膀，把他送回到球场上。

教练这番举动，从心理学的观点来看，确实是深谙人心的高招。

第一，将球员叫到跟前。把对方摆在近距离前，两人之间的个人空间缩小，相对地增加对方的紧张感与压力。

第二，紧盯着对方的双眼。有研究表明，对孩子讲故事时紧盯着他的眼，过后孩子能把故事牢牢记住。教练盯着球员的眼睛，要他注意，用意不外乎是使对方集中精神倾听训斥。否则球员眼神闪烁、心不在焉，很可能会把教练的训斥全当成耳边风，毫不管用。

第三，轻拍球员身体，将其送回球场。实验显示，安排完全不相识的人碰面，见面时握了手和未曾握手，给人的感受大不相同。握手的人给对方留下随和、诚恳、实在、值得信赖等良好印象，而且约有半数表示希望再见到这个人。另一方面，对于只是见面而没有肢体接触的人，则给人冷漠、专横、不诚实的负面评价。

正确接触对方身体的某些部位，是传达自己感情最贴切的沟通方式。如果教练只是责骂犯错的球员，会给对方留下"教练冷酷无情"的不快情绪。但是一经肢体接触之后，情形便可能大大改观，球员也许变得很能体谅教练的心情："教练虽然严厉，但终究是出于对我的一番好意！"

此外，与陌生人交谈，应态度谦和，有诚意，力求在缩短距离上下功夫，力求在短时间里了解得多一些。这样，感情就会渐渐融洽起来。我国有许多一见如故的美谈，许多朋友，都是由"生"变"故"和由远变近的，愿大家都多结善缘，广交朋友。善交朋友的人，会觉得四海之内皆朋友，面对任何人都没有陌生感。

1. 适时切入

看准情势，不放过应当说话的机会，适时插入交谈，适时的"自我表现"，能让对方充分了解自己。

交谈是双边活动，光了解对方，不让对方了解自己，同样难以深谈。陌生人如能从你"切入"式的谈话中获取教益，双方会更亲近。适时切入，能把你的知识主动有效地献给对方，实际上符合"互补"原则，奠定了"情投意合"的基础。

2. 借用媒介

寻找自己与陌生人之间的媒介物，以此找出共同语言，缩短双方距离。如见一位陌生人手里拿着一件什么东西，可问："这是什么……看来你在这方面一定是个行家，正巧我有个问题想向你请教。"对别人的一切显出浓厚兴趣，通过媒介物引发他们表露自我，交谈也能顺利进行。

3. 留有余地

留些空缺让对方接口，使对方感到双方的心是相通的，交谈是和谐的，进而缩短距离。因此，和陌生人交谈时，千万不要把话讲完，把自己的观点讲死，而应是虚怀若谷，欢迎探讨。

不同的人、不同的心情，会有不同的需要。要想打动陌生人，就得不失时机地针对其不同的需要，运用能立即奏效的心理战术。通过对方的眼神、姿势等来推测其当时的心思，再有效地运用，如用拍肩、握手、拥抱等非语言沟通方式来传情达意，如果你懂得运用这些技巧，便能很快地拉近与陌生人的心理距离。

别出心裁称赞他人，增进彼此好感

与人交流的过程中，尤其是有些陌生的人，适时称赞对方没被其他人赞美过的地方，不仅能让对方感到高兴，激发他的交谈积极性，而且更容易打开对方心扉，拉近彼此的距离，甚至使他变为你的挚友。

法国前总统戴高乐 1960 年访问美国时，在一次尼克松为他举行的宴会上，尼克松夫人费了很大的劲布置了一个美观的鲜花展台：在一张马蹄形的桌子中央，鲜艳夺目的热带鲜花衬托着一个精致的喷泉。精明的戴高乐将军一眼就看出这是女主人为了欢迎他而精心设计制作的，不禁脱口称赞道："女主人为举行一次正式宴会要花很多时间来进行这么漂亮、雅致的布置。"尼克松夫人听了，十分高兴。事后，她说："大多数来访的大人物要么不加注意，要么不屑为此向女主人道谢，而他总是想到和讲到别人。"在以后的岁月中，不论两国之间发生什么事，尼克松夫人始终对戴高乐将军保持着非常好的印象。

别人都没注意到的地方，戴高乐却注意到了，并直截了当地将他的欣赏表达出来，这怎能不让尼克松夫人高兴呢？因此，我们在对陌生人加以赞美时，如果能悉心挖掘那种鲜为人赞的地方，对方会非常开心，陌生人很快就会变成挚友。这一点，你完全可以向一位聪明的女人讨教，她就是因为拍了《真善美》而红遍天下的影星茱莉·安德鲁丝，她除了演技好、容貌美、歌声令人陶醉之外，还有一张伶俐的嘴。

有一天，茱莉·安德鲁丝去聆听鼎鼎大名的指挥家托斯卡尼尼的音乐会，在音乐会结束之后，她和一些政要名流一起来到后台，向大指挥家恭贺演出的成功。

大家都夸奖指挥家："指挥得实在是棒极了！"

"抓住了名曲的神韵！"

"超水准的演出！"

大指挥家一一答谢，由于疲累，而且这种话实在是听得太多了，所以脸上显出有些敷衍的表情。忽然，他听到一个高雅温柔的声音对他说："你真帅！"

抬头一看，是茱莉·安德鲁丝。

大指挥家眼睛亮了起来，精神抖擞地向这位美丽的女士道谢。

事后，托斯卡尼尼高兴地到处对人说："她没说我指挥得好，她说我很帅哩！"恐怕大指挥家还是头一回听到有人赞美他帅呢！

就这样，大指挥家把茱莉当成了挚友，时时去为她捧场。虽然只是一次见面，大指挥家就时常抱怨与她"相见太晚"。

人人都有自己的长处，也都有短处。人们一般都希望别人多谈自己的长处，不希望别人多谈自己的短处，这是人之常情。跟初谈者交谈时，如果以特有的方式赞扬对方的长处作为开场白，就更能使对方感到高兴，对你产生好感，交谈的积极性也就得到了激发。

所以，赞美要具体化，正如伏尔泰所说："言而无物，其言必拙。"赞美用语越具体，越说明你对他的了解，这不失为一种特殊的赞美方式。

适当"自我暴露"能加深亲密度

小敏是同宿舍中最擅长交际的一个，并且人也长得漂亮。但同宿舍甚至同班的其他女孩都找到了自己的男朋友，唯独漂亮、擅长交际的小敏仍是独自一人。

为什么呢？她身边的同学都表示，她太神秘，别人很难了解她。和她有过接触的男同学也说，刚开始和她交往时，感觉她是个活泼开朗的女孩，但时间一长，就发现她很自私。

原来，小敏一直对自己的私生活讳莫如深，也从不和别人谈论自己，每当别人问起时，她就把话题岔开，怪不得同学们都觉得她神秘呢！

生活中有一些人是相当封闭的，当对方向他们说出心事时，他们却总是对自己的事情闭口不谈。但这种人不一定都是内向的人，有的人话虽然不少，但是从不触及自己的私生活，不谈自己内心的感受。

有些人社交能力很强，他们可以饶有兴趣地与你谈论国际时事、体育新闻、家长里短，可是从来不会表明自己的态度。而一旦你将话题引入略带私密性的问题时，他就会插科打诨，转移话题。可见，一个健谈的人，也可能对自身的敏感问题有相当强的抵触心理。相反，有一些人虽不善言辞，却总希望能向对方袒露心声，反而能很快和别人拉近距离。

人之相识，贵在相知；人之相知，贵在知心。要想与别人成为知心朋友，就必须表露自己的真实感情和真实想法，向别人讲心里话，坦率地表白自己、陈述自己、推销自己，这就是自我暴露。

当自己处于明处，对方处于暗处，你一定不会感到舒服。自己表露情感，对方却讳莫如深，不和你交心，你一定不会对他产生亲切感和信赖感。当一个人向你表白内心深处的感受，你可以感到对方信任你，想和你达到情感的沟通，这就会一下子拉近你们的距离。

在生活中，有的人知心朋友比较多，虽然他看起来不是很擅长社交。如果你仔细观察，会发现这样的人一般都有一个特点，就是为人真诚，渴望情感沟通。他们说的话也许不多，但都是真诚的。他们有困难的时候，总会有人来帮助，而且很慷慨。而有的人，虽然很擅长社交，甚至在交际场合中如鱼得水，但是他们却少有知心朋友。因为他们习惯于说场面话，做表面工夫，交朋友又多又快，感情却都不是很深。因为他们虽然说很多话，却很少暴露自己的真实感情。

实际上，人和人在情感上总会有相通之处。如果你愿意向对方适度袒露，总会发现相互的共同之处，从而和对方建立某种感情的联系。向可以信任的人吐露秘密，有时会一下子赢得对方的心，甚至赢得一生的友谊。

小鱼是某大学的研究生，刚入学不久。一天早上上课，课间，坐在前排的她转过身和一位同学借笔记，还回来时笔记里竟然夹了一张男生的照片，于是小鱼打开了话匣子，跟后面的同学聊了起来，说那是她在火车上认识的新男友，正热恋。她从她和男友在哪儿租了房子、昨天买了什么菜、谁做的晚饭，说到她如何如何幸福，甚至说到二人世界里亲密的小细节……

这样的事情有很多，而且她经常不分时间场合随便就跟别人讲自己的一些私事。到后来，同学们一见到她就躲开了，大家都受不了她了。

由上面的这个例子我们可以看出，在人际交往的过程中，自我暴露要有一个度，过度的自我暴露反而会惹人厌。

在人际交往中，自我暴露应注意以下几个问题：

（1）自我暴露应遵循对等原则，即当一个人的自我暴露与对方相当时，才能使对方产生好感。比对方暴露得多，则给对方以很大的威胁和压力，对方会采取避而远之的防卫态度；比对方暴露得少，又显得缺乏交流的诚意，交不到知心朋友。

（2）自我暴露应循序渐进。自我暴露必须缓慢到相当温和的程度，缓慢到足以使双方都不感到惊讶的速度。如果过早地涉及太多的个人亲密关系，反而会引起对方的忧虑和不信任感，认为你不稳重、不敢托付，从而拉大了双方之间的心理距离。

真正的亲密关系是建立得很慢的，它的建立要靠信任和与别人相处的不断体验。因而，你的"自我暴露"必须以逐步深入为基本原则，这样，你才会讨人喜欢，才能交到知心朋友。

幽默，让对方更加向你靠近

幽默使生活充满了情趣，哪里有幽默，哪里就有活跃的氛围。

在人际交往中，幽默是心灵与心灵之间快乐的天使，拥有幽默就拥有爱和友谊。

一个秃头者，当别人称他"理发不花钱，洗头不费水"时，他当场变了脸，使原本比较轻松的氛围变得紧张起来。一位演讲的教授，也是一个秃头，他在自我介绍时说："一位朋友称我聪明透顶，我含笑地回答：'你小看我了，我早就聪明绝顶了。'"然后他指了指自己的头说，"我今天演讲的题目是外表美是心灵美的反映。"教授就这样开始了自己的演讲，整个会场充满了活跃的气氛。

同样是秃头，同样容易受到别人的揶揄和嘲谑，为什么不同的人得到的却是别人不同的对待，其间的缘故就是没有幽默感。

由此可见，幽默不仅反映出一个人随和的个性，还显示了一个人的聪明、智慧以及随机应变的能力。但需要注意的是，幽默既不是毫无意义的插科打诨，也不是没有分寸的卖关子、耍嘴皮。幽默要入情入理，引人发笑，给人启迪。

生活中应用幽默，可缓和矛盾，调节情绪，促使心理处于相对平衡的状态。著名的喜剧大师卓别林曾说："通过幽默，我们在貌似正常的现象中看不出不正常的现象，在貌似重要的事物中看不出不重要的事物。"

幽默并非天生就有，而是需要自己用心培养。那么，怎样培养幽默感呢？

1. 首先要领会幽默的真正含义

幽默不是油腔滑调，也非嘲笑或讽刺。正如有位名人所言："浮躁难以幽默，装腔作势难以幽默，钻牛角尖难以幽默，捉襟见肘难以幽默，迟钝笨拙难以幽默，只有从容、平等待人、超脱、游刃有余、聪明透彻，才能幽默。"

2. 扩大知识面

幽默是一种智慧的表现，它必须建立在丰富的知识基础上。一个人只有具有审时度势的能力、广博的知识，才能做到谈资丰富，妙言成趣，从而做出恰当的比喻。因此，要培养幽默感，必须广泛涉猎，充实自我，不断从浩如烟海的书籍中收集幽默的浪花，从名人趣事的精华中撷取幽默的宝石。

3. 陶冶情操

幽默是宽容精神的一种体现，要使自己学会幽默，就要学会宽容大度，克服斤斤计较，同时还要乐观。乐观与幽默是亲密的朋友，生活中如果多一点趣味和轻松，多一点笑容和游戏，多一份乐观与幽默，那么就没有克服不了的困难，也不会出现整天愁眉苦脸、忧心忡忡的痛苦者。

4. 培养敏锐的洞察力

提高观察事物的能力，培养机智、敏捷的能力，是提高幽默的一个重要方面。只有迅速地捕捉事物的本质，以诙谐的语言做出恰当的比喻，才能使人们产生轻松的感觉。

当然，在幽默的同时还应注意，重大的原则总是不能马虎，不同问题要不同对待，在处理问题时要极具灵活性，做到幽默而不俗套，使幽默为人们的精神生活提供真正的养料。

运用认同术是达成共识的有效方法

在交际中寻找共同点的说话术，俗称"套交情"，也叫"认同术"。这种认同是交际中与陌生人、朋友、尊长、上司等沟通情感的有效方式。它是要在交际双方的经历、志趣、追求、爱好等等方面寻找共同点，引发共同语言，为交际创造一个良好的氛围，进而赢得对方的支持与合作。

例如，对待朋友，应该尽量抓准每一个机会增进交往，和朋友达成共识。

你可以及时地给予对方雪中送炭式的帮助，从而拉近你和朋友的距离，使朋友对你更加忠诚。当朋友获得成功时，及时地、由衷地祝福朋友，分享朋友的喜悦，会使朋友更加快乐，并会感激你对他的祝贺。当朋友有困难时，应帮助他度过难关，真正地体现有福同享、有难同当的精神。

如果朋友对你的某些行为流露出不满甚至批评时，应该弄清朋友不满是什么原因造成的。有时可能是朋友误会了你的意思，而有时或许是由于你的粗心没能照顾到对方的情绪，使对方产生不满。无论何种原因，你都应该谅解朋友，坦诚地向对方解释自己的行为，甚至赔礼道歉，以化解对方的不满，求得对方的原谅。

与朋友交往时应多强调精神因素，淡化物质上的交往。交朋友时以对方的道德品质、脾气和性格是否与自己相投作为择友标准，不要以贫富贵贱作为择友标准。与朋友交谈或来往时应强调精神上的交流，如聊一聊最近的生活感触，互相给予鼓励和支持等，不要一味地谈钱、谈物质，这样会给对方很不好的印象。当对方遇到物质方面的困难时，应慷慨给予对方物质帮助，不要吝啬，这样会使朋友觉得你是一个真正的朋友。所交的朋友一般是在年龄相仿的人之间，但如果与跟自己年龄相差很大的人交朋友，也会有意想不到的效果。老年人遇事经验丰富，年轻人遇事热情有冲劲，两者的交往可以取长补短，所以社会上也不乏"忘年之交"。

人与人交往的最好结果是心与心的相通、志与志的相合、心理与心理的相容和分寸适度的距离感。无论哪方面，都应该力求达到一种"求同存异"的效果。

在现实生活中，由于每个人所处的环境不同，因此在经历、教育程度、道德修养和性格等方面也各不相同，这些方面的差距不应成为友谊的障碍。友谊的长久维持应该是正确对待这类差距的结果。应该承认自己和朋友在对待事物方面的差距，承认这种差距，适应这种差距，双方可以有争论、有辩解，从争论中寻找两人的契合点，求同存异。在涉及精神信仰的因素中应尊重对方，在涉及认识水平的问题上应通过暗示、影响等方面使对方认识到你们之间的差距。总之，有时保持这种差距，比强迫对方或自己改变以缩短差距要可行得多。

当然，朋友之间在兴趣爱好上有距离是司空见惯的事，如何才能使朋友之间的爱好协调起来呢？一般来说，朋友之间的兴趣爱好是相近的，但有时又是截然不同的。在这种情况下，应该尊重彼此的兴趣爱好，互相取长补短，如此不仅可以拓宽自己的知识面，还能使友谊更上一层楼。在交朋友时，应注意多结交一些与自己兴趣爱好可互补的朋友，这样可以使自己见闻更广阔，思想更活跃。

我们常说："距离产生美。"朋友之情再深，也没必要天天黏在一起，因为相距越近，越容易挑剔对方的缺点和不足，忽视对方的优点和长处，长期下去，会导致矛盾摩擦甚至断交。如果朋友之间保持一定的距离，可以使朋友彼此忽视缺点，而发现的是对方的优点和长处，并对对方有所牵挂，这样友谊就易于维持下去。

总之，不管怎么样，对他人要善于运用认同术，着力达到"求同存异"的境界是最主要的。这样才能维持长久的交情，经营完善自己的关系网络。

激发对方的情绪，让他滔滔不绝

在某些沉闷的环境里，没有人愿意开口跟陌生人说一句话，那是出于一种防备心理，在这种时候，你应该学会如何去激起谈话对象的某种情绪，让他慢慢开始滔滔不绝。

假如你正坐在火车上，你已坐了很久了，而前面还有很长很长的路程。你想与他人讲讲话，这是人类的群体性特征使然，而你要尽力使你的谈话显得有趣和富有刺激性。

坐在你旁边的一位像是一个有趣的家伙，而你颇想知道他的底细，于是你便搭讪道："真是一段又长又讨厌的旅程，你是否也有这种感觉？"

"是的，真讨厌。"他同意着，而且语调中包含着不耐烦的意味。"若看看一路上的稻田，倒会使人高兴起来。在稻谷收获之前的一两个月，那一定更有趣。"

"唔，唔！"他含糊地答应着。

这时你再也没有勇气说下去了。你在农业方面，给他一个表现兴趣的机会，他若是个农夫，接下来他一定会发表一番他的看法。

假若一个话题能引起他的兴趣，那么无论他是如何沉默的一个人，他也会发表一些言论的。因此你在谈话停滞之时，思考了一番后，又重新开始了。

"天气真好，爽快极了！"你说，"真是理想的踢球时节。今年秋季有好几所大学的球队都很出色呢！"

那位坐在你身旁的乘客直起身来。

"你看理工大学球队怎么样？"他问。

你回答："理工大学队很好，虽然有几个老将已经离队，然而几位新人都很不错。"

"你曾听到过一个叫李刚的队员吗？"他急着问。

你的确听说过这个球员，你猛然发现此人和李刚长得很像，立刻毫无疑问地判断李刚定是此人之子。于是你说："他是一个强壮有力、有技巧，而且品行很好的青年。理工大学队如果少了这位球员，恐怕实力将会大减。但是李刚快要毕业了，以后这个队如何还很难说。"

这位乘客听了这话便兴高采烈、滔滔不绝地谈了起来。可见，你激发了他说话的情绪，情绪一上来，就很难控制，谈话就会滔滔不绝。

和陌生人谈话的场合是不可避免的，那种紧张压抑的气氛抑制了大家说话的勇气，这时，必须想办法挑起一种快乐的情绪，让所有人都参与到交谈当中来。

一般说来，对一个素不相识的人，只要事先做一番认真的调查研究，你往往都可以找到或明或暗、或近或远的亲友关系。而当你在见面时及时拉上这层关系，就能一下子缩短彼此的心理距离，使对方产生亲近感。

一个人爱不爱说话，关键看他的情绪状况是怎样的，如果是沉默寡言的人，就要注意引导，激发他的说话情绪。至于其中的技巧，你要在交谈中察言观色，以捕捉可谈的信息，如果可以，事前最好做一番调查研究。

来点儿社交技巧，增进彼此感情

有位老谋深算的公司经理计划利用现任职位上的客户资源开办一家新公司赚笔大钱。于是他找了两名以前的手下，共商创业的事。后来他发现他们三个人太少，很难成功。于是他要他的手下另外再找七个人，组成十个人的创业团队。

他的手下顺利地找到了他们所需要的人手。这位经理却发现，他与这七个新伙伴根本就不认识，他们是否值得信任实在是一个大问题。

于是他想到了每晚分别与一个新伙伴共进晚餐的好办法。席间他除了交代各人的职责之外，还郑重地向他们表示"我也跟你们一样需要钱！"

结果，由于彼此有了共同的目标，这个计划最后终于成功了。

上例中，由于彼此有着共同的目标，因而迅速打开彼此的心扉，拉近彼此之间的距离。在人际交往中也是一样，若你与对方有共同的目标，则很容易就能增强彼此之间的亲密感。除了共同目标能够增强亲密感之外，还有其他一些增强亲密感的技巧。

1. 与人初次相见，坐在他的旁边较易进入状态

相信每个人都有过这样的经验，那就是与人面对面谈话时，往往会特别紧张。因为人与人一旦面对面，眼睛的视线难免会碰在一起，容易造成彼此间的紧张感。

相反地，与人肩并肩谈话，在精神上绝对比面对面谈话要来得轻松。因此与人初次相见，坐在他的旁边往往较容易进入状态。这一点同样适用于与异性约会的时候。

2. 若与对方有共同点，就算再细微的也要强调

"你家住哪……喔，那个地方我以前常去，附近是不是有一家卖香烟的杂货店？"像这样，为了缩短与对方之间的距离，只要是可以拉近彼此距离的话题，就算再细微的也要强调。

因为人与人之间一旦有了共同点，就可以很快地消除彼此间的陌生感，产生亲近的感觉。这样不但可以使对方感到轻松，同时也具有使对方说出真心话的作用。事实上，我们每个人都具有这样相同的心理。例如两个陌生人一旦发现彼此竟然曾就读于同一所小学，顷刻间就会产生"自己人"的感觉，立刻会打成一片。

因而，与人交往时，找到一些共同点强调一下，往往会收到意想不到的效果。

3. 每次见面都找一个对方的优点赞美，是拉近彼此间距离的好方法

如果我们每次见面都被人夸赞，自然而然地会想再见到这位赞美我们的人，这是任何人都会有的心理。因此每次见面都找出对方的一个优点来赞美，可以很快地拉近彼此间的距离。

4. 闲聊自己曾经失败的事比谈自己成功的事更易拉近彼此间的距离

人们在一起的时候，常会聊一些话题来拉近彼此间的距离。此时若谈自己曾经失败的事，会比谈自己成功的事更容易拉近彼此间的距离。因为老是炫耀自己成功的事情，容易让人产生反感，而留下不好的印象。

5. 把与自己关系密切的人名写在电话记事簿的首页，会让他欣喜万分

当你到一位交往很久的同事家做客，你们尽兴地谈完准备回家的时候，他对你说："这些文件待会儿再送到您家。"说完他顺手打开电话记事簿，准备确认你的电话号码与住址。突然间你发现，你的名字竟然被写在第一位，老实说，你当时一定非常高兴！

每个人对"自己"都非常敏感，因此一旦发现自己受到与众不同的待遇，不是感到非常兴奋就是感到非常愤怒！

如果把与自己关系密切的人名写在备忘录的首页，往往可以让对方感到高兴，而收到意想不到的效果。

像打理衣柜一样做好人脉资源的清理工作

在工作与学习的过程中，搜集与组织自己的关系网是有可能的，但试图维持所有关系似乎是不可能的，而想要在现有的人际网络内加进新的人或组织就更加艰难。因此，在组建人际关系网的时候，必须学会筛选放弃。换言之，你必须随时准备重新评估早已变得难以掌握的人际网络，对现有的人际关系网重新整理，放弃已不再对你感兴趣的组织和人，等等。这是生活中我们必须做的。筛选虽然不易，但仍是可以做得到的，有失才有得，才有更好的人生。

国际知名演说家菲立普女士曾经请造型顾问帕朗提帮她做造型设计，帕朗提提出要先清理她的衣柜。菲立普女士说："整理出来的衣服总共分成三堆：一堆送给别人；一堆回收；剩下的一小堆才是留给自己的。有许多我最喜欢的衣物都在送给别人的那一堆里，我央求帕朗提让我留下件心爱的毛衣与一条裙子。但她摇摇头说道：'不行，这些也许是你最喜爱的衣物，但它们却不适合你现在的身份与你所选择的形象。'由于她丝毫不肯让步，我也只得眼睁睁地看着自己的大半衣物被逐出家门。我必须学着舍弃那些已不再适合我的东西，而'清衣柜'也渐渐地成为我工作与生活的指导原则。不论是客户也好，朋友也好，衣服也罢，我们必须评估、再评估，懂得割舍，以便腾出空间给新的人或物。我也常把这个道理与来听演讲的听众分享，这是接受并掌握生命、生涯不断变动的一种方法。"

衣柜满了，需要清理与调整，以便腾出空间给新的衣服。同样的道理，人际关系网也需要经常清理。很多时候，当你要跟某人中断联系时，你根本无须多说什么。人海沉浮，当彼此共同的兴趣或者话题不复存在，便是分道扬镳的时候，中断联系其实是个顺其自然的过程。

清理人际关系网的道理和清理衣柜类似。帕朗提容许菲立普女士留下的衣服，当然是最美丽、最吸引人、也是剪裁最得体的几套。"舍"永远不是件容易的事，虽然有遗憾，但从此拥有的不仅都是最好的，更重要的是也有更多空间可以留给更好的。

如果我们对自己的人际网络做同样的"清理"工作，在去粗取精之后，留下来的朋友不就都是我们最乐于往来的吗？我们应该把时间与精力放在自己最乐于相处的人身上。在平时需要奔波忙碌于工作、社交与生活之间的我们，筛选人际关系网络是安排生活先后次序的第一步，也是简化我们生活的重要一步。

因此，学会筛选你的人际关系网，放弃那些对自己没有太多帮助和对自己没有多大兴趣的人，把主要的精力放在对自己未来发展有利的人身上，这样可以让你更好地掌控你的人脉、生活与事业。

知人知面，更要知人心

虽然说你的朋友身后蕴藏着巨大的宝藏，但是并不是所有的朋友都是"金子"，难免会混杂着一些"煤块"。明代苏浚将朋友分为4种："道义相砥，过失相规，畏友也；缓急可共，生死可托，密友也；甘言如饴，游戏征逐，昵友也；利则相攘，患则相倾，贼友也。"因此，交友要有选择，多交益友、畏友、密友，不交损友、昵友、贼友。

请检视一下自己周围的朋友，看看有没有喜欢到处传话的人，如有，在他面前你说话千万要小心；看看有没有背后告密的人，如有，赶紧躲得远远的，沾上这种人，也就和是非沾上了边。这种"长舌人"之所以可怕，是因为他舌长的时机是有选择的，他告密的目的就是谋取好处，甚至是从你的被伤害中谋取好处。

还有一种朋友，可能此时对你真诚相待，彼时却突然翻脸不认人。至于何时真何时变，完全根据现实的利益需要。这种人就像变色龙一样，一辈子会以多种面目示人，让你捉摸不透，更无法防范。

1898年，以康有为、梁启超为首的维新派，在中国掀起轰轰烈烈的维新变法运动。

这场变法运动不久就演变成了以光绪帝为首的维新派和以慈禧太后为首的顽固派之间的权力之争。在这场争斗中，光绪帝感到自己的处境非常危险，便写信给维新派人士杨锐："我的皇位可能保不住。你们要想办法搭救。"维新派为此都很着急。

正在这时，荣禄手下的新建陆军首领袁世凯来到北京。袁世凯在康有为、梁启超宣传维新变法的活动中，明确表态支持维新变法活动。所以康有为曾经向光绪帝推荐过袁世凯，说他是个了解洋务又主张变法的新派军人，如果能把他拉过来，荣禄——慈禧太后的主要助手——他的力量就小多了。光绪帝认为变法要成功，非要有军人的支持不可，于是在北京召见了袁世凯，封给他侍郎的官衔，旨在拉拢袁世凯为自己效力。

当时康有为等人也认为，要使变法成功，要解救皇帝，只有杀掉荣禄。而能够完成此事的人只有袁世凯，所以谭嗣同后来又深夜密访袁世凯。袁世凯当时慷慨陈词，说杀荣禄就像杀条狗。但事实上，他是个诡计多端、善于见风使舵的人，康有为和谭嗣同都没有看透他。他早就搭上了慈禧太后这条线。所以，他决定先稳住谭嗣同，再向荣禄告密。

不久，袁世凯便回天津，把谭嗣同夜访的情况一字不漏地告诉荣禄。荣禄吓得当天就到北京颐和园面见慈禧，报告光绪帝要抢先下手的事。

第二天天刚亮，慈禧怒气冲冲地进了皇宫，把光绪帝带到瀛台幽禁起来，接着下令废除变法法令，又命令逮捕维新变法人士和官员。变法经过103天，最后失败。谭嗣同、林旭、刘光第、杨锐、康广仁、杨深秀在北京菜市口被砍了脑袋。

由此可见，有些人惯于当面一套、背后一套、过河拆桥、不择手段。他们很懂得什么时候摇尾巴，什么时候摆架子；何时慈眉善目，何时如同凶神恶煞一般。他们在你春风得意时，即使不久前还是"狗眼看人低"，马上便会趋炎附势，笑容堆面；而当你遭受挫折、风光尽失后，则会避而远之，满脸不屑，甚至会落井下石。

就拿袁世凯来说，既然维新派主动找上门去，说明他在公众面前有一副维新的面孔。而实际上在维新可能成为主流的情况下，袁世凯也确实看到了维新的现实意义，于是马上与维新派打得火热，一副知己的样子；但一旦他看到了新的机会，他才不管什么朋友，自己的利益最重要，马上脸色一变，扬起背后的屠刀。

在现实生活中，并不是所有的朋友都是"金"，并不是所有的朋友都靠得住。这就给我们提出了两个值得重视的问题：一是在选择交友对象时，一定要慎重，要识得"庐山真面目"，要交真朋友；二是要善知人心，与不值得结交的人保持距离。

第2章

礼仪当先，举手投足间彰显风度

你的风度决定你的高度

一个有风度的人，在为人处世时，一举一动都体现着其智慧和修养。提高个人修养不是一朝一夕就能够做到的，它需要我们用一生的时间来培养。

要想使自己有风度，可以从以下几个方面做起：

1. 多读好书

书是人类最好的朋友，读书可明心、清脑、益智、养气。明心指读书可以开阔人的心胸，涤荡人的灵魂；清脑指读书可以拓宽人的思路，开阔人的视野；益智指读书可以增长人的智力和才干；养气指读书可以陶冶人的情操，提高人的自身修养和气质。

首先，要多读与你所从事的工作相关专业方面的书，以养"才气"。作为一个现代人，一定要有较高的才干、能力，才能适应工作环境，并胜任自己的工作，这就需要靠多读专业书来实现。

其次，要多读文学艺术方面的书籍，以养"灵气"。现代人工作、生活纷繁复杂，要保持敏捷的思想，才不至于陷入呆板、机械的教条主义中。为此，就需要多读一些文学、艺术方面的书籍，提高自己的文学修养，增强自己的想象力、创造力和影响力。

最后，多读政治方面的书籍，以养"大气"。要培养一种"大气"，就要多读政治理论方面的书籍，准确把握其实质和精髓，做到理论联系实际，学以致用。

2. 多实践

要多接触社会，多向他人学习。所谓三人行必有我师，要从群众中汲取智慧与经验。

思考要付诸实践，在实践中思考。只有不断改变自己、砥砺自己、提高自己，让自己成为一个有风度的人，才能在为人处世中更加游刃有余。

站立如松，行动如风

站姿和走姿都是个人形象中很重要的方面。站姿是工作和日常交际中最引人注目的姿势，它是仪态美的起点，又是发展不同动态美的基础，而潇洒优美的走姿是人动态美中最具魅力的行为，也能衬托出人的气质和风度。

站立的基本要求是挺直舒展、线条优美、精神焕发。其具体要求如下：

（1）头要正，头顶要平，双目平视，微收下颌，面带微笑，动作平和自然。

（2）脖颈挺拔，双肩舒展，保持水平并稍微下沉。

（3）两臂自然下垂，手指自然弯曲。

（4）身躯直立，身体重心在两脚之间。

（5）挺胸、收腹、立腰，臀部肌肉收紧，重心有向上升的感觉。

（6）双腿直立。女士双膝和双脚要靠紧，男士两脚间可稍分开点距离，但不宜超过肩宽。

女士工作中的站姿——双脚可调整成"V"字形或"T"字形，右手搭在左手上，贴在腹部。

男士工作中的站姿——双脚平行，也可调成"V"字形，双手下垂于身体两侧，也可将手放于背后，贴在臀部。

需要强调的是，在工作中站姿一定要合乎规范，特别是在隆重的场合下，站立一定要严格按照要求做。站累时，单腿可以后撤半脚的长度，身体重心可前后移动，但双腿必须保持直立。

什么样的走姿才会让他人觉得优美呢？一般来说，走路的姿态美不美是由3个方面决定的，即步幅、步位和步韵。如果步位和步幅不合标准，那么全身摆动的姿态就失去了协调的韵味，也就无所谓步韵效果了。

所谓步幅，是指行走时两脚间的距离。步幅标准应是由个人的身高、当时着装的限制、所穿的鞋子及男女性别所决定的。男性当然是大步流星，步幅在30厘米以上；女子若穿旗袍、高跟鞋或穿裙子，则应小步快走，轻盈而频率快，若是着裤装可走得步幅稍大，平稳而潇洒。

所谓步位，就是脚落地时应放置的位置。男子走路的步位应是脚既不外撇也不内向，平行直行向前，走出的是两条平行线，显得阳刚有力，朝气十足。女性应避免"X"或"O"形腿，两腿从大腿到小腿向内夹紧，腿部肌肉绷紧，脚后跟踩在一条直线上，脚尖微微朝外，步伐显得修长而挺拔。

所谓步韵，就是走路时特有的韵味，即风度。有些人走路轻松自然，富有节律感，不僵硬、不做作、不难看，让人觉得如行云流水般舒畅自如。有些人走路的姿势就不好看，步履沉重，拖沓而有下坠感，东摇西晃，这些不良走姿都会使个人形象大打折扣。

那么，怎样才能走出美感呢？下面就介绍一下走路时应注意的事项：

（1）走路时，抬头挺胸，步履轻盈，目光前视，步幅和步位合乎标准。

（2）行走时，双手在两侧自然摆动，身体随节律而自然摆动，切忌摇头扭腰。

（3）走路时膝盖和脚踝轻松自如，配合协调，以免显得浑身僵硬，同时忌走外八字或内八字。

（4）行走时不低头后仰或扭动肩部、胯部，或两手乱甩。

（5）多人一起行走时，应避免排成横队、勾肩搭背、边走边说、推来搡去。若是有急事要超过前面的人，应打招呼，超过后回头致谢。

（6）步幅和步位配合协调，甚至与呼吸形成规律。穿礼服、长裙、筒裙则步伐典雅温婉，轻盈有致；穿休闲、运动裤装，则步伐迅捷活泼，弹性而富朝气。

（7）男性不在行走时抽香烟，不在行走时乱扔烟蒂；女性不在行走时吃东西。养成行走时注意自己风度、形象的习惯。

（8）女性在行走时，还应特别注意腿部线条的流畅和紧张感，没有抽紧肌肉和稍具紧张感的双腿，走出的步子一定是沉重、下坠、拖沓的。收腹、夹臀、提气的女性步态，是轻快而富有节奏的。

（9）女性在行走时，还应养成两腿挺直向内夹紧的习惯，以避免破坏女性腿部的整体线条。

优雅大方的站姿和走姿是一个人礼仪修养的重要表现，也是一个人气质的重要呈现，我们绝不能忽视了这方面的小细节。

日常沟通礼仪规范

日常社交礼仪规范与日常工作的行为规范在许多方面是互相融合、互相统一的。这是人类社会活动、人与人相互关系文明化的体现，也是人性完善和发展的重要体现。

日常沟通礼仪体现在日常工作和社会活动的方方面面。

1. 称呼礼仪

每个人在社会交往中都希望在社会地位、人格、才能等方面受到他人的尊重。这种渴求尊重的心理，又常集中表现在对称呼的重视上。因此，在日常社交活动中，我们要善于得体地使用谦称和敬称。

（1）谦称。谦称是抑己，间接表示对他人的尊重，谦称自己，最常使用的是"我""我们"。目前尚流行一些古人的谦称词，如"敝人""在下""愚""晚生"等。

（2）敬称。通常所用的词，如"您""您老""您老人家""君"等，都表明说话人的谦恭和客气。

（3）职业称谓。在比较正式的场合，往往习惯于使用职业称谓，这带有尊重对方职业和劳动的意思，同时，也暗示了谈话与职业有关。如"师傅""大夫""医生""老师""律师""法官"等，同时在前面可以加上姓氏。有时，还可以用"博士先生""教授先生"等称呼。

（4）亲属性称谓。对非亲属的交际对方用亲属称谓来称呼，不仅可以表示尊敬，还能传达某种亲情。这种称谓法，常用于非正式交际场合。

2. 介绍礼仪

自我介绍时，可以介绍一下自己的姓名、身份、单位，如果对方表现出结识的热情和兴趣，可根据具体情况，适当介绍一下对方关心的问题：例如，自己的原籍、毕业学校以及学习情况、工作经历、兴趣特长等。不过，切忌信口开河、过分表现自己，应该在介绍完时表示"请多多指教"。另外，重要的是使对方记住自己的名字，因此要对自己姓名的字，尤其是冷僻字加以必要的阐说。

下面列举了几种常见的介绍规则：

（1）将男士介绍给女士。通常先把男士介绍给女士，并引导男士到女士面前做介绍。介绍中，女士的名字应该先被提到，例如："王小姐，我给你介绍一下，这位是李经理。"

（2）将年轻者介绍给年长者。在同性别的两人中，将年轻者先介绍给年长者，以示对前辈、长者的尊敬。

（3）将地位低者介绍给地位高者。遵从社会地位高者有了解对方的优先权的原则，除了在社交场合，其余任何场合，都是将社会地位低者介绍给社会地位高者。

（4）将未婚的介绍给已婚的。在两个妇女之间，通常先将未婚的介绍给已婚的。如果未婚的女子明显年长，则先将已婚的介绍给未婚的。

（5）将客人介绍给主人。

（6）将后到者介绍给先到者。

为他人做介绍时，手势动作要文雅，无论介绍哪一方，都应手心朝上，手背朝下，四指并拢，拇指张开，指向被介绍的一方，并向另一方点头微笑。必要时，可以说明被介绍的一方与自己的关系，以便新结识的朋友之间相互了解和信任。介绍人在介绍时要有先后顺序，语言要清晰明了，不含糊其词，以使双方记清对方姓名。在介绍某人优点时要恰到好处，不宜过分称颂而导致难堪的局面。

作为被介绍的双方，都应当表现出结识对方的热情。双方都要正面对着对方，介绍时除了女士和长者外，一般都应该站起来，但是若在会谈进行中，或在宴会等场合，就不必起身，只略微欠身致意就可以了。如方便的话，等介绍人介绍完毕后，被介绍人双方应握手致意，面带微笑并寒暄，如说"你好""见到你很高兴""认识你很荣幸""请多指教""请多关照"等。如需要还可互换名片。

3. 致意礼仪

见面时，向对方致意，表示尊重的礼仪有很多种。不同国家和民族、不同历史时期各有其特点和规范。现代见面时的致意礼仪，较通用的主要有名片礼、握手礼、鞠躬礼、抱拳礼、合十礼、拥抱礼、吻礼等等。

了解生活中的沟通礼仪，才能避免出错，给他人留下一个良好的印象，从而愿意与你来往。

得体地问候为你赚分

人际关系的融洽离不开一定的情感因素，而一定的情感表达常常通过一定的问候予以传递。问候的形式有日常的一般问候与特殊问候两种。

1. 日常问候

日常问候是亲朋之间、同事之间、师生之间等互致的问候。有按时间问候，比如出门上班、上学，见面相互问个好，如"早安""早上好"，下班放学说声"再见"等。有按场合问候，比如上学离家时向父母家人打个招呼道别，如"爸爸妈妈，我走了"，回到家见到父母说声"爸爸妈妈，我回来了"。家里人也应回答："早点回来！""回来了，歇一会儿吧！"同样，在社交和其他场合，熟人相遇、朋友相见，互致问候更是第一道礼仪程序，即使是一面之交，相遇也应打招呼。

如果子女见了父母、学生见了老师、下级见了上级，不打招呼，视若无人或一脸冰霜，那又会是什么情形？毫无表示或漫不经心，会被认为是傲慢无礼的表现。

2. 特殊问候

特殊问候一般有节日问候、喜庆时的问候或道贺和不幸时的问候或安慰。人生在世，有各种各样的人际关系。在民间，每当亲朋家中有婚嫁、寿诞、丧葬以及其他重大事件时，人们往往都难以置身事外。特别是在中国，人们历来就十分重视这类活动中的人情。现代社会，经济高速发展，人们忙于各种各样的工作，很难同时集聚在一起，人们大多在逢年过节时向远方或不常见面的亲友问候，这是联络感情的最简便而又极有效的礼仪方式。婚嫁、祝寿、店铺开张、事业有成、乔迁新居等喜事，大家往往都要行动起来向其表示祝贺并致问候。对于丧葬、事业受挫、家庭变故、失恋、遭灾等不幸，要表示同情、安慰或协助操办相关事宜，并给予必要的帮助。

亲朋好友之间互致问候应注意约定俗成的惯例。第一，尊重老人和妇女，即在顺序上男士应先问候女士，晚辈应先问候长辈，年轻人应先问候老人，下级应先问候上级，年轻的姑娘、女士问候比自己年龄大得多的男性。第二，主动问候，这是尊重他人的表示，即使你比对方年长，主动问候也不失自己的身份，还会增进感情。

问候的方式多种多样，可以口头问候，也可以书信问候；可以寄贺卡或明信片问候，也可以电话、电报问候；如果有条件的话，适当送些礼物表示问候则是人们联络感情、加强联系的较好方法之一。

守时是最基本的礼貌

一位朋友向王总推荐了一位印刷公司老板。这位老板知道王总的公司在印刷方面花不少钱，想争取王总的生意。他带来了精美的样本、仔细考虑的价钱建议和热情的许诺。王总有礼貌地坐着，尽管他未到会前就决定不把生意交给他，因为他迟了20分钟才来。准时对王总公司的印刷品是十分关键的。王总公司产品的印刷部件星期三送到，星期四装订，星期五发送到王总下星期出席的座谈会地点，迟一天就跟迟一年那么糟糕。王总的公司可能要十多位工人在既定的一天来将推销信、小册子、订货单叠好塞进信封，如果印刷品没运到，啥事都干不成。所以，当那位印刷公司老板第一次见面就不能准时，王总就推断出这位老板没有礼貌，也不能指望他能把他的工作干好。

当你展示给别人的形象是拖拉、不守时的时候，别人还愿意与你合作吗？办事准时、守时是最基本的礼貌，也是获得别人信任的手段。随着社会节奏不断加快，现代人的时间观念也越来越强。在职场中，公司的规章制度首先体现在要求员工遵守工作时间上。上班伊始，你如果不能严格遵守上下班时间，必然会给人一种极坏的印象，造成上司对你责任心不强的评价；特别是由于你的时间观念不强而影响到他人的工作时，那将是不可原谅的。

恪守时间是工作的灵魂和精髓所在，同时也代表了明智与信用。不把时间精确到分秒，就会造成麻烦。

不守时，就无从树立自己的信誉。没人愿意信任一个连时间都保证不了的人，也不会有人愿意同拖拖拉拉、效率低下的合作伙伴做生意。所以，要建立自己的信誉，就首先要遵守时间的约束，养成遵守时间、从不拖延的习惯。做事情从不拖延是使人信任的前提，会给人带来美好的名声。遵守时间的人一般都不会失言或违约，都是可靠和值得信赖的。

尊重别人的时间是对别人的一种礼貌和友好，因为有的时候即使是一分钟对别人来说也是弥足珍贵的。

约会准时是我们最常遇到的诚信问题之一。每逢节假日，朋友约好了出去是常事。事先我们都会定好时间和地点，可是到了约定时间，总会有人迟到甚至没去。"路上堵车""起晚了""自行车坏了"……迟到者总是有千万条理由——搪塞焦急等待着他们的人。更有甚者，参加活动的多数人都已到达，某君却迟迟不露面，一个多小时过去了，该君来电话宣称自己"不想去了"，苦等半天的众人此刻的兴致已经扫去了不少。若是又有几人也"不想去了"，精心准备的活动也许就此泡汤。这种不守时的人会给别人留下极差的印象，以后再有约会，恐怕也没人请他们去了。

魅力礼仪养成四法则

礼节是指与人交往中一些众所周知的基本行为动作。而礼仪的内涵相对来说要广泛一些，想打造魅力四射的形象，除了要掌握基本的礼节外，还应注意以下这些细节，从而成就自己的完美形象。

1.要有饱满的精神状态

愁眉苦脸、心事重重的样子在社交场合是不受欢迎的；萎靡不振、无精打采，别人会感到兴味索然，不愿与你交往。但若是精力充沛、神采奕奕，就能使对方感到你富有活力，交往气氛自然就活跃了。

2. 要有出色的仪表礼节

一般来说，风度和仪表比容貌更重要。

容貌姣好的人，并不代表他的仪表也美；同样的，举止仪表优美的人，也并不一定容貌漂亮。有些人虽然容貌平凡，但由于他有优美的风度，反而更吸引人。衣冠不整或者不修边幅的人，常会令人生厌。仪表出众、礼节周到能为个人增添无穷的魅力。

3. 要有诚恳的待人态度

端庄而不矜持冷漠，谦逊而不矫揉造作，就会使人感到你诚恳而坦率，交往兴趣也随之变浓。但如果你说话支支吾吾、躲躲闪闪，别人会感觉你缺乏诚意，从此疏远你。

4. 避免没有教养的行为

一个人若想在各种社交场合上给人留下美好印象，就一定要注意风度与仪态，要做到以下几点。

（1）不要耳语。在众目睽睽下与同伴耳语是很不礼貌的事。耳语可被视为不信任在场人士所采取的防范措施，要是你在社交场合老是耳语，不但会招惹别人的注视，而且会令别人对你的教养表示怀疑。

（2）不要说长道短。饶舌的人肯定不是有风度教养的人。在社交场合说长道短、揭人隐私，必定会惹人反感。再者，这种场合的"听众"虽是陌生人居多，但所谓"坏事传千里"，只怕你不礼貌、不道德的形象从此传扬开去，别人自然对你"敬而远之"。

（3）不要闭口不言。面对初识的陌生人，也可以由交谈几句无关紧要的话开始，待引起对方及自己谈话的兴趣时，便可自然地谈笑风生。若老坐着闭口不语，一脸肃穆的表情，便跟欢愉的宴会气氛格格不入了。

（4）不要失声大笑。不管你听到什么"惊天动地"的趣事，在社交场合中都要保持仪态，顶多一个灿烂笑容即止，不然就要贻笑大方了。

（5）不要滔滔不绝。在社交场合中，若有人与你攀谈，落落大方的态度是最好的，简单回答几句即可。切忌忙不迭向人"报告"自己的身世，或向对方详加打探，那样会把人家吓跑，认为你"居心不良"或"太八卦"了。

（6）不要扭捏作态。在社交场合，假如发觉有人常常注视你，你也要表现得从容镇静。若对方是从前跟你有过一面之缘的人，你可以自然地跟他打个招呼，但不可过分热情或过分冷淡，免得影响风度；若对方跟你素未谋面，你也不要太过于扭捏作态，又或怒视对方，有技巧地离开他的视线范围即可。

（7）不要大煞风景。参加社交活动，别人都期望见到一张张笑脸，因此纵然你内心有什么悲伤或情绪低落，表面上无论如何都应表现出笑容可掬的亲切态度。

你的一切言行举止都在反映你的修养与素质，所以，当你在公众场合时，一定要注意自己的言行举止，让他人被你的魅力所折服，喜欢你。

双手是你的第二张脸

小李的口头表达能力不错，对公司产品的介绍也得体，人既朴实又勤快，在业务人员中学历又最高，老总对他抱有很大期望。可做销售代表半年多了，业绩总上不去。问题出在哪儿呢？

原来，他是个不修边幅的人，双手拇指和食指喜欢留着长指甲，里面经常藏着很多"东西"，有时候手上还记着电话号码。每当他伸出手时，别人总是感觉"眼前一黑"。在大多情况下，根本没有机会见到想见的客户。

对于大多数女性来说，都希望拥有一双健康美丽的纤纤玉手。这不只是女性的爱美心理在起作用，更是由于她们深深懂得双手在公众形象中所起的重要作用。因此，她们会细心呵护自己的双手。

别人看到你的双手，不可避免地会看到你的指甲。因此，保持指甲的良好状态也是保护双手必不可缺的。

如果你对自己的双手足够的重视，就必须经常修剪指甲。因为在职场中或是商务交往等场合，没人喜欢留着长指甲的人。指甲的长度，不应超过手指指尖。因为长指甲不仅不利健康，社交中也容易伤到他人。

现代社会，很多女性都喜欢给自己的手指涂上各色的指甲油，如果在工作之外的场合，涂一点也无妨，但在工作场合，你就需仔细考虑一下了。

如果想让你的手指看起来比较修长的话，把指甲稍微磨尖，同时使用一种透明稍带粉红或肉色的指甲油来增加效果，不仅仅是因为这些指甲油的颜色和所有衣服颜色都很般配，还因为一旦指甲油脱落，看起来也不会太明显。

许多忙碌的女性认为，一个月专程去几次专业美甲店是值得的，尤其是她们要经常旅行的时候。如果你以前从未去过的话，去一次看看对你有没有效。你每次不用花太多的时间就能让你的指甲美观一点。这样，每次当你看着自己的手时，都能给自己增添一份自信。

一定要记得让美甲店给你使用上面推荐的天然的或者是珍珠粉的颜色的指甲油，另外别忘了再多涂一层。千万不要听他的劝说使用双色的、过暗或者过亮的指甲油。

如果你由于各种原因不能让专业的美甲师给你设计、整修指甲，那么就要靠你自己了，可千万不要找借口对自己的双手置之不理啊，它们可是你的第二张脸。以下提供几个简单易行的针对指甲的小办法：

长度：手指甲长度不能超过手指指尖2毫米。

缝隙：不能有异物。

习惯：养成"三天一修剪，每天一检查"的良好习惯。

美甲：日常生活中，涂指甲油要均匀、美观、整洁。

行规：服务行业上班时不允许涂指甲油或只允许涂无色的指甲油。

手的美没有绝对的标准，但对年轻的女子来说，理想的手要丰满、修长、流畅、细腻、平滑，它应具有一种观感上的形态美与接触中的感觉美，因而要对手部进行清洁、保养和美化。

人的双手因为长时间暴露在空气中，而且还要去做各种各样的劳动，因此手部皮肤特别容易干燥、老化。因此，就要时刻注意对手部皮肤的保养，延缓皮肤衰老，让双手健康美丽。

日常饮食要注意营养的摄取，多食富含蛋白质和纤维素的食物，少食辛辣食物，多饮水，禁烟。要注意劳逸结合，保证充足睡眠，保持精神愉快。要少晒太阳，烈日下撑伞遮光，如果对光过敏还要外涂防晒霜。搽化妆品时要选择适合自己皮肤的品牌。

保持手部皮肤清洁是至关重要的一步，清洁皮肤就要养成勤洗手的习惯。手部每天接触的物体很多，因而要及时将污物、灰尘等有害皮肤的东西洗净，要认真做到"三前三后",即上班前、接触入口食物前、下班前要洗手;手脏后、去过卫生间后、吸烟后要洗手。

社交活动中,人与人之间需要经常握手。即使不握手,手也是仪容的重要组成部分。

在招待客人端茶给对方时,在签字仪式上众目注视时,如果自己的手非常漂亮,不但可表现出自己的魅力,同时也会让他人觉得很舒服。因此,健康美观的双手是你绝对不可以忽视的部分。

握手的礼仪是从掌心开始的交流

据说握手礼最早始于欧洲,当时是为了表示友好,是手中没有武器的意思。但现在已成为世界性的"见面礼"。

握手是人们日常交际的基本礼仪,握手可以体现出一个人的情感和意向,显示一个人的虚伪或真诚。握手在人际交往中如此重要,可有人往往做得并不太好。

艾丽是个热情而敏感的女士,目前在中国某著名房地产公司任副总裁。那一日,她接待了来访的建筑材料公司主管销售的韦经理。韦经理被秘书领进了艾丽的办公室,秘书对艾丽说:"艾总,这是××公司的韦经理。"

艾丽离开办公桌,面带笑容,走向韦经理。韦经理先伸出手来,让艾丽握了握。艾丽客气地对他说:"很高兴你来为我们公司介绍这些产品。这样吧,让我看一看这些材料,我再和你联系。"韦经理在几分钟后就被艾丽送出了办公室。几天内,韦经理多次打电话,但得到的是秘书的回答:"艾总不在。"

到底是什么让艾丽这么反感一个只说了两句话的人呢?艾丽在一次讨论形象的课上提到这件事,余气未消:"首次见面,他留给我的印象不但是不懂基本的商业礼仪,而且没有绅士风度。他是一个男人,职位又低于我,怎么能像王子一样伸出手让我来握呢?他伸给我的手不但看起来毫无生机,握起来更像一条死鱼,冰冷、松软、毫无热情。当我握他的手时,他的手掌也没有任何反应,我的选择只有感恩戴德地握住他的手,只差跪下来吻他的高贵之手了。握手的这几秒钟，他就留给我一个极坏的印象，他的心可能和他的手一样冰冷。他的手没有让我感到对我的尊重，他对我们的会面也并不重视。作为一个公司的销售经理，居然不懂得基本的握手礼仪，他显然不是那种经过严格职业训练的人。而公司能够雇用这样素质的人做销售经理，可见公司管理人员的基本素质和层次也不高。这种素质低下的人组成的管理阶层，怎么会严格遵守商业道德，提供优质、价格合理的建筑材料？我们这样大的房地产公司，怎么能够与这样作坊式的小公司合作？怎么会让他们为我们提供建材呢？"

握手是陌生人之间的第一次身体接触，只有几秒钟的时间。但这短短的几秒钟是如此的关键，立刻决定了别人对你的喜欢程度。握手的方式、用力的大小、手掌的湿度等，像哑剧一样无声地向对方描述你的性格、可信程度、心理状态。握手的方式表现了你对别人的态度是热情还是冷淡，积极还是消极，是尊重别人、诚恳相待，还是居高临下，敷衍了事。一个积极的、有力度的正确的握手，表达了你友好的态度和可信度，也表现了你对别人的重视和尊重。一个无力的、漫不经心的、错误的握手，立刻传达出不利于你的信息，让你无法用语言来弥补，它在对方的心里留下了对你非常不利的第一印象。有时也会像上面的那位销售经理那样失去极好的商业机会。因此，握手在商业社会里几乎意味着经济效益。

玛丽·凯·阿什是美国著名的企业家，她是退休后创办化妆品公司的。开业时，雇员仅有10人，20年后发展成为拥有5000人、年销售额过亿美元的大公司。

玛丽·凯在其垂暮之年为何能取得如此巨大的成就？她说，她是从懂得真诚握手开始的。

玛丽·凯在自己创业前，在一家公司当推销员，有一次，开了整整一天会之后，玛丽·凯排队等了三个小时，希望同销售经理握握手。可是销售经理同她握手时，手只与她的手碰了一下，连瞧都没瞧她一眼，这极大地伤害了她的自尊心，工作的热情再也调动不起来。当时她下定决心："如果有那么一天，有人排队等着同我握手，我将把注意力全部集中在站在我面前同我握手的人身上——不管我有多累！"

果然，从她创立公司的那一天开始，她无数次地和人握手，总是公正、友好、全神贯注地与每一个人握手，结果她的热情与真诚感动了每一个人，许多人因此心甘情愿地与她合作，于是她的事业蒸蒸日上。

所以，为了在这轻轻一握中传达出热情的问候、真诚的祝愿、殷切的期盼、由衷的感谢，我们对握手的分寸、握手的细节的把握是十分必要的。

握手是很有学问的。美国著名盲聋作家海伦·凯勒写道："我接触的手，虽然无言，却极有表现力。有的人握手能拒人千里之外，我握着他们冷冰冰的指尖，就像和凛冽的北风握手一样。也有些人的手充满阳光，他们握住你的手，使你感到温暖。"

有心的人能准确喊出对方的名字

人对自己的姓名最感兴趣。把一个人的姓名记全，并很自然地叫出口，这是一种最简单、最明显，而又是一种最能获得对方好感的方法。特别是在上流社会的社交中，因为每个人都是有身份和地位的人，每天都会应付很多人，所以如果还能记住对方的名字并且能够亲切地喊出来，那么对于对方来说，这无疑是一种尊重和肯定。

二战期间美国民主党全国委员会主席、邮务总长吉姆是一位传奇人物。他小时候家里很穷，十岁就辍学去一家砖厂做工，他把沙土倒入模子里，压成砖瓦，再拿到太阳下晒干。吉姆没有机会受更多的教育，可是他有爱尔兰人乐观的性格，人们自然地喜欢他，愿意跟他接近。在成长过程中，吉姆逐渐学会了一种善于记忆人们名字的特殊才能，这对他后来从政起到了重要的作用。

罗斯福开始竞选总统前的几个月中，吉姆一天要写数百封信，分发给美国西部、西北部各州的熟人、朋友。而后，他乘上火车，在十九天的旅途中，走遍美国二十个州，行程一万两千里。他除了乘坐火车外，还用其他交通工具，像轻便马车、汽车、轮船等。吉姆每到一个城镇，都去找熟人进行一次极诚恳的谈话，接着再开始下一段行程。当他回到东部时，立即给各城镇的朋友每人写了一封信，请他们把曾经和他们谈过话的客人名单寄来给他。名单上那些不计其数的人，他们都得到吉姆亲密而极礼貌的复函。

吉姆早就发现，一般人对自己的姓名最感兴趣。把一个人的姓名记住，并很自然地叫出口，你便对他含有微妙的恭维、赞赏的意味。若反过来讲，把那人的姓名忘记，或是叫错了，不但使对方难堪，而且对你自己也是一种很大的损害。

但仅仅记住别人的姓名，还远远不够，在上流社会的社交中，称呼对方时要做到合宜而得体。

许多人认为，只要不是哑巴，喊名字是一件最容易不过的事情。虽然在日常生活中，我们每天要喊出许多人的名字，但仔细回想起来效果却不一样。卡耐基说："记住他人的名字是远远不够的，更重要的是怎么喊名字。"

用清晰的声音喊出别人的名字，是人际交往的第一步。它意味着你对别人持一种重视的态度。含糊不清的叫喊会使对方感到不愉快，以为你把他看得无足轻重，或者根本不把他放在心上。当多年未见的朋友突然出现在你面前，清晰地叫出他的名字将是最好的欢迎，它说明无论隔多少年，你仍然记得友情。当你置身在许多人中间，没有什么比——清晰地叫出他们的名字更能够说明你对他们的关注了。

喊别人的名字也是一门学问，它能给你带来好人缘，也能给你带来坏名声。喊名字要懂得语言和地域差别，用北方话直呼他人姓氏令人感到亲切，用某些南方话恐怕就不行。南方人叫阿贵顺口而亲热，北方人叫起来就未免别扭。喊名字还要懂得分寸和对方的特点，对女性尽量不要称"老"，对不熟的异性不要称呼得过于亲热，在姓氏后面加以"老"字是一种至尊称呼，不是随便用的。例如，你可以对任何一个年老的人称呼："老李"，"老陈"，但一般不能叫"李老"或"陈老"，因为后一种称呼法已超出一般符号意义，而且包含着相当强烈的尊敬色彩。

牢记他人的姓名并得体地称呼对方，是对对方的一种尊重，也是树立自己良好形象的一个有效方法。所以在社交中，聪明的人一定要多费心思，记住与你交往的人的姓名，并大方得体地叫出来，你将会发现发生在你身上的变化与惊喜。

打错电话时，先说一声"对不起"

小胖："周杰伦给我打电话啦！"

小黑："天啦！你可真幸运，他对你说了什么？"

小胖："他说了六个字——对不起，打错了。"

这虽然只是一则幽默小对话，但我们却可以从中学到打错电话时的必要礼仪——首先要跟对方说一声"对不起"。

生活中，我们难免会打错电话。有的人在打错电话时会感到尴尬，不知道说什么就直接挂掉电话，这会让接电话的人感到莫名其妙，同时也会感到气愤，因为你干扰了他的生活，却连句道歉也没有。如果我们在发现打错电话以后，就理智地向对方表示道歉，取得对方的原谅，再挂断电话，能让双方都感到坦然。

其实打错电话的情况各种各样，常见的情形如下：

有时一时手痒想赶时髦，便用手边的一支笔快速拨号，如此极易将号码拨错。有时是因为对方电话号码更改或区域号码变了，而拨不到正确号码。当对方已经接起了电话，而你又毫无礼貌地"啪"的一声挂断了，这一挂，不仅对对方失礼，而且对打错的原因不检讨，只会一错再错。因此，在打电话时要先确认一下号码，心平气和地打电话，如果还是打错，你可以参照下面的做法：

"喂！您好！这里是 A 公司。"

"请问不是 B 公司吗？"

"不是，是 A 公司。"

"啊！非常抱歉，那请问您的电话号码是不是 ××××××× ？"

"是的，号码是对的，但是我们确实是 A 公司。"

"那非常抱歉，耽误您的时间了。"

"没关系，拜拜！"

"对不起，拜拜！"等对方挂断电话之后，自己再挂电话。

因此，当得知自己打错电话时，一定不可慌张或出言不逊，最好经过这样的确认，清楚了解到底是拨错号码打错电话，还是记错了号码，既可以坦然地向对方表示歉意，又可弄清问题症结所在。

当我们打错电话时，应该怎么办呢？

一是如果打错了电话，一定要向对方表示歉意，不要一言不发就挂断电话了事。

二是第二次拨号时，一定要加倍小心，不要再次打错，这会比不道歉就挂断电话更糟糕。

三是若第二次拨号时仍发生错误，可以首先询问对方："这里是……号码吗？"如果对方回答"是"，那么就要检查自己的号码记录是否正确了，并且要再次向对方道歉。

接电话，别让铃响多于三声

每个人打电话时，都习惯于在等待电话被接通前的时间里最后调整一下思绪，再次在心里重申下此次去电的目的。这个电话被接通前的等待时间，往往被人们的惯性所设限，大多以电话铃响三声为限，电话铃响三声之内接听，则容易打乱等待者的思绪，而电话铃响过了三声还无人接听，等待者就会焦躁起来，不满情绪由此滋生。因此，在电话铃响过三声之后才接起电话，就要做好面对来电者的怒气和不满的准备，给予对方合理的解释，并致以诚挚的歉意。这才能扭转因接电话失礼而在对方心中造成的恶劣印象。

因此，电话铃一响，应尽快接听，而不要置若罔闻，或有意拖延时间，让对方久等。拖延时间不仅失礼，甚至会产生许多不必要的误会。

此外，在某些特殊情况下，人们实在难以遵循"响三声就接"的接听电话原则时，则应注意灵活处理。

某公司的经理在会议室接待一个客户时，突然秘书前来转告他有一个紧急电话，是公司老板为一件项目的失利大发雷霆。一听到这个，经理心中惊恐万分，也顾不得和客户解释，就急匆匆地离开会议室，前去接听电话。经过经理百般解释，公司老板才知道这原来是个误会，是某位下属不小心送错了材料所致。和公司老板通完电话，经理才想起客户还在会议室里，急匆匆赶到会议室，可惜客户早已经离开了。客户留给经理秘书一句话："你们经理实在太忙了，我看这个合约的事情还是等以后再说吧！"

事后，不管这位经理如何解释，客户都没能原谅他的失礼，一笔生意也就此泡汤。

遇到这种接待客户和接听电话都要顾及的时候，不仅要分清主次，更要不失礼节。如果电话过于紧急而不得不接时，就需要向被接待的客户致以诚挚的歉意，在获得客户谅解的情况下再去接电话。或者是接起电话向来电者致歉，另约时间回电，再继续对客户的接待工作。

总之，电话铃声一旦响起，要立即放下手头的事，在铃响的第一时间，也就是电话铃响三声的时候，迅速接起电话，即使是离电话机很远也要赶紧过去接电话。

接听是否及时不仅反映了一个人待人接物的真实态度，更代表了一个公司工作效率的高低，直接影响到来电客户对公司的印象。

你的微笑由你的声音传达

在电话沟通中，我们要让对方听到我们的微笑，因为带有微笑的声音是非常甜美动听的，也是极具感染力的。将你带笑的声音传递到电话另一端，他会更容易接受你，更乐意与你交谈下去。因为人是追求美和快乐的动物，笑声则传达了一名电话沟通人员的快乐，如果你是在和客户沟通，电话那端的客户当然愿意和一个快乐的人交谈。

有句名言："人一悲伤就会哭，因为哭就是悲伤。"现在我们借用这句话，把它改成："人一高兴就会笑，因为笑就是高兴。"的确，笑容不只表示自己心情的好坏，那种亲切明朗的快乐会感染身旁的每个人。比如心烦意乱的时候，会使人一颗心直往下沉，如果也能努力展开笑颜，那么，不知不觉中气氛就会轻快许多，跟周遭人们的沟通也容易、顺利得多了。

不管何时，只要笑容可掬地接听电话，声音便会把明朗的表情传达给对方。在接听电话的那一时刻，对方态度是热情的还是冷漠的，是感兴趣还是不感兴趣，是关心的还是烦躁的，是能理解还是没有耐心，是接受还是拒绝，这些都是可以感受得到的。为什么？这是因为声音能够展示与构建出电话接听者的形象。

例如下面的两组对话，虽然谈话的内容是一样的，但由于声音表达的不同，产生了两种结果。

第一组："喂！钢铁公司吗？××同志在吗？"

"××同志不在。"

（急不择言）"为什么不在？"

（火了）"我怎么知道！你又没叫我看着。"

（语塞了）"那，那，就跟你说吧。"

"对不起，你待会儿再打吧！"

电话挂了，得罪了人，又没办成事。

第二组：（微笑）"喂，纺织工厂吗？请问××同志在不在？"

"对不起，他不在。"

"哦，同志，那对你说也一样，我是光明商店的。"

"好，请说吧。"

事情很顺利地办好了。

微笑着打电话，不仅仅是一种礼貌，还可以让对方"听"到你亲切、友善的形象，从而有利于双方的沟通，给你的工作带来方便。当你微笑着接听电话，你就在构建一个好的形象，客户会感到受尊重、受欢迎，就会和你保持长期的、忠诚的业务关系。

第3章

以退为进，让自己不落被动的策略

闭上生气的嘴，张开争气的眼

俗话说："不蒸（争）馒头争口气。"人们在这句话的鼓舞下，为了自己的尊严与面子，不惜牺牲自己所拥有的：有人为了别人的无心之言而怒火中烧，非要与之争出个长短不可；有人为了显示自己的强悍，非要与情敌拼个你死我活；还有人为了让人看得起，非要挑战不可能之事……

如此看来，所谓的"争气"不过是生气而已，与其原本的意思存在着一定的偏差，并非所有的"气"都值得生：哪些气应该生，哪些气应该咽下去，除了要仔细衡量外，还需考虑现实的情况，如果为了面子问题生气而丢掉此后的前程，自然是得不偿失的。适当的时候，放下自傲的心理，让自己弯曲一下，也不失为一种巧妙的战略。

南北朝时东魏的高洋就是一个懂得适时弯曲的人。高洋在尚未称帝时，东魏政权掌握在其兄长高澄的手里。高洋的妻子十分美艳，高澄很嫉妒，而且心里很是不平。高洋为了不被高澄猜忌，装出一副朴诚木讷的样子，还时常拖着鼻涕傻笑。高澄因此将他视为痴物，从此不再猜忌他。

高澄时常调戏高洋的妻子，高洋也假装不知。后来高澄被手下刺杀，高洋为丞相，都督中外诸军。朝中大臣素来轻视高洋，而这时高洋大谈文武，谈笑风生，与昔日判若两人，顿时令四座皆惊，从此再不敢藐视。高洋篡位后，初政清明，简静宽和，任人以才，驭下以法，内外肃然。

当时西魏大丞相宇文泰听到高洋篡位，借兴义师的名义，进攻北齐。高洋亲自督兵出战，宇文泰见北齐军容严盛，不禁叹息道："高欢有这样的儿子，虽死无憾了！"于是引军西还。

在今天的现实生活中，已不存在这种不忍让就会动辄丢性命的屈伸之道了，但适时弯曲仍是必需之策。弯曲时更容易看清彼此更多的东西，更有利于沟通和进步。

一个名叫拉升·彼德的男士在海军部认服役两年后，回到了美国首都华盛顿，之前服务的那家广播公司正等待他继续去做播音工作，但是换了个新上司。由于某种原因，这位新上司好像不大愿意接受他。

他憋着劲儿要在各个方面和他的上司比个高低，于是他冷静、谨慎地工作着。新上司对他主持的节目时间重新安排以后，他按捺不住。他一直是和老搭档主持某个喜剧节目的，而新安排的时间差得不能再差了——将近午夜。

他怒火中烧，准备和上司干一场，但是为了饭碗还是忍了下来。搭档和他接受了这个倒霉的时间安排，兢兢业业地工作着，三年后，这个节目成为华盛顿首届一指的节目。

一天，新上司主动邀他参加电台的聚会，这次是躲不掉了。晚会上，他遇到了上司的未婚妻，她是个聪颖、活泼、务实的姑娘。像她这样的姑娘怎会喜欢一个没有什么可取之处的人呢？通过上司的未婚妻，他对上司的人格品行的看法有了转变。

随着时间的流逝，他的态度转变了——上司的态度也变了。后来，他们成了好朋友。他仍在全国广播公司工作，并在全国一档著名的电视节目中主持气象预报。

高洋与彼德都是有心机之人，他们明白：己不如人时，当面翻脸、发泄怒火只会自取灭亡，懂得适时弯曲、暗中发力才是求胜之道。

因此，当遭遇别人的欺辱时，是生气对自己有利，还是忍下这口气对自己更有利？是翻脸对自己有利，还是适时弯曲对自己更有利？这是不言自明的。

在弯曲时不忘积极进取，最后一鸣惊人，显示出强者的实力，自然会赢得别人的尊重。

就像西方著名政治思想家卡托所言："动怒的人张开他的嘴，却闭上眼睛。"人生在世，受气是难免的，生活中，如果因为有人"动了你的奶酪"，就不假思索地火冒三丈，是愚蠢之举。而真正的聪明者，则会在别人闭上眼睛的时候，看清自己的道路。

忍对方一时之气，为自己换来有利局势

忍让是一种眼光和度量，能克己忍让的人，是深刻而有力量的，是雄才大略的表现。现实的交际世界中，很多时候，忍对方一时之气，常常能为自己换来有利的局势。

楚汉相争中，刘邦由于势力较弱，经常吃败仗。汉四年，刘邦兵败，被项羽围困在荥阳。

刘邦的大将韩信亲自率领一队军马北上作战，捷报频传，接着攻下魏、代、赵、燕各王国，最后又占领了齐国全境。

韩信派使者来见刘邦说："齐人狡诈反复，齐国又与强大的楚国为邻，如果不设王进行威慑，不足以镇压安抚齐地百姓，请大王允许我暂时代任齐王。"

刘邦一听，勃然大怒，破口大骂："我现在被围困在荥阳，日夜盼望你韩信带兵来增援，你不但不来，反要自立为王！我……"此时的刘邦只看到了自己所处的危险境况，全然没有了王者该有的风度，把自己的本性暴露无遗。

正说着，刘邦感到自己的脚被人狠狠踩了一下。他发现坐在他身旁的张良向他示意了一下，便止住了下面一连串骂人的话语。

张良清楚地知道韩信是当世首屈一指的将才，眼下又拥有强大的兵力，处在举足轻重的地位上。刘邦如果现在与韩信翻脸，会对他大大不利；反过来，如果能调动韩信的兵马，就能给楚军以沉重打击，使楚汉对峙的局面向着有利于自己的方向转变。

因此，张良靠近刘邦，悄声说："大王，韩信手握重兵，投靠大王则大王胜，投靠项羽则项羽胜。我们对他的要求要慎重考虑。"

刘邦气还没消，不高兴地冲着张良说："那你说怎么办？难道就被这小儿挟持不成？"

张良说："现在我们正当危急时刻，闹翻了关系，他自立为王，我们也毫无办法。逼急了他，他一旦与项羽联手，大王的大事就麻烦了！不如趁势正式立他为王，调动他的军队攻击楚军。请迅速决断，迟则生变！"

刘邦毕竟是非常聪明的人，听了张良的话，马上恢复了理智，但他故意接着刚才气势汹汹的口气骂道："男子汉大丈夫，要做齐王就做真齐王，做什么代齐王！"

刘邦当即下令派张良为使节，带着印绶到齐地去，立韩信为齐王，并征调韩信的军队攻打楚军。局势很快发生了重大转折：汉军由劣势向优势转变，逐渐对楚形成了包围之势。

后来，刘邦终于在垓下全歼楚军，赢得了楚汉战争的最后胜利。应该说，刘邦在隐忍方面做得非常好。

反之，韩信要官做，急于成王的行为则背离了隐忍的大道，他最终被杀，在很大程度上跟自己锋芒太露有关。

俗话说："小不忍则乱大谋。"在人生的紧要关头，忍一时之气是为了换来有利局势。如果在危急时刻贸然做出举动，会激起反抗力量的攻击，让全盘计划最终落空。胸怀韬略者明白"韬晦"潜规则，以一时的忍耐实现自己的理想和宏伟目标。在这方面，古人的智慧会带给我们极大的启悟。

成全对方好胜心，保全自己

人人都有自尊心，人人都有好胜心。若要联络感情，应处处重视对方的自尊心，适时糊涂，方圆为人，应该学会抑制你自己的好胜心，成全对方的好胜心。

下面这个例子是关于名相萧何如何成全刘邦的好胜心而保全了自己的。

汉初良相萧何，泗水沛（今江苏沛县）人。曾任沛县主吏掾、泗水郡卒吏等职，持法不枉害人。秦末随刘邦起兵反秦，刘邦进入咸阳，萧何把相府及御史府的法律、户籍、地理图册等收集起来，使刘邦知晓天下山川险要、人口、财力、物力的分布情况。项羽称王后，萧何劝说刘邦接受分封，立足汉中，养百姓，纳贤才，收用巴蜀二郡的赋税，积蓄力量，然后与项羽争天下。为此深得刘邦信任，被任为丞相。他极力向刘邦举荐韩信，认为刘邦要取得天下非用韩信不可。后来韩信在楚汉战争中的才干证明萧何慧眼识人。楚汉战争中，萧何留守关中，安定百姓，征收赋税，供给军粮，支援了前方的战斗，为刘邦最后战胜项羽提供了物质保证。西汉建立后，刘邦认为萧何功劳第一，封他为侯，又拜为相国。萧何设计诛了韩信后，刘邦对他就更加恩宠，除对萧何加封外，刘邦还派了一名都尉率五百名士兵作相国的护卫。

当天，萧何在府中摆酒庆贺。有一个名叫召平的人，穿着白衣白鞋，进来对萧何说："相国，您的大祸就要临头了。皇上在外风餐露宿，而您长年留守在京城，您既没有什么汗马功劳，又没有什么特殊的勋绩，皇上却给您加封，又给您设置卫队，这是由于最近淮阴侯在京谋反，因而也怀疑您了。安排卫队保卫您，这可不是对您的宠爱，而是为了防范您。希望您辞掉封赏，再把全部私家财产都捐给军用，这样才能消除皇上对您的疑心。"

萧何听从了他的劝告，刘邦果然很高兴。同年秋天，英布谋反，刘邦亲自率军征讨。他身在前方，每次萧何派人输送军粮到前方时，刘邦都要问："萧相国在长安做什么？"使者回答，萧相国爱民如子，除办军需，无非是做些安抚、体恤百姓的事。刘邦听后总默不作声。使者回来后告诉萧何，萧何也没有识破刘邦的用心。

有一次，偶然和一个门客谈到这件事，这个门客忙说："这样看来您不久就要被满门抄斩了。您身为相国，功列第一，还能有比这更高的封赏吗？况且您一入关就深得百姓的爱戴，到现在已经十多年了，百姓都拥护您，您还在想尽办法为民办事，以此安抚百姓。现在皇上之所以几次问您的起居动向，就是害怕您借关中的民望而有什么不轨行动啊！如今您何不贱价强买民间田宅，故意让百姓骂您、怨恨您，制造些坏名声，这样皇上一看您也不得民心了，才会对您放心。"

萧何说："我怎么能去剥削百姓，做贪官污吏呢？"门客说："您真是对别人明白，对自己糊涂啊！"萧何又何尝不知道这个道理，为了消除刘邦对他的疑忌，只得故意做些侵夺民间财物的坏事来自污名节。不多久，就有人将萧何的所作所为密报给刘邦。刘邦听了，像没有这回事一样，并不查问。当刘邦从前线撤军回来，百姓拦路上书，说相国强夺、贱买民间田宅，价值数千万。刘邦回长安以后，萧何去见他时，刘邦笑着把百姓的上书交给萧何，意味深长地说："你身为相国，竟然也和百姓争利！你就是这样'利民'啊？你自己向百姓谢罪去吧！"刘邦表面让萧何自己向百姓认错，补偿田价，可内心却窃喜，对萧何的怀疑也逐渐消失。

刘邦身为开国皇帝，自是不希望臣子的威信高过自己。萧何采纳了门客的建议成功地保全了自己。

人们在人际交往中也是如此，每个人都有好胜心，我们何不适当地"糊涂"点，在彼此的交往中成全别人的好胜心，成人之美，皆大欢喜。

欲进两步，先退一步

《孙子兵法》中讲"以近代远，以逸待劳，以饱待饥，此治力者也"，也就是说，双方交战时，不一定要用进攻的方法才能将对方置于困难的局面，只要做好充分的准备工作，养精蓄锐，等疲劳的敌人来犯时，给予敌人迎头痛击，一样能达到制胜的目的。待机而动，以不变应万变，以静制动往往能在竞争中占据优势。

"以逸待劳"是现代商场上经常遇到的一计，你不需要直接采取进攻的行动，只要积极防御，以盈养亏，以亏促盈；待竞争对手出现漏洞时，再攻其不备，出其不意，就很容易在竞争中取胜。

市场变幻莫测，行业间摩擦此起彼伏，机会稍纵即逝。在这个每时每刻充满着竞争、风险的环境中，任何一个公司，哪怕是稳坐"庄家"的"老大哥"，都不可能一直独占鳌头。可能今天你还是一支"绩优股"，明天或许将会变成一支不折不扣的"垃圾股"。

既然我们不可能在竞争中永保胜利，就要学会攻守兼备，适时转移或者退步，当时不利己时，退回来休养生息，不和对手硬碰硬，等待时机，瞅准机会反过来推翻对手。在和对手进行斗智斗勇的过程中，要耐得住时间，耐得住各种各样的诱惑和小恩小惠，保持良好的自我状态，才能取得自己真正的需求。

英国友尼利福公司的经营之道就是"以退为进""以静制动"，他们有一个基本的信条，即"不拘束于体面，而以相互利益为前提"。只要最终能赢得利益，即使暂时要妥协、退让或者不够体面也没有关系。因为，在一些特殊情况下，只有甘愿妥协退步，才能赢得时机发展自己。退一步，有可能会获得进两步的空间和机会，结果还是自身获益。所以，在这一信条的引领下，英国友尼利福公司在企业经营和生意谈判中常常采用退让策略。

非洲东海岸是一块非常适合栽培食用油原料落花生的地方，那里不仅土壤肥沃，温度和气候也恰到好处，落花生每年的产量都很高。友尼利福公司就是看好这一点，所以在那里设有大规模的友那蒂特非洲子公司。这里是友尼利福公司的一块宝地，也是其主要财源之一。然而，第二次世界大战结束后，随着非洲民族独立运动的兴起和发展。友尼利福这些肥沃的落花生栽培地一块块地被非洲国家没收，这使该公司面临极大的危机。

怎么办呢？跟非洲政府和人民抗争到底，还是妥协退让？面对这种形势，公司内部经过长时间的激烈讨论之后，经理柯尔对非洲子公司发出了六条指令：

第一，非洲各地所有公司系统的首席经理人员，迅速启用非洲人；

第二，取消黑人与白人的工资差异，实行同工同酬；

第三，在尼日利亚设立经营干部培训基地，培养非洲人干部；

第四，采取互相受益的政策；

第五，逐步寻求生存之道；

第六，不可拘束体面问题，应以创造最大利益为要务。

不仅如此，柯尔在与加纳政府的交涉中，为了进一步获得对方的信任，还主动把自己的栽培地提供给加纳政府，从而获得加纳政府的好感。果然，没多久，加纳政府为了报答他，指定友尼利福公司为加纳政府食用油原料买卖的代理人，这就使柯尔在加纳独占专利权。同样，在同几内亚政府的交涉中，柯尔使用了同样的"伎俩"，表示愿意自行撤走公司，他的这种坦诚的态度又赢得了几内亚政府的信任，因而允许柯尔的公司留在几内亚。于是，柯尔在同其他几个国家的交涉中，也都坚持采用退让政策，结果，在"迂回战术"的连连使用下，柯尔的公司不仅没有真的退下来，反而光明正大地站稳了脚跟，公司就这样平安地渡过了难关。

做生意要像做人这样有进有退，有所为有所不为，必要的退让可以换来更大的利益，一味地咄咄逼人则有可能使你陷入死胡同。学会"以逸待劳""以静制动"，才能更好地后发制人，克敌制胜。但是，退让策略的运用，既要适时，又要得体，一定要充分掌握对方的心理活动，再"对症下药"安排策略，这样才能万无一失地取得成功。

以自己小失让对方，日后会有大收获

综观古今，很多先哲都明白得失之间的关系。他们充满远见，以一时的小失换得更多的回报，而非一时一事的得与失。

春秋战国时期的宓子贱是孔子的弟子，鲁国人。有一次齐国进攻鲁国，战火迅速向鲁国单父地区蔓延，而此时宓子贱正在单父。当时正值麦收季节，大片的麦子已经成熟了，不久就能够收割入库了，可是齐军一来，这眼看到手的粮食就会让齐国抢走。当地一些父老向宓子贱提出建议，说："麦子马上就要熟了，应该赶在齐国军队到来之前，让咱们这里的老百姓去抢收，不管是谁种的，谁抢收了就归谁所有，肥水不流外人田。"另一个人也认为："是啊，这样把粮食打下来，可以增加我们鲁国的粮食。而齐国的军队没有粮食，自然坚持不了多久。"尽管乡中父老再三请求，宓子贱仍坚决不同意这种做法。过了一些日子，齐军一来，真的把单父地区的小麦一抢而空。

为了这件事，许多父老埋怨宓子贱，鲁国的大贵族季孙氏也非常愤怒，派使臣向宓子贱兴师问罪。宓子贱说："今年没有麦子，明年我们可以再种。如果官府这次发布告令，让人们去抢收麦子，那些不种麦子的人则可能不劳而获，得到不少好处，单父的百姓也许能抢回来一些麦子，但是那些趁火打劫的人以后便会年年期盼敌国入侵，民风也会变得越来越坏，不是吗？其实单父一年的小麦产量，对于鲁国强弱的影响微乎其微，鲁国不会因得到单父的麦子就强大起来，也不会因失去单父这一年的小麦而衰弱下去。但是如果让单父的老百姓，乃至鲁国的老百姓都存在这种借敌国入侵能获得意外财物的心理，这才是危害我们鲁国的大敌。这种侥幸获利的心理，那才是我们几代人的大损失呀！"

宓子贱自有他的得失观，他之所以拒绝父老的劝谏，让入侵鲁国的齐军抢走了麦子，是因为他认为这样做失掉的只是有形的、有限的一点点粮食，而让民众存有侥幸得财得利的心理才是无形的、长久的损失。得与失应该如何取舍，宓子贱做出了正确的选择。

与人交往的过程中，我们必须明白：有些情况，忍一时的失，才能有长久的得，要能忍小失，才能有大的收获。

心怀大计，要韬光养晦为自己蓄势

装疯卖傻，在中国历史上被许多人奉为韬光养晦的有效方略，并屡试不爽。处在人生劣势的情形之下，运用好这条计谋，往往能为我们营造蓄势、翻身的机会。

孙膑是战国时期著名的军事家，与庞涓一起拜鬼谷子为师，但在才智方面超过庞涓。鬼谷子因孙膑单纯质朴，对他厚待一层，偷偷地将孙膑先人孙武所著兵书十三篇传授给他。

庞涓当了魏国大将，孙膑到他那里去做事，庞涓才知道孙膑在老师那里另有所得，更加嫉恨孙膑。他在魏惠王面前诬告孙膑里通外国，并请魏惠王对孙膑施以膑刑。孙膑的两块膝盖骨被剔去，无法逃跑。而后庞涓把孙膑关在一个秘密的地方，表面上大献殷勤，好吃好喝地供养。孙膑不知就里，还对庞涓感激涕零。庞涓乘机索要《孙子兵法》这本书。孙膑因无抄录手本，只依稀记得一些，庞涓就弄来木简，让他写下来。庞涓准备在孙膑完成之后，断绝食物供给，把他饿死。但是，庞涓派来侍候孙膑的童仆偷偷把庞涓的阴谋诡计告诉了孙膑，孙膑才恍然大悟。

孙膑是一个有着远大抱负的军事谋略家，他立即想出了一条脱身之计。当天晚上，孙膑就伪装成得了疯病的样子，一会儿号啕大哭，一会儿嬉皮笑脸，做出各种傻相，或唾沫横流，或颠三倒四，又把抄好的书简翻出来烧掉。庞涓怀疑他装疯卖傻，派人把他扔进粪坑里，弄得满身污秽。孙膑为了自己的远大志向，在粪坑里爬行，显出毫不在意的样子。庞涓又让人献上酒食，欺骗他说："吃吧，相国不知道。"孙膑怒目而视，骂不绝口，说："你们想毒死我吗？"随手把食物倒在地上。庞涓让人拿来土块或污物，孙膑反而当成好东西抓来吃。庞涓由此相信孙膑确实是精神失常了，疑心稍有解除。

此时，墨翟的弟子禽滑厘把他在魏国所见的孙膑的情况全部告诉了齐国相国邹忌，邹忌又转告给了齐威王。齐威王命令辩士淳于髡到魏国去见魏惠王，暗中找到孙膑，秘密地把孙膑接回齐国。

孙膑在身陷囹圄之时，冷静沉着，故意装得愚蠢疯傻，忍受巨大的耻辱与折磨，骗过庞涓，保住了性命。后来，在马陵之战中，孙膑以卓越的军事才能，设计除掉了死对头庞涓，洗刷了耻辱。

可见，孙膑正是通过装疯卖傻、忍辱负重，才使自己得以在危险之际保全性命，并赢得翻身之机。除此之外，装疯卖傻有时还能助你顺利实现大计。

李忱是唐宪宗的第十三个儿子。他幼时显得十分呆痴，极为沉默寡言，仿佛哑巴一样。宫中人都将他看成傻子。唐文宗、唐武宗都是他侄子辈的人，可一点也不尊敬他，经常拿他开心，以诱使他开口说话来取乐。

当唐武宗病危之际，宦官们以为像他这样呆傻的人物，易于他们控制，便立他为皇太叔，接着将他推上了帝位，这就是唐宣宗。可他一登基，召见百官、裁决政务，侃侃而谈；评判得失，全然合理，令所有的人都大吃一惊。

他在位十四年，约束亲属，礼待大臣睦如兄弟，明察慎断，刑法无私，从谏如流，俭约律己，人们称之为"小太宗"，是唐朝后期一个难得的明君。

不得不承认，装疯卖傻，能很好地起到麻痹对手的作用，为你赢得有利的时间和战机。

在生理方面制造假象，迷惑和麻痹政敌，使其放松警惕，不加提防，常常能够收到出人意料的效果。

弱势时打情感牌，更易被对方认可

"问世间情为何物？"或许答案有千种万种，但从本质上来讲，它就是能激起人们内心涟漪的绝佳法宝。

正所谓"以情动人"，"情"最能开启人的心扉，唤起别人的共鸣和认同。现实世界里，聪明的人往往善于打"情感"之牌，尤其在弱势的时候，这样更容易被他人认可、得到帮助。

曹丕和曹植都是曹操的儿子，均能辞赋。在文学史上，父子三人合称"三曹"。曹操被汉献帝封为魏王后，在诸子中选立自己的继承人。曹丕虽是兄长，但他觉得自己的地位很不稳固，认为弟弟曹植是自己强有力的竞争者，曹植也未放弃希望。于是，两人都想方设法争宠于曹操。

曹植，能文能武，胸有大志，才思敏捷，比曹丕有过之而无不及。曹操筑铜雀台，率诸子登台，令他们各自作赋。曹植当时年仅十九岁，援笔立成，文辞通达耐读，曹操很是惊异。每当曹操问及军国大事，他都能应声而答，因而备受曹操的宠爱。当时曹操身边有名的谋士杨修、丁仪、贾适、王凌等人，都倾向于立曹植为太子，并为曹植应付曹操的考察出谋划策，使曹操认为曹植比曹丕更有能力。

曹丕也与一帮亲信官吏积极谋划。他虽然文才不如曹植，但在政治斗争经验上却胜曹植一筹。他笼络的都是些明于政略而且在朝中掌握实权的官僚人士。出于打击曹植的目的，曹丕经常派人探听弟弟的活动，并收买曹植府中的下人，让他们到曹操那里告密，使曹操知道了杨修等人为曹植出谋划策的事情，这引起了曹操的疑心。

面对曹植争立的威胁，曹丕问深有谋略的太中大夫贾诩，如何才能巩固自己的地位。贾诩说，要宽厚仁德，奉行仁人志士简约勤勉的精神，朝夕兢兢业业，不要违背做兄长的规矩。曹丕听了他的话，时时注意修养，深自砥砺，使曹操对他的印象越来越好。

有一次，曹操要率大军出征，曹丕与曹植都前去送行。临别时，曹植作了一篇洋洋洒洒的散文，极力称颂父王功德，并当众朗诵得声情并茂，使得曹操和他的左右文武大臣万分高兴。曹植也因此受到众人的夸奖。曹丕怅然若失。这时，他的谋士吴质悄悄建议他做出流涕伤怀的样子。等到曹操出发时，曹丕什么话也不说，只是泪流满面，趴在地上，悲伤不已，表示为父王将要出生入死而担忧。他一边哭着一边跪拜，祝愿父王与将士平安。曹操及左右将士都大为叹息。

这样一来，形势大转。俗话说，"不怕不识货，就怕货比货"，曹操和左右大臣都认为曹植虽能说会道，但华而不实，论心地诚实仁厚远不如曹丕。一番考察和鉴别之后，曹操最终把曹丕立为世子。

再拿当今的营销来说，情感服务非常盛行。商家通过借助情感包装、情感促销、情感广告、情感口碑、情感设计等策略来实现企业的经营目标，使"情"的投射穿过消费者的情感障碍，让消费者受到强烈感染或冲击，从而激发消费者潜在朦胧的购买意识。例如，孔府家酒先后以巩俐的"孔府家酒，叫我想家"、刘欢的"千万里，千万里，我回到了家……"打响全国，贵州青酒厂也请香港明星刘青云以一句"喝杯青酒，交个朋友"为情感广告的全部诉求点，颇受消费者的青睐。

那么，想得到别人的认可或帮助，尤其在自己弱势的时候，你不妨使用眼泪等"情饰"的策略，这样往往更容易实现目的。

留得青山在，不怕没柴烧

留得青山在，不怕没柴烧。在进退之间果断地选择退而自保，以期东山再起，是人生一大策略。

武则天14岁时，已是艳名远播，她被唐太宗李世民召入宫中，封为才人。唐太宗十分宠爱她，称她为"媚娘"。

不久，人们盛传唐朝将遭受"女祸"之乱，且公开言及这个女人姓武。宫中观测天象的大臣面谏唐太宗说："帝星晦暗，女主环伺。这个女人看来已在宫中，陛下为了确保江山永固，应当查出此人，以绝后患。"

唐太宗心有震动，但并未深信，他对言事的大臣说："此事非同小可，不能随便乱说。若有偏差，朕岂不遭人指责？"

这个说法越来越盛，许多大臣纷纷上奏，有的竟出语尖刻道："天象已显，此是上天示警，陛下怎能视而不见呢？此事关系大唐江山存亡，纵使牵扯无辜，也是无可奈何之事，陛下决不可掉以轻心，遗下大患。"

见群臣如此郑重其事，唐太宗也重视起来，不敢怠慢了。他命人暗中把姓武之人逐一检点，不惜找借口或逐或废，一时搞得人心惶惶，武姓之人更是人人自危。

武则天陪伴在唐太宗左右，她娇媚可人，很会讨唐太宗的欢心。唐太宗对她十分钟爱不忍处置她。有人上奏唐太宗说："武媚娘虽是年少性纯，但她终究是大嫌，陛下应当立即下决心，把她废除，宫中才可得保平安。"

唐太宗认为武则天少不更事，对他人的劝谏只是一笑，他还对武则天开玩笑说："你这个小妮子，娇媚单纯，若说你为女祸之主，谁会相信呢？"

武则天撒娇道："他人胡说，陛下英明，自然会保全妾身了。妾永远忠于陛下，天日可表。"

武则天暗感凶险，她处处讨好唐太宗，巩固其地位，又私下和太子李治偷情，作为以后的依靠。

唐太宗将死之时，有的大臣重提旧事，进谏说："女祸之事，不可不防。如今武媚娘年纪渐长，陛下百年之后，她贵为陛下的旧人，他人就难以驾驭了。"

唐太宗为了子孙后代着想，也慎重起来，他开始打算除去这块心病了。

一日，唐太宗对武则天说："朕病得很重，想必不久于人世了。你在朕身边多时，朕实不忍心弃你而去。朕死之后，你将如何自处呢？"

武则天听出了唐太宗的话外之音，她为了保全性命，这时机智答道："妾深受大恩，本该一死报答。不过圣上虽染疾患，但终究有望痊愈，请让妾削发为尼，长斋拜佛，到尼姑庵去日日拜祝圣上长寿，求取上天赐福。"

唐太宗本想处死武则天，这时听她说出家为尼，于是动了不忍之心。他自忖武则天当了尼姑，也就不能为患了。唐太宗答应了武则天的请求，和武则天相好的太子李治却痛惜不已，他私下对武则天埋怨说："你我海誓山盟，难道你都忘了吗？父皇时日无多，我们不久就可长相厮守，你为什么把这一切都轻易放弃了呢？”

武则天垂泪道：“皇上对我疑心没有去除，我若不抛弃一切，自请归入佛门，那就必死无疑了。我虽然舍不得眼前的荣华，可不这样做，命都不保，又拿什么来谈将来呢？只要太子对我仍有情意，我总会有出头之日啊。”

李治敬佩武则天的才智，他含泪点头，发誓说：“我若辜负了你，天地不容。”

后来李治登基，武则天被他接入宫中，宠爱无比。武则天从此干预朝政，最终成为一代女皇。

无端的陷害无处不在，没有人能够永远躲避。在陷害面前，如果无法解脱，就应该舍弃既得的利益而保住自己的根本。这是明智者的聪明抉择，也是以退求进的处世之法。把利益抛出，损失虽然惨重，但不足以致命，有了利益的牺牲，害人者才会有所满足，或许会罢手。俗话说，“留得青山在，不怕没柴烧”，只要保全根本，就不是最坏的结果。

第 4 章

无声暗示，用身体语言影响对方

站着比坐着更能表现出气势

有过电话销售经验的朋友大概都知道，在与陌生人沟通时，站着打电话会更有底气，一旦坐下，则显得信心不足。的确，同一个人采取不同的姿势，所表现出来的气势也不一样。因此，无论是开会发言还是个人演讲，即使再累，也要尽量站着讲话。因为如果坐在椅子上讲话，积极性以及威信都会降低，心理上的气势就会严重下降。

当人们坐下时，身体会不自觉地进入一种放松的状态，当你坐下时，腿部、腰部的肌肉都是松弛的，坐着说话时，你的声音也会失去张力。此外，如果别人站着，你坐着，别人处于居高临下的位置，而你需要仰视对方，无形中就在气势上输了三分，就像小时候我们仰视父母一样。因此，坐着说话，肯定会降低说话时的气势，如果你想要在下属或者竞争对手面前表现出强者的气势，就要尽量避免坐姿。

相比之下，站立的姿势本身就可以让人感受到一种威慑力。当人双腿叉开，身体挺直站立，用坚定的目光看着你时，就好像在说："我随时都可以采取行动，我随时都有可能向你发起挑战！"同样，如果对方坐着，你从上向下俯视对方，是威慑对方的一个好办法。因此，当你跟社会地位、经济条件都比你优秀的人交谈时，采取站立的姿势会更加有利。

站立姿势的威慑效应在华盛顿大学的巴里·施瓦兹教授的实验中得到了证

明。在实验中，施瓦兹教授拿着两张分别以"坐姿"和"站姿"拍摄的照片，去征求人们的意见：哪种姿势更具有威慑力？结果所有人中有59%的人觉得"站姿"更具有威慑力，仅有41%的人觉得"坐姿"更具威慑力。站立的姿势一方面会增强我们的气势、给对方造成心理压力，另一方面也会增加双方的紧张感，可能使双方陷入对立的情绪。如果想要营造轻松和谐的谈话氛围，就应请对方入座，然后自己也坐下来。总之，要根据对方的性格和谈话的目的选择恰当的姿势。

巧妙安排座位占据主动位置

我国传统的待客之道就是让客人居上座。一般来说，靠墙壁、靠窗的位置都是上座。为什么要这样安排座位呢？原因很简单，这既能体现你对客人的尊敬之情，也能赢得客人对你的尊重。

美国加利福尼亚大学的心理学家斯塔豪迈尔的研究也发现，在商务或谈判场合中，虽然人们在文化背景和相互关系中存在着细微的差别，但一个人对别人座位的安排，往往还是能体现他对别人的尊敬或喜好程度。

心理学研究也发现，如果对方将你安排在他的对面，这就说明他视你为竞争关系，其内心也没有真正接纳你、相信你，在潜意识中他对你始终抱有一种防御态度。在交谈或谈判的过程中，你和对方总会有一种紧张感，如果处理不当，很可能将这种紧张感演变成对立的情况。

如果对方选择一种较大的桌子，将你安排在他的斜上方位置，这表明对方比较尊重你，其内心对你的认同感较为强烈，他往往将你视为能真正进行合作的朋友。交谈时，由于彼此较少发生目光接触，因而双方的心理负担较轻，非常容易产生亲近感。

如果对方将你安排在与他同一水平位置上，甚至是并肩而坐，这就表明对方完全接纳了你，他不仅非常信任你，还将你视为他的知心朋友。当然，对方对你的尊敬之情往往是溢于言表的。一般来说，双方若在此种条件下进行商务谈判，往往能获得双赢结果。

如果对方将背窗的座位安排给你，这说明对方非常尊敬你，因为此座位能带给就座的人极大的优势。为什么这样说呢？我们知道，窗户往往是朝阳的，背对着窗户就座的人也就背对着太阳，所以坐在此座位上人的脸的表情变化就不易让对方看清楚。反之，坐在他对面或是两旁的人由于正对着太阳，因而其脸上的表情可以让背窗而坐的人看得一清二楚。

当然，在一些情况下，我们不需要对方给自己安排座位，而是根据自己的喜好来选择一个位置。但是，这种选择也不是绝对自由的，它往往会受到环境的影响。比如一些酒吧的就座位置可能就不同于高级餐厅的就座位置。座位的方向和桌子之间的距离可能会对人们在选择具体座位的行为上产生扭曲的影响。比如，热恋中的情侣，只要有条件均喜欢并肩而坐，但是如果在一个拥挤的餐厅中，由于桌子小且彼此之间的距离也小，很难并排而坐，两人就不得不面对面而坐。而此种就座方式通常是一种对抗或竞争的姿势。

移开视线，你就输了

回想一下小时候被父母训斥时的场景就会发现，当父母用威严的目光看着我们，我们都会不自觉地把头埋得很低，眼睛看着地面，完全不敢和父母对视。此时，父母的眼神具有威慑的作用，而向下看的动作显示出胆怯和畏惧。

同样，当人们在交谈时，如果其中一方眼睛向下看，就好像在说："你说得对，我听你的。"这样无形中就让对方占了上风。因此，要尽量避免主动移开视线，如果真的感觉与对方对视很痛苦，可以将视线上移或者平移，但千万不要下移，否则对方会认为你屈服于他。你可以转头看看窗外，或者假装脖子太酸，抬头看看天花板，

之所以会移开视线，大多是紧张不安造成的。当谈话十分紧张时，尤其是双方意见不同，而对方似乎非常强势、试图说服我们，这时要直视对方的眼睛是非常困难的，因此我们很容易主动移开视线，例如往地上看。这样会让自己看上去是要服从对方，对方会认为你是一个很容易陷入不安的人。因此，即使真的感到对视很不舒服，可以将视线平移或者直接扭头不看对方。一直不看对方，就相当于告诉对方"你的话很无聊"或"你这个人挺无聊的"，这样反而会令对方产生动摇。

再来看看"平移法"。有时两人在谈话时会突然陷入尴尬或者十分紧张的局面，这时可以转头看看墙上的装饰画或者窗外的风景。另外，如果你发现无意识中自己的视线下移了，感觉好像在看地上的垃圾时，一定要赶快转移视线，将其恢复原位。

同样，在演讲的时候，千万不要低下头去看演讲稿，因为看演讲稿会使视线下移。视线下移，会让听众觉得你很软弱，一旦你在听众面前低下头，听众就完全感觉不到你的气势，也就无法被你说服或者打动。

当然，有的人视线容易下移，是因为自卑的缘故，可以通过改变身体姿势来改善，例如在说话时有意识地挺直身体，抬起下巴，双脚叉开站立，这样视线就会自然上扬了。

巧妙作答，赢得有利地位

在与人交谈中，回答对方的提问是不可避免的。但是如何答，往往决定着自己在谈判中的地位。针对问话，如何作答才能使自己处于有利地位，免得被对方牵着鼻子走呢？下面就介绍几种比较实用的应付提问的作答方法：

1. 不要回答所提的问题

答话者要将问话者的范围缩小，或者对回答的前提加以修饰和说明。比如，发问者直接询问这种产品的价格。可以这样回答："我相信产品的价格会令你们满意的，请先让我把这种产品的几种性能做一个说明好吗？我相信你们会对这种产品感兴趣的……"这样回答，就明显地避免了一下子把对方的注意力吸引到价格问题的焦点上来。

2. 不要确切回答对方的提问

回答问题，要给自己留有一定的余地。在回答时，不要过早地暴露你的实力。通常可先说明一种类似的情况，再拉回正题，或者利用反问转移重点。

3. 有些问题不必回答

对于那些可能会有损己方形象，或近于无聊的问题，谈判者也不必为难，不予理睬是最好的回答。当然，用外交辞令中的"无可奉告"一词来拒绝，也是回答这类问题的好办法。

4. 有时可以将错就错

当谈判对方对你的答复做了错误的理解，而这种理解又有利于你时，你不必去更正对方的理解，而应该将错就错，因势利导。

5. 不要马上回答

对于一些可能会暴露自己意图、目的的话题，要慎重对待。例如，对方问："你们准备开价多少？"如果时机还不成熟，就不要马上回答，可以找一些其他借口谈别的，或是闪烁其词，或答非所问，如谈一谈产品质量、交货期限等，等时机成熟再摊牌，这样效果会更理想。

6. 不轻易作答

谈判者回答问题，应该具有针对性，有的放矢，因此有必要了解问题的真实含义。同时，有些谈判者会提出一些模棱两可或旁敲侧击的问题，意在以此摸对方的底。对这一类问题更要清楚地了解对方的用意。否则，轻易、随意作答，会造成己方的被动。

7. 使问话者失去追问的兴趣

在许多场合下，提问者会采取连珠炮的形式提问，这对回答者很不利，特别是当对方有准备时，会诱使答话者落入其圈套。因此，要尽量使问话者找不到继续追问的话题和借口。比较好的方法是，在回答时，可以说明许多客观理由，但要避开自己的原因。

想当头，就要有领导气场

对于处于领导岗位的人来说，在一举一动中体现强势的一面对于树立权威形象十分关键。作为一个领导，面临着多方面的压力。如果在对待下属时过分温柔，说话总是慢条斯理，会被认为缺乏领导的干练。

1. 形象干练

彻底改变让你看上去太过温柔软弱的做法，树立起一个威严的形象。第一件要做的事，就是叫男女朋友不要在你上班时给你打电话，也不要在众人面前，在电话里跟恋人打情骂俏，这样才能显示出自己的工作责任心及起码的独立能力。

2. 反应敏锐

作为一个出色的主管，要想和下属建立一种良好的工作关系，就需要擅长观察下属的情绪，采取不同的办事方法。

3. 控制眼泪

有些女性很容易用哭泣来要求想要的东西，但工作环境里，这种女性化的情绪表现却是不能让人容忍的。虽然这一哭，可能会立刻得到同情，但这只是一刹那间的事，从长远的眼光来看，不但有损你的威严，也对你的事业形象有害。在有些情况下，男人能接受某些女人的眼泪，但对一位女主管却绝对不能。他们会鄙视动不动就哭的女人，并从此断定该人不能做大事。所以，你一定要学会控制自己的眼泪。

4. 接受批评

人都是很情绪化的，听到别人的批评，容易不经考虑而立刻为自己所做的事情进行辩护，找借口说明自己是对的。有时还会丧失客观的判断力，而让人觉得不能接受建设性的批评。特别是受到上司的指责时，更会觉得难受。因此，要不断提高自己客观的理解能力，学会接受批评。否则，你的同事和上司难以和你沟通，不能与你心平气和地倾谈，这对你是不利的。

当然，作为领导者也没必要总装出一副厉害的面孔，要学会刚柔并济。有时要让下属觉得你很重视他的见解和经验，让他觉得他存在的重要性。但你在征求意见时，不要让他觉得你事无大小都要过问一番，这样会令他觉得你根本没有判断力，不懂得抉择。

驾驭语气语调，别让声音生锈

语气是声和气的结合，某一种声和气所表达出的特定意思是在人们长期的使用过程中逐渐形成的。相同的词语配上不同的声和气往往产生不同的意思。遵循声和气的语义特点，我们选用适当的声和气，不仅可以恰当地表达我们的意思，还能大大增强我们语言的感染力。

以"你这死鬼"为例，粗声粗气说，它增强反感、抱怨、指责的效果；恶声恶气说，它增强怒斥、憎恨、警告的效果；柔声细气说，它增强亲昵的效果；嗲声嗲气说，它能增强打情骂俏或假骂真爱的效果；高声大气说，它能增强向听者示意去采取某种行为的效果；唉声叹气说，它能增强被迫接受对方的建议或行为的效果；等等。

所有使用有声语言的场合，都离不开语气。恰当的语气，可以帮你在相应的场合最大化语言的感染力。

慷慨激昂的语气可以给人以气壮山河之感，其酣畅磅礴的气势将增强语言的震撼力量。

抑扬顿挫的语气是指句子里高低升降、轻重缓急的变化，可以加强语气，抓住听众的情绪，打动他们的心。

置身于某些特定的场合中，可以用平和舒缓的语气，能起到"润物细无声"的效果。

没有气势的人就如病人，最终将沦为弱者；而有气势者，在生活和工作上一定都是强者，所以有时候我们要使用以气夺人的语气。

同样一句话，在不同时候说，效果往往大相径庭。抓住时机，恰到好处，运用适当的语气，才会产生正确有效的效果。在谈话的场合和演讲的场合、论辩的场合和对话的场合、严肃的场合和轻松的场合、安静的场合和嘈杂的场合等，都要根据具体情况使用不同的语气。比如说，在谈话场合，你就要注意适当降低声音、紧凑词语的密度，力求自然平和；而在演讲的场合，就要注意适当提高声音，放慢速度，要把握语势上扬的幅度，既充满激情又突出重点。

若想成为一个说话富有感染力的人，一定要熟练掌握驾驭语气的能力，要善于运用合适的语气来表达复杂的内容和不同的思想感情。当然，有些注意事项也不可忽略。

1. 注意谈话的场合

一般而言，较大的场合要注意适当提高声音，放慢语速，使语势呈一定幅度上扬，以突出重点。反之，小场合则要注意适当降低声音，紧凑词语密度，使语势呈下降趋向，追求自然效果。不同的场合运用不同的语气，比如，论辩的场合和对话的场合、严肃的场合和轻松的场合、安静的场合和嘈杂的场合等等，都应该根据情况使用不同的语气。

2.用语气影响听者的情绪

语气能够影响听话者的情绪和精神状态。如，喜悦的语气带给对方喜悦之情；愤怒的语气则会引发对方的愤怒之意；埋怨的语气会使对方牢骚满腹；生硬的语气会使对方有不悦之感；等等。

当一个人心理恐慌，便会表现出语速异常加快，往往表现为说了许多话，而内容大多不着边际，实质上也没有什么内涵，言辞之间也会有前言不搭后语的漏洞。因此，交谈时的声音大小、轻重、粗细、高低、快慢有着具体的规范：

（1）发音清晰易懂，不夹杂地方口音。

（2）放低声调比提高嗓门悦耳。

（3）委婉、柔和的声调比僵硬的声调动听。

（4）发音稍缓，比连珠炮式易于使人接受。

我们只有掌握了丰富、贴切的语气，才能使我们的语言更加生动、有感染力，从而使我们的交际顺利进行。在用语言表达某种情感的时候，不仅要注意各种语气的含义，注意语气与说话内容的一致以及语气之间的协调，而且还要注意语气、内容、措辞的交叉运用。

利用"光环效应"让对方对你做出好的推测

据说玛丽莲·梦露死后，有一位收藏家买了一只她的鞋子，他把这只鞋子拿到市场上去展示，参观者如果想闻一下，须出100美元的高价，但愿意出钱去闻的人竟然络绎不绝，排起了长队。玛丽莲·梦露的鞋子为什么有那么大的魅力呢？答案就是"光环效应"。

"光环效应"是指由于对人的某种品质或特点有清晰的知觉，印象较深刻、突出，从而爱屋及乌，掩盖了对这个人的其他品质或特点的认识。这种强烈知觉的品质或特点，就像月晕形成的光环一样，向周围弥漫、扩散，所以人们就形象地称这一心理效应为"光环效应"。

其实，在我们的日常生活里，"光环效应"的例子数不胜数。

拍广告的多数是那些有名的歌星、影星，而很少见到那些名不见经传的小人物，明星推出的商品更容易得到大家的认同。在政界，依靠继承父亲打下的江山而在竞选中顺利当选的人被称为"二世政治家"。在金融界也有向"二世"传授经营学的课程，就是为了培养自己的接班人。

其实，在我们这个社会里，依靠"父母光环"平步青云的例子比比皆是。一个作家一旦出名，以前压在箱子底的稿件全然不愁发表，所有著作都不愁销售，这又是为什么呢？为什么知名人士的评价或权威机关的数据会使人不由自主地产生信任感？为什么那些迷信权威的人，即使觉得没有什么值得借鉴之处或者有许多疑问，但只要是权威部门或权威人士的话就会全盘接受？为什么外表漂亮的人更受人欢迎，更容易获得他人的青睐呢？

所有这些问题的答案都可以用心理学上所谓的"光环效应"解释：当一个人在别人心目中有较好的形象时，他会被一种积极的光环所笼罩，从而被赋予其他良好的品质。由于"光环效应"可以提高人们对未知事物认识的可信度和说服力，使得人们在认识事物方面达到"好者越好，差者越差"的效果，所以它也是形成马太效应的又一个主要因素。

所以，我们在说服他人的时候也可以利用光环效应让对方对你做出好的推测。

藏"但是"露"所以"

谈判的最高境界就是让谈判双方走向双赢，谈判就像分蛋糕，自己分得一定利益，同时要让对方知道他也能分得"一块"，这样"蛋糕"才能越做越大，谈判方向上自己才能一直占据主导地位。在这其中，还有一个说话技巧：藏"but"露"and"。

两家食品公司经过了连续两天的艰苦谈判后终于告一段落。在谈判即将结束的时候，甲公司想了解一下乙公司对下一阶段的规划。

"细算下来，咱们的谈判已经持续了3个月了，感觉怎么样？"

"还可以，比预期的好。"

"就是说虽然有问题，但还是对接下来的新阶段充满信心？"

"差不多吧。"

"所以，按我的理解就是，咱们还有进一步发展下去的可能？"

"当然，为什么不呢？"

由上述例子可见，这个时候由"所以"引领的疑问句并不仅仅是对对方意见的总结，更是对他说出话的延续，是对两人共同点的集合。这样的说话方式是使讲话的内容充分展开，给对方留下这样的印象：我们在讨论同一个问题，至少有诸多共同语言和继续发展的可能性。

当双方在发言中多少有点矛盾时，也应这样对人家说："咱们只是表达方式和所处的地位不同，其实说的都是一回事，所以，谈话其实还是可以继续下去的，您觉得呢？"把话引导到双方共同的目标上来，才能寻找到谈判成功的最佳途径。

相反，彼此耿耿于怀，各朝各的方向发表议论，双方在心情上都会有一种蒙受了损失的感觉，于是相互抱怨自己损失的那一部分让对方赚去了。这种状态下的谈话怎么会取得双赢的结果？

而且，当谈判经过一定阶段后，对方也会存在试探和等待等心理，这个时候，如果用词不当，会让对方有一种对立的感觉，对整个谈判进程产生不利影响。

所以，和对方交流的时候，应尽量避免使用转折连词。藏"但是"，多用"所以""正因为如此"等顺接连词，这是给对方传递一种友好信号。这里的"所以"是一种顺接，是为了让话题更顺利地进行下去。当然，谈判从来没有想象中那么容易，之所以要谈，就是还存在一定问题，上例中的双方的谈判也只是告一段落，说明接下来还会有问题需要讨论。

在这样的情况下，对方也没有说"但是，我们都明白，接下来还有问题要谈"。事先把问题摆出来是不明智的，不利于自己，也不利于整个谈判的发展。

所以，要想在谈判中获得最大利益，就要藏"但是"，多使用带"所以"的问句，将双方的共同点更多地集合在一起，这样双方共赢的几率才会更大。

处处反驳不如顺水推舟

当某个人当着众人的面发表意见时，切不可盲目地对其表示反对。因为这样极有可能引起对方的不满，觉得你没有顾及他的面子，甚至会因此与你产生矛盾。

也许有的人口头上会说"我能够接受别人的批评指正",可往往这类人的真实想法是"你可以私下里将错误告诉我,我不会有任何意见。但当面一定不要反驳我,这样会使我很难堪"。由此可见,处处反驳他人,非要与他人争个高低的人,往往更容易与他人产生矛盾。而那些懂得退让、懂得顺水推舟的人才会受到他人的爱戴,他人也愿意向他打开心扉。

洗钱活动在美国社会十分猖獗,它也直接给美国的经济带来了不少冲击。根据传闻,美国一些实力雄厚的财团也参与到了其中。为了获取有利的情报,找到这只隐藏在背后的"黑手",给洗钱活动一个致命的打击,美国联邦调查局派出了一名精通金融管理的FBI打入这些财团的内部,力求获得这些财团的信任,以得到有价值的情报。

由于这名FBI精通金融管理,很快便获得了该财团的重用。在一次财务操作时,这名FBI明知财团董事下达的指令有误,但他并没有表示反对,而是按照董事的要求去操作。事后他知道,其实财团董事早就知道该指令有误,而他之所以这么做,其一是为了传达一个假象,迷惑外界,从而达到洗钱的目的;其二是为了考验他们雇佣的这名政务员(即FBI)是否可靠。而心思缜密的FBI早就看穿了财团董事的把戏,顺势装糊涂,照旧按照指令执行,为自己赢得财团董事的信任打好了基础。

在接下来的一段时间内,FBI又相继接到了好几个"错误的指令",这名FBI却"揣着明白装糊涂",始终不反驳财团董事,按照他的指令行事,最终获得了财团董事的信任,被提拔为财团执行财务师,即该财团一切与洗钱有关的交易都会交由这名FBI负责。

FBI借职务之便将该财团此前进行过的数十笔洗钱交易秘密地发给了FBI总部。FBI总部接到这些确凿的证据后,派遣FBI人员以迅雷不及掩耳之势将该财团的办公大楼团团包围,对负责人展开了调查。起初负责人矢口否认,还威胁道如果FBI拿不出确凿的证据将状告FBI。当FBI把该财团在5年之内的洗钱犯罪记录拿到财团负责人的面前时,他终于低下了高傲的头。

显然,例子里的FBI就是通过不当面反驳、顺水推舟的方式赢得了财团的信任，麻痹了对方，借此将该财团的洗钱活动调查清楚，为抓获该财团的负责人掌握了确凿的证据。

想要探知对方的心理，即使自己对某件事非常了解也不要过分卖弄，最理智的方法就是"揣着明白装糊涂"。因为大多数人潜意识里都希望他人无论是在哪个方面都不要超过自己。因而一个人如果在另一人面前过分卖弄自己的学识，极有可能会引起这个人的不满。因此，若想获得他人的信任，即使你真的比另一个人强，也不要声张，如此才能彻底摸清对方的心理，赢得对方的信任。

如果你想表达自己的意见，也要有技巧地表达。具体做法即是顺水推舟、顺势而为。比如，当领导在进行工作指导时说："从该产品的市场反馈来看，消费者对该产品已经认可，但美中不足的就是产品包装还有待提高。"也许会出现两种声音。第一个声音说："您也是知道的，为了包装，我们已经换过不少设计公司以求创新。但是就目前的销量来看，消费者认可的是产品而不是包装，所以，没必要对包装做调整。"

第二个声音说："领导说得没错！产品销量确实不错，但是从长远发展的角度来说，为了提升产品的竞争力，有必要对产品的包装进行更换，这样才能吸引更多的消费者。所以，我希望公司各部门贯彻落实好产品包装工作，对产品的发展出力。"

很明显，领导更愿意接受第二个声音，因为它不仅赞同了自己的意见，还维护了自己的尊严。试想，有哪个领导不喜欢执行能力强又能维护自己尊严的下属呢？这样的下属的发展前景也一定比他人好。

所以，与其处处反驳，不如顺水推舟。

认真倾听是对他人最好的附和

心理学家做过这样一个实验，来证明听者的态度对说者有着极大的影响。心理学家让学生表现出一副心不在焉的样子，结果上课的教授照本宣科，不看学生，无强调，无手势；反之，让学生积极投入倾听，并且开始使用一些身体语言，比如适当的身体动作和眼神的接触，结果教授的声调开始变化，并加入了必要的手势，课堂气氛活跃起来。

由此看出，当学生表现出一副心不在焉的样子时，教授因得不到必要的反应而变得满不在乎起来；当学生改变态度，用心去倾听时，其实是从一个侧面告诉教授：你的课讲得好，我们愿意听。这就是无声的赞美起到的积极效果。

从上面的例子也可以看出，倾听时加入必要的身体语言可以传达你正在认真聆听的信息，同时通过这一动作诱导对方说更多。

行动胜于语言，身体的每一部分都可以显示出激情、赞美的信息，可增强、减弱或躲避、拒绝信息的传递。善于倾听的人，是不会做一部没有生气的录音机的，他会以一种积极投入的状态，向说话者传递"你的话我很喜欢听"的信息。多听别人说，才能了解到对方更多的信息，才能在谈话中占据主导地位，诱导对方说更多。然而，不是每个听力正常的人都懂得倾听的艺术，尤其是想讨对方欢心的时候，仅仅靠听就完全不够了，更重要的是要会适时附和对方。

俗语说，"眼睛是心灵的窗户"，适当的眼神交流可以增强听的效果。这种眼神是专注的，而不是游移不定的；是真诚的，而不是虚伪的。

倾听者必须做一些"小动作"，身体向对方稍微前倾，表示你对说者的尊敬；正向对方而坐，表明"我们是平等的"，这可使职位低者感到亲切，使职位高者感到轻松。自然坐立，手脚不要交叉，否则会让对方认为你傲慢无礼。同时还要注意，应在每一段话结束时，不疾不徐地响应，同一句附和语不要重复三次以上，可从表示同感、归纳对方所说的内容等方面来附和。倾听时和说话人保持一定的距离，恰当的距离给人以安全感，使说话者觉得自然。动作跟进要合适，太多或太少的动作都会让说者分心，让他认为你厌烦了，正确的动作应该跟说话者保持同步。

倾听并不意味着沉默不语，除了做一些必要的"小动作"外，还得动一动自己的嘴。恰当的附和不但表示你对说者观点的赞赏，还对他暗含鼓励之意。例如，对于领导来说，仔细地倾听职员的谈话，不仅有助于充分了解下情，也说明了你对下属的体贴和关心，这种没有架子的平民领导到哪儿都会受到员工欢迎的。在朋友之间，这种附和式的倾听则能促进情感，加深相互间的理解，引发精神上的共鸣。

与他人交谈的时候，你若想在谈话中占据主动地位，想让交流愉快地延续下去，那么，请学着适时地附和。

把对方引到自己的思路上

很多时候，无论是演讲、宣传，还是竞选、谈判，我们总希望别人能跟着自己的思想走。可是，每个人都有独立的思维，想要改变他人的想法，让对方按照你的思路来思考问题，是很不容易的。

不过，要解决这个难题，靠强制性命令来实现是不太可能的，需要一些有效的心理技巧来一步步地影响他们。下面有几种方法值得我们参考：

1. 目的架构

目的架构式谈话就是在一开始就与对方明确这次谈话双方共同的目的，这会很快地将对方的思路引向真正有价值、有利于解决问题的地方。例如，两辆车发生追尾事故，车子都有破损，两辆车的司机都很气愤，往往一下车就吵架。如果其中一位能使用目的架构，问对方："这位先生，你觉得我们现在最重要的是解决问题呢，还是要吵架呢？"这个问题指出了两名司机重要的不是要吵架，而是要解决问题，然后继续各自的行程，那么，双方的争吵可能会立即终止，因为目的架构将对方的思路完全从争吵的状态引到了解决问题上面来。

2. 提示引导

提示引导是一种语言模式，可影响对方的潜意识，使对方不知不觉地转移思路。心理学家发现这种语言模式的基本思路是：先用语言描述对方的身心状态，然后用语言引导对方的思考或是想象。例如，你可以说"当你开始听我介绍这个房子的时候，你就会觉得住在这个房间里会很舒服"，"当你考虑买这辆车的时候，你就会想到带着你的太太和孩子开这辆车兜风是多么开心的事情"，等等。这些都是提示引导的语言模式，其中"当……你就会……"是标准的句式，"当"后面是描述对方的身心状态，"你就会"后面是你引导对方进入的状态或思路。

3. 6+1 法则

在沟通心理学上有一个重要的"6+1"法则：一个人在被连续问到 6 个做

肯定回答的问题之后，那么第 7 个问题他也会习惯性地做肯定回答；如果前面 6 个问题都做否定回答，第 7 个问题也会习惯性地做否定回答，这是大脑的思维习惯。利用这个法则，你如果需要引导对方的思路，希望对方顺从你的想法，你可以预先设计好 6 个非常简单、容易让对方点头说"是"的问题，先用这 6 个问题作为铺垫，最后问一个最重要和关键的问题，这样对方往往会自然地点头说"是"。

知道了这些技巧，你不妨在今后的实际生活中应用一下这些巧妙的方法，让对方顺从你的思路，从而达到你的目的。在社交场合，通过一些有效的方法逐渐影响他人，大家便会不知不觉地跟着你的思路走了。

关键时刻下"最后通牒"

在谈判中，有些谈判者摆开架式准备进行艰难的拉锯战，而且他们也完全抛开了谈判的截止期。此时，最佳防守兼进攻策略就是出其不意，发出最后通牒并提出时间限制。

"最后通牒"策略的主要内容是，在谈判桌上给对方一个突然袭击，改变态度，使对手在毫无准备且无法预料的形势下不知所措。对方本来认为时间挺宽裕，但突然听到一个要终止谈判的最后期限，而这个谈判成功与否又与自己关系重大，不可能不感到手足无措。由于他们很可能在资料、条件、精力、思想、时间上都没有充分准备，在经济利益和时间限制的双重驱动下，会不得不屈服，在协议上签字。

美国汽车王艾科卡在接管濒临倒闭的克莱斯勒公司后，觉得第一步必须先压低工人工资。他首先降低高级职员 10% 的工资，自己也从年薪 36 万美元减为 10 万美元。随后他对工会领导人讲："17 元一小时的活有的是，20 元一小时的活一件也没有。"

这种强制威吓且毫无策略的话语当然不会奏效，工会当即拒绝了他的要求。双方僵持了一年，始终没有进展。后来艾科卡心生一计，一日他突然对工会代表们说："你们这种间断性罢工，使公司无法正常运转。我已跟劳工输出中心通过电话，如果明天上午 8 点你们还未开工的话，将会有一批人顶替你们的工作。"

工会谈判代表一下傻眼了，他们本想通过再次谈判，从而在工薪问题上取得新的进展，因此他们也只在这方面做了资料和思想上的准备。没料到，艾科卡竟会来这么一招！被解聘，意味着他们将失业，这可不是闹着玩的。工会经过短暂的讨论之后，基本上接受了艾科卡的要求。

艾科卡经过长达一年的拖延战都未打赢工会，而出其不意的一招竟然奏效了，而且解决得干净利落，这正是因为"最后通牒"起了作用。

在某些关键时刻，最后通牒法还是大有裨益的。不过，该方法并非屡试不爽，一旦被对方识破机关，最后通牒的威力可能会反作用到自己身上来。

所以，发"通牒"一定要注意一些语言上的技巧，要把话说到点子上。

1. 出其不意，提出最后期限，语气坚定，不容通融

运用此道，在谈判中首先要语气舒缓，不露声色，在提出最后通牒时要语气坚定，不可使用模棱两可的话语，使对方存有希望，以致不愿签约。因为谈判者一旦对未来存有希望，想象将来可能会给自己带来更大的利益时，就不肯签约了。故而，坚定有力、不容通融的语气会替他们下定最后的决心。

2. 提出时间限制时，时间一定要明确、具体

在关键时刻，不可说"明天上午"或"后天下午"之类的话，而应是"明天上午 8 点钟"或"后天晚上 9 点钟"等更具体的时间。这样的话会使对方有一种时间逼近的感觉，使之没有心存侥幸的余地。

3. 发出最后通牒言辞要委婉

必须尽可能委婉地发出最后通牒。最后通牒本身就具有很强的攻击性，如果谈判者的言辞激烈，可能会迫使对方一时冲动铤而走险，退出谈判，这对双方均不利。

第 5 章

展现魅力，轻松赢得好感的策略

美丽比一封介绍信更具有推荐力

虽然有些人认为外貌几乎是无法经过个人努力而改变的，以它作为人际吸引的因素不公道；尽管人们常说"人不可貌相，海水不可斗量，以貌取人，贻误大事"，但是，爱美之心，人皆有之，爱美是人的天性，无论在哪种文化背景中，漂亮的人总是容易被人喜欢，总是更容易促进其人际关系的发展。所以，外貌对于人际吸引的重大影响力，已经是不言而喻了，尤其是和陌生人初次打交道更显得重要。

亚里士多德曾经说过"美丽比一封介绍信更具有推荐力"。有研究表明，长相好看的人比相貌平平的人挣的钱更多，拥有的工作更让人羡慕，而相貌平平的人比相貌丑陋的人又会好一些。对加拿大人做的一项调查发现，好看的人比丑陋的人挣的钱要多 75％。同样的背景下，对管理职位的申请，漂亮的申请者比相貌平平的申请者赢得的职位级别要高。还有一项研究发现，在西点军校，相貌英俊的学员毕业时被授予更高的军衔。

有心理学家曾做过一个实验：

让一组被试阅读附有作者照片的文章，文章有的水平高、有的水平低，作者有的漂亮、有的不漂亮；让另一组的人只看第一组看过的文章，但没有附作者的照片。看完后让两组的被试评价文章水平的高低。结果发现，第一组被试对漂亮作者的文章评价分数要高于对不漂亮作者的文章评价，但是第二组被试则是根据文章的真实水平做出了比较客观的评价。

西方学者的研究发现，法官在"执法如山"的法庭上给犯人判刑时，也很难逃脱外貌晕轮效应的影响，有时判决的结果令人震惊不安：对于罪行相同的盗窃犯，外貌漂亮的平均被判刑 2.8 年，不漂亮的平均被判刑 5.2 年。不过，对于诈骗犯判刑的情况却不是如此。似乎法官们认为，越漂亮的诈骗犯越危险，越应该重判。

上面的例子都说明，外貌对于一个人在人际交往中能否给别人好感，能否吸引别人，起了举足轻重的作用。

可见，在人际交往中，我们一定要保持良好的仪表，注意你的装扮，讲究你的衣着，这样才能提高人际吸引力。

"远亲不如近邻"，离他近更容易被关注

请你想一想：在你成长的过程中，谁是你最亲近的朋友。多数情况下，他们可能是和你邻近的孩子们。

相同的现象也常发生在大学生宿舍里。有研究者统计发现，许多大学生总是和最近宿舍里的人最友好，和那些被安排住得离他最远的人最不友好。更使人吃惊的是，类似的情况发生在更为亲密的关系中，比如婚姻。例如，一个对 20 世纪 30 年代期间一个城市的结婚申请的研究显示，有 1/3 的夫妻由双方住所相隔不超过 5 个街区的人组成，而且随着地理上距离的增大，证书的数量下降，而且这些结果还不包括有 12% 的人在婚前就有相同的地址。

上面的这些都说明，空间距离在决定友谊方面有着极大的影响。社会心理学家斯坎特、费斯汀格和巴克对住在综合楼房里的已婚大学生的友谊做了仔细、详尽的研究。他们发现了在综合楼中空间的特定结构和友谊发展的关联性。

例如，他们发现友谊和相互间公寓的邻近性有密切联系。住在一门之隔的家庭比住在两门之隔的更可能成为朋友；那些住在两门之隔的家庭比住在三门之隔的更可能成为朋友；以此类推。而且，住得离邮箱和楼梯近的人比住得离这类特色结构远一些的人在整幢楼中有更多的朋友。

也许你会感到疑惑，这个邻近性和吸引相关的事实是否是因为相互喜欢所以选择彼此住近一些。然而，研究发现，邻近性对喜欢有同样的影响。例如，对被根据姓氏字母顺序安排教室座位和房间的受训警察的研究发现：两个受训者的姓氏在字母表上的顺序越接近，他们就越有可能成为朋友。

显然，邻近性为友谊发展提供了机会，尽管它并不确保一定会发展友谊。

为什么邻近性能产生喜欢？首先，邻近的人，低头不见抬头见，为了拥有一份美好的心情，人们不得不与邻近的人搞好关系。其次，由于邻近，由于熟悉，即使是简单的人际互动也会提高我们对他人的好感。再次，根据交换理论，人们在互动过程中，总是希望以较小的代价换取最大的报酬，而邻近性则满足了这一要求。

西方心理学家简单地解释为"离得近的人比离得远的人更有用"。因为离得近，接触的机会多，刺激频率高，选择朋友就比较容易。一个人和我们住得越近，我们就越能了解他，与他也就越能成为朋友。

但是邻近性是否就一定具有人际吸引力呢？事情并不是那么简单。我们知道，自己所喜欢的人往往是邻近的人，而自己所厌恶的人也往往是邻近的人。所以邻近是吸引的必要条件，但不是唯一的条件，只有当邻近的人具备了相互满足需要这一条件，或者说，人们对邻近者怀有好感时，邻近性才会产生吸引力。比如，同在一个单位工作的人，有的关系非常融洽，彼此默契配合，工作效率倍增；而有的关系则相当紧张，甚至到了有你无我的程度。这些都是在邻近关系中时常发生的现象。但是，事情也是相对的，离开了具体的情境，离开了满足需要这一人际关系的基础，忽视了其他因素的作用，就会把邻近性孤立起来而犯绝对化的错误。

知道了以上内容，如果你想有目的地接近某些人，引起对方注意，不妨考虑一下先成为他的近邻。

用小错误点缀自己，你会更具吸引力

美国心理学家阿伦森通过实验发现，与十全十美的人相比，能力出众但有一些小错的人最有吸引力，是人们最喜欢交往的对象。这种现象就是"犯错误效应"。

　　阿伦森让被试看四个候选人的演讲录像，这四个人是：1. 几乎是一个完美的人；2. 一个犯过错误但能力超众的人；3. 一个平庸的人；4. 一个犯过错误的平庸人。看完录像后，让被试评价哪一种人最具有吸引力。

　　结果表明，犯过错误、能力超众的人被认为最有吸引力，几乎是完美人的人居于第二位，再次是平庸的人和犯过错误的平庸人。

　　这个著名的实验很好地证明了生活中常见的一些现象：有一些看起来各方面都比较完美的人，却往往不太讨人喜欢；而讨人喜欢的，却往往是那些虽然有优点，但也有一些明显缺点的人。

　　为什么会这样呢？这是因为，一般人与完美无缺的人交往时，总难免因为自己不如对方而有点自卑。如果发现精明人也和自己一样有缺点，就会减轻自己的自卑，感到安全，也就更愿意与之交往。你想，谁会愿意和那些容易让自己感到自卑的人交往呢？所以，不太完美的人，更容易让人觉得可亲、可爱。

　　从另一个角度来看，世界上不可能存在真正完美、没有缺点的人。如果一个人总是表现得很完美，倒很容易让人怀疑其中有造假的成分。或者说，故意把自己表现得很完美，这本身恐怕就是一个缺点。

　　而那些追求完美的人，一定活得比一般人更累，而且与他们生活在一起或合作的人，也容易因为被他们要求，而活得比较累。

　　有一位女青年，具有高学历，长得也很漂亮，事业上也很有成就。她在方方面面都对自己严格要求，在很多人眼里，可以说是一位相当完美的人。当然她在择偶方面的标准也相当高，稍有缺点的就看不上，觉得配不上自己。她觉得婚姻是终身大事，不能马虎，宁可等着，也不能将就。结果，抱着这样的观念，一晃四十了，还是孑然一身。她自己感到很奇怪，像她条件这样好的人，为什么就不能被好男人发现呢？

　　其实她不知道，也许正是她的"完美"把许多男士吓着了。每个人固然希望自己的另一半能具有较多的优点，可是如果这个人真的十全十美，却也让人受不了。首先，会怕自己配不上对方；其次，因为对方要求高，你稍有缺点，他（她）就要求你改正，你肯定会活得很紧张、很累。

如果让人们选择是活得累而完美，还是活得轻松而有缺陷，恐怕大多数人都会选择后者。

实际上，缺点和优点也要辩证地看。人是一个有机的整体，往往是因为他有这个优点，才导致他有另一个缺点。比如一个慷慨大方的人，可能也有大大咧咧、容易粗心的毛病；一个爱干净、处处完美的人，也容易显得小气和斤斤计较。很多时候，就看你选择什么，放弃什么。往往你选择一个优点，就必须放弃另一个优点。

学会适当地用小错误点缀自己，往往能让你更具有吸引力，更能在人脉圈中左右逢源。

吸引他最直接的方法：关键时刻拉他一把

有成功，就有失败；有得意者，就有落魄者。或许你昨天还是成功的典范，是一个意气风发、春风得意的人，到了今天，你就可能由于某种原因而一贫如洗，变成一个普普通通的人，甚至是还不如普通人的落魄者……

在当今社会，这种现象并不罕见。落魄者的情况各不相同，有的是经济原因，有的是思想品德所致，还有的是工作失误的结果。不管是主观原因还是客观原因，对于落魄者来说，从天上掉到地下，其痛苦心情可以想象。在这种际遇地位剧烈变化的情况下，不少人自惭形秽，觉得没脸见人，也有的人更加自尊、敏感，对他人的态度往往异常关注。

从人生的角度来看，人不可能一帆风顺，挫折、背运是难免的。当他落难的时候，虽然自己倒霉，但也是对周围人们，特别是对朋友的考验。远离而去的可能从此成为路人，但同情、帮助其渡过难关者，将以"雪中送炭"般的恩惠将其直接吸引，同时，他也将感激你一辈子。正所谓莫逆之交、患难朋友，往往就是在困难时候形成的。这时形成的交情也往往最有价值，最让人珍视。

"我不知道他那时候那么痛苦，即使知道了，我也帮不上忙啊！"许多人遗憾地说。这种人与其说他不知道朋友的痛苦，不如说他根本无意知道。

人们总是可以敏感地觉察到自己的苦处，却对别人的痛处缺乏了解。他们不了解别人的需要，更不会花工夫去了解；有的甚至知道了也佯装不知，大概是没有切身之苦、切肤之痛吧。

虽然很少有人能做到"人饥己饥，人溺己溺"的境界，但我们至少可以随时体察一下别人的需要，时刻关心朋友，帮助他们脱离困境。当朋友身患重病时，你应该多去探望，多谈谈朋友关心或感兴趣的话题；当朋友遭到挫折而沮丧时，你应该给予鼓励："这次失败了没关系，下次再来。"当朋友愁眉苦脸、郁郁寡欢时，你应该亲切地询问他。这些适时的安慰会像阳光一样温暖受伤者的心田，带给他们希望。

从现在开始，别再漠视那些落魄的朋友了，伸出你的手，关键时刻拉他一把，你将会像磁铁一样吸住他一辈子！

让对方占点便宜，他会在心里记住你

生活中总有这样的人，他们做事时一门心思只考虑不能便宜了别人，却忽视了于自己是否有利。让别人占点便宜，是为了自己以后不吃亏，所以做事要有策略，不要怕便宜了别人。

陈嚣与纪伯是邻居。某天夜里，纪伯偷偷地将隔开两家的竹篱笆向陈家移了一点，以便让自己的院子宽一点，恰好给陈嚣看到了。纪伯走后，陈嚣将篱笆又往自己这边移了一丈，使纪伯的院子更宽敞了。纪伯发现后，很是惭愧，不但还了侵占陈家的地，而且还将篱笆往自己这边移了一丈。

陈嚣的主动吃亏，让纪伯感到内疚，他产生了"以小人之心度君子之腹"的感觉，就欠了陈嚣一个人情债。每当他想起时，他还会内疚，还是会想报答陈嚣。

不管是大亏还是小亏，对办事有帮助的，你就要尽可能去做，不能皱眉。尤其是大亏，有时更是一本万利的事情。

徐先生从香港到广州，投资200多万港币，在花园酒店附近，兴建了一家酒家，但生意平平，头三个月就亏了50多万元。

一天，他在同一条街上看到两家时装店，一家生意兴旺，另一家却相当平淡。什么原因呢？他走进那家旺店一看，原来店里除了高档货外，还有几款特价服装。

他受到了启发，于是就想出了"海鲜美食周"的点子——每天有一款海鲜是特价的，售价远远低于同行的价格。当时，基围虾的市场价格为38元一斤，徐先生把它们降到18元。

不出所料，这一招一举成功，很多食客就冲着那一款特价海鲜，走进了他的酒家大门。

降低价格，原来是准备亏本的，但由于吃的人多，每月销出4吨基围虾，结果不但没亏本，反而赚了钱。

自此以后，他的酒家门庭若市，顾客络绎不绝。

饭店酒楼的经营者之所以能够成功，往往是在人的"贪便宜""好尝鲜"的本性上做足了文章。因为贪便宜，一看到原本38元一斤的基围虾跌到18元一斤，于是人们便蜂拥而至抢便宜货，酒楼因此也就出了名，大把的钱自然流入老板腰包。

不过，让别人占点便宜并不是要大家随时随地都去吃亏。吃亏是有学问、有讲究的。我们要学会吃亏，要吃在明处，至少你应该让对方"哑巴吃汤圆——心中有数"。

反复暗示，让他对你加深印象

心理学家指出，交际过程中，通过对一点的反复强化、暗示、刺激，对方便会以此为基础，加深对你的印象。

关于这一点，我们就以常见的"反复性的暗示"为例。这是应用了一个人如果反复接受几次相同的刺激，这种刺激就会在意识中留下某种"痕迹"这种心理学上的原理。但是，如果仅仅是单纯的"反复"，那么就犹如"米糠中钉钉""黑夜中打炮"——徒劳一场。所以，要把这种暗示效果用于那些有先入之见的人时，必须考虑到对方是根据个人的经历使自己的先入之见得到"强化"的。

大家知道，有的宣传或广告是通过引人注意的词句或特定的标志来加深我们对商品或人物的印象的，这其中的道理和暗示的作用是一样的。如果你经常听到"带有足球标志的书店""车站旁边的餐厅"等，那么，久而久之，你会不知不觉地对它们产生一种亲切感。

尤其是当对方具有某种先入为主的观念时，通过突出与对方的先入之见相反的事物给他加深印象会更为有效。例如，食品厂家千方百计让你感觉到快餐食品是手工制作的；在给人留下冷冰冰印象的银行或保险公司里，贴上给人以温馨感觉的宣传标语等，都是利用了这种方法。不仅仅是宣传、广告，在面对面地与对方交流时，如果也能这样多次重复与对方的先入之见完全不同的语言或态度，也会收到良好的效果。

有一个想当歌手的年轻人去拜访一位作曲家，作曲家将他拒之门外。但是这个年轻人就在作曲家门前静坐不起，最后作曲家终于接待了他。这种"肉搏战"看起来似乎与说服无关，但是可以说这符合"通过重复加深印象"的道理。这样，年轻人通过将自己例外化，告诉作曲家"我与其他人不同！"由此打破了作曲家的先入之见。

这种通过重复来加深印象的交流之所以奏效，是因为它在给对方心理上带来一种"暗示作用"的同时，对方可以建立一种对你有利的"新观念"。

美国一位语言学家说："同一个音节或语法结构的重复会给人带来强烈的感化力。"例如，林肯最有名的语言是"来自人民的为人民的人民政府"。如果只是为了表明意思，只说"人民的政府"就可以了。人们听到林肯的讲话，似乎更加强化了人民政府已经诞生的这种意识。

这种"反复重复一点的效果"在恋爱电影镜头中也常常看到。例如，认为自己算不上美人的女性被男友多次地说"你的眼睛真美！"等赞美的话之后，她便开始觉得自己很漂亮，更加倾心于这位男友。这种强化实际上也就是前面所说的给对方植入并加深"新的观念"。

客观来讲，接收到相同的资讯，会让人形成一种它们确实很重要的错觉，因而将它们储存起来。透过这种方式，对方就能对你的想法留下深刻的印象，并转化成记忆保存下来。因此，优秀的交际高手，都会不断地使用"反复性的暗示"。

"反复性的暗示"有两种不同的操作模式，一是重复相同的语句；二是换汤不换药，用不同的方式表达相同的意念。两者情况大致如下：

第一，反复使用相同的语言。一而再，再而三地运用字义相同或相近的语言。比如，你的友人患了癌，非得动手术才能存活下去。偏偏你的朋友十分怕动手术，这时你就必须说服他接受手术。为此，你得不停地重复告诉他："你想活下去，就得动手术，否则的话……还是尽快接受手术吧！"

第二，用不同的方式重复相同的意念。如果老是重复相同的语句，弄不好反而让人觉得你婆婆妈妈，不堪其扰。因此，变换方式来表达相同的意思，就能避免这种情况的发生。

我们不妨举上面的例子来做变化。"你想继续活下去，对吧！如果你放弃的话，情况只会越变越糟！目前没有比动手术更有效的方法了！你看看人家小李，手术后不是痊愈得很快吗？如果你动了手术，也会跟他一样。振作点，别再说丧气话啦！"这样是不是比上面的例子更能够表达你的心意。

"重述是修辞学上唯一的原则。"刚开始只有你自己明白，别人未必能摸得着头脑。因为理解一种新的观念，需要一些时间，并且必须集中全部注意力。所以为使人家彻底了解，必须反复申说解释，但是不可以用一句完全相同的话，免得听众反感。最好用几种不同措辞，改换几种说法，你的听众就不会当你重复了。

美国政治家柏修安说："如果你自己还没有明了那个问题，你绝对无法令人家来明了那个问题。反之，你对那个问题越是认识清楚，你把那个问题传达到人家心里也越是容易。"

上面第二句话，就是第一句话的重述。我们所讲的"反复性暗示"也是一种重述性的"部分刺激"。当你说到第二句的时候，对方还没有工夫来细细地辨味一下他究竟是不是重复，反而觉得这样一解释，显得格外清楚了。

把一件事情反复暗示说明，这也是把反对我们的意见和不和我们相同的意见加以阻止的一种方法。在18世纪与19世纪之间，爱尔兰有一位政治家欧康尼尔，他有很丰富的演说经验。他说："要使大家能够相信并且接受一种政治的真理，只讲一两次甚或是10次是不会成功的。"（记住这句话）他又继续说：

"要使政治上的真理深入人心，必须要再三地申述，因为听众若是继续听那一件事，在不知不觉中就和这一个真理连在一起了。到了后来，他们把那一件事静静地安置脑海中，就像信仰宗教一样不再去怀疑了。"

美国议员哈里曼·强生，就因为懂得这个道理，才能连任加利福尼亚州的州长达 6 年之久。他在任州长之前，每次的演讲，差不多总是说："朋友们，请记住一点，我要做下次的加利福尼亚州的州长，我做了州长之后，一定要命令哈林的劣政以及南太平洋铁路公司滚蛋。"

美以美学会的创始人约翰·斯烈的母亲也深懂这个道理，所以她的丈夫问她为什么老把一件事要对儿子讲上 20 次的时候，她就说："因为我说了 19 次，他还没有学会。"

美国第 38 任总统威尔逊，他也深明这个道理，所以他的演说常常应用这一方法。下面一段话中的末两句的措辞完全是第一句话的重述："你们知道近几年来的大学生，他们并没有受到教育；你知道我们所用的教授方法并不曾教出一个人；你知道我们所有的训导也不曾训练出来一个人。"

有一位销售部经理曾不止一次地说："我不得不把公司的规章制度强加到客户身上。许多规定他们并不喜欢，当他们坚持要我对他们例外的时候，我感到很为难。"

举个例子，你可以说："我明白您有不满意的地方，但是我们不能给任何人例外。"或"我也想给您例外，但我不能。"如果此人还继续要求，就把刚才所说的冷静地确切地再重复一遍，不要提高嗓门或者推卸责任。你会发现，当你第三次重复这句话时，对方就不会再坚持了。但是要记住：当你不能按照对方的要求去做的时候，如果可能的话，尽量提供至少两个可供选择的方案。

当通过语言解释不能起到突出作用而且很难给人带来亲近感时，可使用这种方法。如通过说"卖 ×× 的阿姨"等，将推销员特定化，这样可以给人带来亲近感，容易让对方接受与他的先入之见相对立的新观念。因此，在这种情况下，主要目的不是要打破对方的先入之见，而是通过一种"缓和剂"将对方的先入之见引导到有利于自己的方向上来。

可见，你要使对方对你印象深刻，想让对方对你的先入之见有客观的认识，你就可以遵循这一原则：给他人反复的暗示。

制造戏剧性，与众不同地吸引对方注意

千篇一律的东西容易让人感到乏味。人与人打交道也是这样，普通的人总是容易被忽视。不妨用些小技巧，制造一些戏剧性的效果引起别人的注意。

公元前140年，汉武帝刘彻登基做了皇帝，征召天下各地贤良正士。于是，全国各地的读书人纷纷涌进长安城上书应征，一时间长安城人满为患。当时写作使用竹简，刘彻翻阅了堆积如山的竹简，但只有一篇自荐书深深打动了他，获得了御笔亲点的唯一名额。此人便是后来著名的"智圣"东方朔。靠着一封自荐书，东方朔成为唯一的幸运儿，从此开始汗青留名的生涯。

那封让东方朔在万人之中脱颖而出的自荐书是这样写的："我东方朔少年时就失去了父母，依靠兄嫂的抚养长大成人。我十三岁才读书，勤学刻苦，三个冬天读的文史书籍已够用了。十五岁学击剑，十六岁学《诗》《书》，读了二十二万字。十九岁学孙吴兵法和战阵的摆布，懂得各种兵器的用法，以及作战时士兵进退的钲鼓。这方面的书也读了二十二万字，总共四十四万字。我钦佩子路的豪言。如今我已二十二岁，身高九尺三寸，双目炯炯有神，像明亮的珠子，牙齿洁白整齐得像编排的贝壳，勇敢像孟贲，敏捷像庆忌，廉俭像鲍叔，信义像尾生。我就是这样的人，够得上做天子的大臣吧！臣朔冒了死罪，再拜向上奏告。"

东方朔这番"个人简历"，《史记》评之为"文辞不逊，高自称誉"。不过，他出奇制胜，先声夺人，一下让汉武帝记住了他。不过汉武帝还是很有分寸的，毕竟这只是"高自称誉"的小打小闹，没有任何治国之道。

汉武帝虽然用了东方朔，但只让他做了个管公车的小官，平日很难见到皇帝，更不用说得到皇帝的重用，而且一天领取的钱米只够一宿和三餐。

东方朔思来想去，决定从给皇上喂御马的"弼马温"入手。一日，他借机向那班侏儒恐吓道："你们死在眼前了，还不知道吗？"侏儒们惊问为什么。东方朔又道："我听说朝廷召入你们这些侏儒，名为侍奉天子，实际上是想设法除掉你们。因为你们既不能当官，又不能种田，也不能当兵打仗，对国家毫无用处，还要消耗粮食和衣物，还不如处死了好，可以省下许多费用。主要是怕杀你们没有借口，所以骗你们进来，暗地里加刑。"侏儒们听了这话，个个吓得要死。东方朔又假装劝他们说道："你们按我的计去做可以免去一死。"侏儒们忙问有何妙计，东方朔说道："你们必须等到皇帝出来时，叩头请罪，如果天子问你们为何事请罪，可推到我东方朔身上，包管无事。"

侏儒们信以为真，随后天天到宫门外等候，好容易等到皇帝出来，便一齐到车驾前，跪伏叩头、泣请死罪。武帝莫名其妙，惊问是何原因？众侏儒齐声说道："东方朔传言，臣等将尽受天诛，故来请死。"武帝道："朕并无此意，你们先退下，待朕问明东方朔便知道了。"

众侏儒拜谢而去，武帝即命人召见东方朔。东方朔正愁没有机会见到武帝，因此特设此计，一听到召令，立即欣然赶来。武帝忙问道："你敢造谣惑众，难道目无王法吗？"东方朔跪下答道："臣东方朔生固欲言，死亦欲言，侏儒身长只有三尺多，每次领一份食物及钱二百四十文。臣东方朔身长九尺多，也是只得同样食物一份及钱二百四十文，侏儒吃不完用不完，臣东方朔饿得要死。臣以为陛下求才，可用即用，不可用应该放我归家，省得在城里吃不饱穿不暖的，反正难免一死！"武帝听了，不禁大笑，随后任命他为待诏金马门，这样离皇帝更近了。

东方朔就是这样另辟蹊径，不按常规出牌，在处理事情上善于用一些可以产生戏剧性效果的方式，来引起皇上的注意，博得皇上的好感，可谓是效果显著。

今天，我们不妨效仿一下这位"东方智圣"，换一种思维方式，不随波逐流，多运用智慧、幽默等制造出一些特别的效果来，定会为你的人际交往增色不少。不过在应用的时候，也要注意切不可弄巧成拙。

渲染氛围，增强对他的吸引力

生活中，无论是吃饭，还是学习，大家总喜欢说："要有氛围！"没错，氛围真的很重要，尤其在与人交往的时候，如果渲染得当，可以大大增强你的吸引力。不信吗？那不妨来看一看下面的例子吧！

为了丰富学生的课余生活，某大学专门邀请一位著名教授举办了一个讲座，但由于临时改变地点，时间仓促，又来不及通知，结果到场的人很少。教授到了会场才发现只有十几个人参加。他有点尴尬，但不讲又不行，于是他随机应变，说："会议的成功不在人多人少，中共一大才到了十几人，但意义非同小可。今天到会的都是精英，我因此更要把课讲好。"

这句话把大家逗得开怀大笑。这一笑，活跃了气氛，再加上教授讲课充满激情，使得那一次讲座非常成功。

人际交往就如同舞台上的演出，为了演出的成功，不仅需要很好的台词、演技，还需要一种看不见、摸不着，却必不可少的——氛围。就像电影中，要有背景音乐来渲染气氛。在人际交往的场合，也往往需要营造点氛围，好像交际的润滑剂，使交际能顺利地进行下去。

在交际活动中，如果把交际桌看成是会议桌，气氛就很难营造起来，也无法让对方投入。想让对方投入，一般要靠自己的带动。有一种生意人，他们可以在会议桌上非常严肃、非常理智，然而，一旦到了社交场合，却又放得很开，与人斗酒、唱卡拉 OK、开各式各样的玩笑，一副百无禁忌的样子。其实，他们是在营造交际气氛。

在日常生活中，个人的情绪体验是受多种因素影响的，如光线、气温、噪声以及卫生条件等都会左右我们的情绪，而这些情绪反应又影响到人际吸引力。梅（May）和汉密尔顿（C.V.Hamilton）的实验研究就证明了不同的音乐背景对人际吸引力的影响。他们以女大学生为被试对象，首先测定她们最喜欢和最不喜欢的音乐，然后请她评定一些陌生男性的照片，在评定过程中播放不同的背景音乐作为衬托。结果发现，当碰到她们喜欢的音乐作为背景时，对照片中的人物评价较高；当用她们不喜欢的音乐作为评价背景时，对照片中的人物的评价往往较低；而在没有背景音乐配合时，评价介于上述两种情况之间。

个体的体验不仅受物理环境的影响，同时还受个人的知识、经验、个性等因素的影响，带有强烈的个人主观色彩。在人际交往中，我们应当看到个体的主观体验会影响我们对一个人的评价。当我们作为社交活动的组织者或主导的一方时，应当注意环境布置的细节问题，使客人们能在清洁舒适、平等友好的场合中畅所欲言。同时，在具体的交往场合中，我们自己又要发挥理智的、能动的调节作用，尽量客观地评价交往对象，不要受环境氛围的困扰和迷惑。

在和谐、融洽的交际氛围中，在平等、自由等具有安全感的人际情境中，我们更愿意进行主动的交流与沟通。因而，在人际交往时，我们要善于通过环境、幽默的言谈等营造良好的交际氛围，以增加吸引力。

第6章

步步为营，赢取对方信任的策略

层层释疑，让对方放下心理包袱

无论是求人办事，还是想进一步发展彼此的交情，赢得他人信任是成功交际必不可少的基本条件。因为人的思想是复杂的，有时会对某些事情感觉不是很有把握，或对某一事物不理解、想不通，于是疑虑重重，这些往往是不可避免的。

想从根本上解决这一问题，就要求我们善于以情定疑，把道理说透。一旦消除了这些疑虑，自然就能够赢得对方的信任。不过，消除别人的疑虑并不是一件很容易的事情，而需要一点一点的、层层递进，穷追不舍，把道理讲明白、讲透彻，这就是层层释疑的方法。

1921 年，美国百万富翁哈默听说苏联实行新经济政策，鼓励吸收外资，就打算去苏联做粮食生意，当时苏联正缺粮食，恰巧美国粮食大丰收。此外，苏联有的是美国需要的毛皮、白金、绿宝石，如果双方交换，是一笔不错的交易。哈默打定了主意，来到了苏联。

哈默到达莫斯科的第二天早晨，就被召到了列宁的办公室，列宁和他进行了亲切的交谈。粮食问题谈完以后，列宁对哈默说，希望他在苏联投资，经营企业。西方对苏联实行新经济政策抱有很深的偏见，搞了许多怀有恶意的宣传。哈默听了，心存疑虑，默默不语。

聪明的列宁当然看透了哈默的心事，于是耐心地对哈默讲了实行新经济政策的目的，并且告诉哈默："新经济政策要求重新发展我们的经济潜能。我们希望建立一种给外国人以工商业承租权的制度来加速我们的经济发展。"

经过一番交谈，哈默弄清了苏维埃政权的性质和苏联吸引外资企业的平等互利原则，于是很想大干一番。但是不一会儿，他又动摇起来，想打退堂鼓。为什么？因为哈默又听说苏维埃政府机构，人浮于事，手续繁多，尤其是机关人员办事拖拉的作风，令人吃不消。

当列宁听完哈默的担心时，立即又安慰他道："官僚主义，这是我们最大的祸害之一。我打算指定一两个人组成特别委员会，全权处理这件事，他们会向你提供你所需要的帮助。"

除此之外，哈默又担心在苏联投资办企业，苏联只顾发展自己的经济潜能，而不注意保证外商的利益，以致外商在苏联办企业得不到什么实惠。

当列宁从哈默的谈话中听出这种忧虑，马上又把话说得一清二楚："我们明白，我们必须确定一些条件，保证承租的人有利可图。商人不都是慈善家，除非觉得可以赚钱，不然只有傻瓜才会在苏联投资。"

列宁对哈默的一连串疑虑，逐一进行释疑，一样一样地都说清楚，并且斩钉截铁，干脆利落，毫不含糊，把政策交代得明明白白，使得哈默的心好像一块石头落了地。没过多久，哈默就成了第一个在苏联租办企业的美国人。

假如当初列宁不能很巧妙地解开哈默的疑问，那么哈默很有可能就不会在苏联投资了，那样无论对哪一方都将会是一种损失。

因此，在交际中当对方心存疑虑时，你若是想赢得对方的信任，最好采用层层释疑的方法，巧妙解开对方的疑团，让对方放下心理包袱，那么彼此间的交往就会变得顺畅多了。

赢得信任，设身处地为对方着想

会打棒球的人都知道，当我们要接球时，应顺着球势慢慢后退，这样做的话，球劲儿便会减弱。与此相似，当我们在与他人交往的时候，若能运用接棒球的那一套方法，使对方充分说出他的意见，认真倾听，并随时保持询问对方意见的风度，会很容易赢得对方信任，避免许多不必要的冲突。

杰克·凯维是加利福尼亚州一家电气公司的一位科长，他一向知人善任，并且每当推行一个计划时，总是不遗余力地率先做榜样，将最困难的工作承揽在自己身上，等到一切都上了轨道之后，他才将工作交给下属，而自己退身幕后。虽然，他这种处理事情的方法是很好的，但他太喜欢为人表率，所以常常让人觉得他似乎太骄傲了。

最近不知怎么搞的，一向神采奕奕的凯维却显得无精打采。原来最近的经济极不景气，资金周转不灵，再加上预算又被削减，使得科里的业务差点停顿。凯维看这种情形若继续下去，后果一定不可收拾。于是他实施了一套新方案，并且鼓励员工："好好干吧！成功之后一定不会亏待你们的。"但没想到眼看就要达到目标，结果还是功亏一篑，也难怪他会意志消沉了。平日对凯维就极为照顾的经理看了这些情形后，便对他说："你最近看起来总是无精打采的，失败的挫折感我当然能够了解，但是我觉得你之所以会失败，是因为你只是一味地注意该如何实现目标，却忽略了人际关系这个软体的工程，如果你能多方考虑，并多为他人着想，这种问题一定能够迎刃而解。"经理停顿了一下，又接着说："大丈夫要能屈能伸，才是一个好的管理人员。我觉得你就是进取心太急切了，又总喜欢为员工做表率，而完全不考虑他们的立场，认为他们一定能如你所愿地完成工作，结果倒给了员工极大的心理压力。大概也就是这个缘故，大家都说你虽能干，但你的部属却很难当。每个人当然都知道工作的重要性，所以你实在不必再给他们施加压力。你好好休息几天，让精神恢复过来，至于工作方面，我会帮助你的。"

看了杰克·凯维的这一段亲身经历后，你一定也有相同的感触，那就是，要想在这个社会上生存，并不是只靠热情与诚意便可取得成功的。或许你原本对自己的能力极有信心，但往往会因过分能干或热心，反而给别人带来跟不上的感觉，而自己也会有挫折感，这一切都是你不曾站在他人的立场，为他人着想之故。如果你能奉"设身处地为对方着想"为圭臬，便可减少许多本可避免的困扰。

一些人只为了与知心的朋友共聚一堂，做一次彻夜长谈，可以不远千里跋涉。但是，很不幸的是，有许多人却认为自己没有谈话的对象，没有诉苦的对象，也没有可以依赖的朋友，而在这孤独的想法背后，往往是有事实根据的。相反，这世界上也有许多并不孤独的人，但是他们喜欢替别人乱出主意，或一开口便牢骚满腹，甚至喜欢改变别人，好管闲事。其实这两种人都并非人们所需要的人，一般人需要的是可以理解他、了解他、安慰他、喜欢他的人。

"我理解你"短短四个字，就是你能向他人说出的最体贴、最温柔的一句话。换句话说，就是对方最乐于听到的一句话。

"我理解你"，当你对别人说出这句话时，表示你能体会他的心情及他说话的意思：对他来说，你便具有强大的魔力，而且非常值得信任。

用好态度打消对方疑心，让他知道你可信

在消除对方疑虑取得信任的过程中，好态度是一个不容忽视的重要因素。下面，我们一起来看看卡耐基在这方面的亲身经历。

有一次，卡耐基受一家公司委托，请求某位学者帮忙。起初工作进展得很顺利，但是不久之后，公司的负责人给他打来了一个令人不解的电话，说不知道为什么，学者的态度突然变了，弄不好会拒绝工作。卡耐基对他采取了各种方法，仍无济于事。即使是允诺改善工作报酬、放宽日期也未能打动他的心。

卡耐基想总得见他一面，听听情况。于是，当天晚上他陪公司负责人拜访了那位学者。在学者家里，卡耐基听到学者说的话之后感到非常意外，那位学者提到公司方面是否能履行有关合同，和公司配合得不够默契，等等。

卡耐基知道在这种情况下说服是不起作用的，因此在回家的途中，他向与他同路的公司负责人建议说："我不知道究竟是什么原因造成了这样的结果，也许是一些不重要的小事引起了他对公司的不信任，现在说服他是没有用的。为了打破僵局，你应该尽快向对方表示出公司的诚意和热情。"

第二天早上天刚亮，公司负责人就兴高采烈地给卡耐基打电话说："先生，他又愿意接受工作了。"原来，那天夜里他们分手以后，公司负责人又回到学

者家附近，在那里拦了一辆出租车，等待着次日要搭第一趟火车去旅行的学者，并把他送到了火车站。他又说："我一直祈祷着学者能乘坐我准备好的出租车，因为他坐不坐这辆车是事情能否成功的关键。"听他这么一说，卡耐基认为那位学者的不信任感也该冰消瓦解了。

这件事只不过是卡耐基的一点点经历，相信很多读者也可能被对方这样拒绝过。不难看出，卡耐基之所以会感到那位学者拒绝工作的原因可能来自对公司的不信任感，也可能是从他的言行中发现了具有不信任感的人所具有的特征。

如果对人不信任，通常就会产生强烈的疑心。因此，一般人不认为是什么大问题的事情他却会觉得非常严重。例如，反复叮咛对方要守约、保守秘密、互相尊重人格等这些做人最基本的原则，或是将互相信任的人之间用来开玩笑的事情，视为了不得的大问题。

同时，若是担心自己不知何时会被不信任的对方所"出卖"，也是会表现出拒绝对方接近的态度。例如，说话带刺，或是你说一句，他却反驳两三句。不过，这些表现尚属初期的症状，一个怀有根深蒂固的不信任感的人，或认为反驳对方也无济于事的人，往往会采取没有反应、装作没听见或爱理不理的拒绝方式。尽管他与你面对面而坐，却表现出与所谓敞开胸襟的态度完全相反的别扭态度。有时虽然自己不开口，却想窥测你心中的细微变化。因此，眼神中会充满冷漠的寒光或将视线移向别处。

还需要注意的是，如果发现对方持有不信任感，却对他使用了不适应他心理的交流方法，反而会加厚对方的心理屏障。因此，首先要搞清楚对方产生不信任感的原因，然后再根据它将会怎样发展下去这种心理结构，进行进一步的交流往来。

把"他应该知道"的事详细告诉他，消除不信任感

一般情况下，不信任感容易产生在我们未给予对方充分的信息，让对方怀疑你对他隐瞒了什么时。因为双方掌握的信息量有出入，对方会担心自己处于

不利的状态。如果不消除对方这种心理状态，就想让他做什么事情，他会担心你在利用他的无知，因此就会对你产生不信任感。

在这种情况下，有两点我们必须引起注意。

首先，不要认为对方可能已经知道了某件事情，就不再告诉他。这时"因为他没问，所以我没说"这种说法是行不通的。缺乏信息的对方往往会因为以下两种原因而不去主动询问：第一，不知道自己的不明之处，也就是说，不知道自己在哪方面缺乏信息；第二，因为不知道，所以担心对方知道自己不知道。所以，为了防止因信息量的差距而产生不信任感，或是已经产生了不信任感想加以消除，你首先应该把你认为"他应该知道"的事情详细告诉对方，以缩小这种信息量的差距。

其次，必须注意的是，在给予对方信息时，如果都是你这一方的信息，反而会招致对方对你的不信任。因此，你应该自然地说明对方自己可以确认那些信息是否可靠的办法。例如，你可以对他说："你去问某某，就更清楚了。"另外，运用在说服的同时讲明消极信息的做法也是消除不信任感的好方法。

我们平时在日常生活中，不要老是向有求于自己的人说"不"。在可能的情况下，为了以后有求于别人，应尽可能地说"好"，这样等有朝一日换你想说服他时就会轻松许多。正如卡耐基所指出的，要想成功地搭建沟通的桥梁，首先应让对方感觉你是可信的。

说话要抓住能够表示诚意的时机

一个参赛的棒球运动员，虽有良好的技艺、强健的体魄，但是他没有把握住击球的"决定性的瞬间"，或早或迟，棒就落空了。同样，一个人说话的内容不管如何精彩，但如果时机掌握不好，很难让对方注意到你的诚意，他不仅不会对你产生信任感，而且很可能你也无法达到说话的目的。因为听者的内心，往往随着时间的变化而变化。所以要对方信任你，愿意听你的话，或者接受你的观点，或者与你进行深入的交流，就应当选择适当的时机表示你的诚意。

要知道，时机对交际者来说非常宝贵。但何时才是这"决定性的瞬间"，怎样才能判明并抓住它并没有一定的规律，主要是看当时的具体情况，凭经验和感觉而定。但这里有一个"切入"话题时机的问题。

交际场合往往会出现这种情况：有的人口若悬河，滔滔不绝，十分健谈；而有的人即使坐了半天，也无从插话，找不到话题。讲话要及时"切入"话题，首先必须找到双方共同关心的基本点。

杰克新买了一台洗衣机，因质量问题连续几次拉到维修站修理，都没有修好。后来，他找到商场经理诉说苦衷。

经理立即把正在看侦探小说的年轻修理工汤姆叫来，询问有关情况，并提出批评，责令其速同客户回去重修。

一路上，汤姆铁青着脸不说一句话。杰克灵机一动，问道："你看的《福尔摩斯》是第几集？"对方答道："第一集，快看完了，可惜借不到第二集。"杰克说："包在我身上。我家还有不少侦探小说，等一会儿你尽管借去看。"

紧接着，双方围绕着侦探小说你一言我一语，谈得津津有味，没有丝毫的不信任感，开始时的紧张气氛也消除了。后来，不但洗衣机修好了，两个人还成了好朋友。

切入话题除了要注意双方所关心的共同点，还要考虑在什么时候说最好。

研究指出：在讨论会上，最好是在两三个人谈完之后及时切入话题，这样效果最佳。这时的气氛已经活跃起来，不失时机地提出你的想法，往往容易引起对方的关注。而要是先发言，虽可以在听众心中留下先入为主的印象，但因过早，气氛还较沉闷，人们尚未适应而不愿开口；若是后发言，虽可进行归纳整理，井井有条，或针对别人的漏洞，发表更为完善的意见，但因太晚，人们都已感到疲倦，想尽快结束而不愿再拖延时间，也就不想再谈了。

想赢得他人信任的时候，要特别注意把时机选在对方心情比较平和的时候。因为场合、时机都与人的心境有关，把人的心境单独提出来，作为一个独立因素是必要的。开口说话之前，应先看看对方的脸色，看了脸色，再决定说什么话。这种所谓"脸色"，不过是心境在脸部的一种反映而已。在人心境不好时，"无所不愁"，心境好时，"无所不乐"；当你与人说话时，必须把这作为一个前提来考虑。

其实，无论多么严重的不信任感，其原因大多数都是极其微小的。但是，不论它多么微小，如果有了不信任的萌芽，又任其发展，那么在以后和各种场合中，人们往往只听得进那些加强不信任感的信息，并让它逐渐成长发展起来。每个人都是一个多面的个体，即使对同一个人，感觉也不完全一样，有时有好感，有时又有厌恶之意。一旦对某人产生了不信任感，好感便被完全抹杀，只留下一片厌恶的记忆。

不信任感大致可分为刚开始萌芽的不信任感、处于发展中的不信任感和已经发展起来的不信任感中，其解决的方法也各有差异。这种差异并不是不信任感念头产生之后的时间差，确切地说应该是已经发展为根深蒂固的不信任感与尚未达到这种程度的不信任感的差别。

对于刚开始萌芽、处于发展中的不信任感，应该尽早除掉。这就如同刚生长出来的杂草一样，刚出土时芽很嫩，容易受到外界的影响。所以，对于处在萌芽状态中的不信任感，只要你满怀诚意，一般都能迅速地将其消除。

一个懂得人心理的调解人员，即使事故的责任主要在于受伤者，也不会马上对因家人受重伤而处于悲愤之中的家属进行调解。不论是挨骂还是受到冷落，都要以谦恭的态度给以安慰，满怀诚意地前去看望，以等待对方有关的人情绪镇定下来。即使对方的情绪镇定下来之后，他的不信任感本身也并未消除，因此，这时充满诚意的交涉态度才会收到较好的效果。掌握好表示这种诚意的时机也是不可忽视的一个重要问题。

学会推销自己，让他知道你重要

在交际中，想要赢得他人的信任，首先需要让对方对你有所了解，那么，自我推销就显得非常重要。尤其在初次见面时，如果能让人对你留下深刻的印象，那将是非常重要的。

为了做好自我推销，你首先要做好自我介绍。

当你们见面，目光相对，互露微笑之后，接下去就是"我叫……"的自我介绍，这种介绍的要点就是要讲清楚自己的名字和身份。如果对方因没有搞清你的名字而叫错你，彼此一定会觉得很尴尬，很容易造成不愉快的场面。因此，自我介绍时，除了要讲清楚自己的名字和身份外，最好附带一句能给别人留下深刻印象的解释，比如说："我姓张，弓长张。"这样不但不会使对方产生误解，还可以加深对方的印象。

非常重要的一点是必须记牢对方的名字，最好的办法就是找机会说出对方的名字，帮助记忆。在讲话中时常提到对方的名字，这样对方会觉得你很重视他，而感到愉快，从而促进感情交流。

接下来，你就可以向别人推销你的优点了，当然在自我推销时，你必须抓住时机。在中国历史上关于推销自己的故事很多，毛遂自荐便是其中最著名的一个例子。

当时，赵国被秦国打得节节败退，公子平原君计划向楚国求救，打算从门下食客当中挑出 20 名文武兼备的人与他随行，结果精选出 19 位，还差一位无法选出，平原君伤透了脑筋。这时有个叫毛遂的人自我推荐，要求加入。

平原君大为惊讶，就对毛遂说："凡人在世，如同锥子在袋子里面，若是锐利的话，尖端很快就会戳穿袋子，露在外面，而人会出人头地。可是，你在我门下三年，一向默默无闻，没有崭露锋芒。"

毛遂回答说："我之所以默默无闻，就是因为我一直没有机会，如果把我放在袋子里面，不仅尖端，甚至连柄都会露在外面。"

平原君听完后，就决定让他加入行列，凑足了 20 人，前往楚国求救。到了楚国后，毛遂大露锋芒，协助平原君成功地完成了任务。其余 19 人都望尘莫及，自愧不如。

无论与什么人打交道，请记住，只有你真正向别人推销出你的才能时，别人才会信任你，你们的交往才会顺利，你的事情自然也会更好办。

恪守信用能赢得对方长久信赖

信用是长时间积累的信任和诚信度，它是我们与人竞争和与人共处时最重要的素质和资本。一个有交际能力的人应该是一个恪守信用的人，以诚信去处理人际关系才会赢得别人的信任与尊重，赢得更多的朋友，有时甚至可以决定你的生存质量和命运走向。

一个顾客走进一家汽车维修店，自称是某运输公司的汽车司机。"在我的账单上多写点零件，我回公司报销后，有你一份好处。"他对店主说。

但店主拒绝了这样的要求。

顾客纠缠说："我的生意不算小，会常来的，你肯定能赚很多钱！"

店主告诉他，这事他无论如何也不会做。

顾客气急败坏地嚷道："谁都会这么干的，我看你是太傻了。"

店主火了，他要那个顾客马上离开，到别处谈这种生意去。

这时顾客露出微笑并满怀敬佩地握住店主的手："我就是那家运输公司的老板，我一直在寻找一个固定的、信得过的维修店，你还让我到哪里去谈这笔生意呢？"

面对诱惑，店主没有心动，不为其所惑，坚守诚信，因此他赢得了顾客的信任。诚信是为人之本，立业之基，是打开你人际关系的"万能钥匙"。

如今，社会复杂，世事难料，人心叵测，每一个人都戴着厚厚的眼镜看世界，裹着厚厚的棉被与人交往，彼此之间小心翼翼，思前顾后，人与人之间总有一层隔膜或一道难以逾越的鸿沟，最终只能导致彼此之间逐渐疏远。我们需要的是信任、信赖和相互扶持，这就需要我们敞开心扉，用真诚对待别人，用诚信面对周围的人和事物，因为只有诚信才能征服别人，赢得尊重。

尼泊尔的喜马拉雅山南麓是风靡世界的旅游胜地，但是，谁能想象到这样一块胜地早年却是无人问津、无人涉足，而它的美貌乍现于天下却源于一位少年的诚信。

起初，有很多日本人到这里来观光旅游，他们想目睹喜马拉雅山的壮观和伟岸。由于不熟悉当地环境和方言，有一天，几位日本摄影师不得不请当地一位少年代买啤酒，结果，这位少年为之跑了3个多小时买回了啤酒。第二天，那个少年又自告奋勇地再替他们买啤酒。这次摄影师们给了他很多钱，但直到第三天下午那个少年还没回来。于是，摄影师们议论纷纷，都认为那个少年把钱骗走了。但令人意想不到的是，第三天夜里，那个少年却敲开了摄影师的门。原来，他只购得 4 瓶啤酒，为了购买另外的 6 瓶，他又翻了一座山，趟过一条河才购得。然而，小男孩返回时却因绊倒摔坏了 3 瓶。他哭着拿着碎玻璃片，向摄影师交回零钱，在场的人无不动容。这个故事使许多外国人深受感动。后来，到这儿的游客就越来越多了……

不要以为进入市场经济了，就可以抛弃一切"陈规老套"，认为那套东西对当代人早已过时了，不适用了，应该耍小聪明的时候可以耍了……如果你这么想，那你就大错特错了。其实，很多老祖宗留下的东西都是"宝贝"，弃之不用，你只会在无数摸爬滚打中"栽跟头"，却在无数挫折困难中验证它的真理性。

譬如诚信，"无信者不足以立于天下"，也许一个背信弃义的人在人际交往中可能取得暂时的利益，能暂时得意，也不会有羞辱之感，但是时间会碾碎他，时间会抛弃他，时间会让他曾经"购买"的"股票"全部贬值，而且贬得一文不值。

在这个世界上，有些东西是具有永久的"储藏"价值的，诚信便是。"储存"诚信能让你赢得别人的信赖和信任，更能征服别人，让你的"腰板"更直，是助你的学业或者事业取得成功的重要砝码。

泄露自己的秘密是赢得信任的绝佳技巧

要赢得对方的信任，进而说服对方的方法是很多的，但其中很重要的一点就是说话必须要有效果，要懂得说话的技巧和方法。

爱默生认为，不管一个人的地位如何低，都可以向他学习某些东西，因此每一个人跟他说话时，他都会侧耳聆听。相信在银幕外面时没有一个人听过的话比卡耐基更多，只要是愿意说出个人体验的人，就算他所得到的人生教训微不足道，卡耐基仍然能够听得津津有味，始终不曾感到乏味。

有一次，有人请卡耐基训练班的教师在小纸条上写下他们认为初学演说者所碰到的最大问题。经过统计之后发现，"选择适当的题目演说"，这是卡耐基训练班初学演说者最常碰到的问题。

什么才是适当的题目呢？假使你曾经具有这种生活经历和体验，经由经验和省思而使之成为你的思想，你便可以确定这个题目适合你。怎样去寻找题目呢？深入自己的记忆里，从自己的背景中去搜寻生命中那些有意义并给你留下鲜明印象的事情。

多年前，卡耐基根据能够吸引听众注意的题目做了一番调查，发现最受听众欣赏的题目都与某些特定的个人背景有关，例如：

早年成长的历程：与家庭、童年回忆、学校生活有关的题目，一定会吸引他人的注意。因为别人在成长的环境里如何面对并克服阻碍的经过，最能引起听众的兴趣。

你的嗜好和娱乐：这方面的题目依各人所好而定，因此也是能引人注意的题材。说一件纯粹因自己喜欢才去做的事，是不可能会出差错的。你对某一特别嗜好发自内心的热忱，能使你把这个题目清楚地交代给听众。

幼年时代与奋斗的经过：像有关家庭生活、童年时的回忆、学生时代的话题，以及奋斗的经过，几乎都能赢得听众的注意，因为几乎所有的人，都很关心其他的人在各自不同的环境中，如何碰到障碍，以及如何克服它。

年轻时代的力争上游：这种领域的话题，亦颇富人情味和趣味。为了争口气，在社会上扬眉吐气，这种力争上游的经过，必能牢牢地抓住听众的心。你如何争取到现在的工作？你如何创办目前的事业？是什么动机促成你今日的成就？这些都是受欢迎的好题材。

特殊的知识领域：在某一领域工作多年，你一定可以成为这方面的专家。即使根据多年的经验或研究来讨论有关自己工作或职业方面的事情，也可以获得听众的注意与尊敬。

不同寻常的经历：你碰到过伟人吗？战争中曾经受过炮火的洗礼吗？经历过精神方面的危机吗？诸如这些经验，都能够成为很好的谈话题材。

因此，你可以用下面的方法赢得听众的信任。

1. 说自己经历或考虑过的事情

若干年前，卡耐基训练班的教师们在芝加哥的希尔顿饭店开会。会中，一位学员这样开头："自由、平等、博爱，这些是人类字典中最伟大的思想。没有自由，生命便无法存活。试想，如果人的行动自由处处受到限制，那会是怎样的一种生活？"

一说到这儿，他的老师便明智地请他停止，并问他何以佐证自己所言。老师问他是否有什么证明或亲身经历可以支持他刚才所说的内容。于是他告诉了我们一个真实感人的故事。

他曾是一名法国的地下斗士。他告诉我们他与家人在纳粹统治下所遭受的屈辱。他以鲜明、生动的词语描述了自己和家人是如何逃过秘密警察并最后来到美国的。他是这样结束自己的讲话的：

"今天，我走过密歇根街来到这家饭店，我能随意地自由来去。我经过一位警察的身边，他也并不注意我。我走进饭店，也无须出示身份证。等会议结束后，我可以按照自己的选择前往芝加哥任何地方。因此请相信，自由值得我们每个人为之奋斗。"

全场观众起立为他热烈地鼓掌。

2. 讲述生命对自己的启示

诉说生命启示的演说者，绝不会吸引不到听众。卡耐基从经验中得知，很不容易让演说者接受这个观点——他们避免使用个人经验，以为这样太琐碎、太有局限性。他们宁愿上天下地去扯些一般性的概念及哲学原理。可悲的是，那里空气稀薄，凡夫俗子无法呼吸。人们都会关注生命，关注自我，因此当你去诉说生命对你的启示时，他人自然会成为你的忠实听众。

3. 真切显露你的诚意

这里有个问题，即你以为合适的题目，是否适合当众讨论。假设有人站起来直言反对你的观点，你是否会信心十足、热烈激昂地为自己辩护？如果你会，你的题目就对了。

第7章

震慑人心，提升自身气场的策略

做气场最强大的人

在社交中，我们每个人都会扮演独特的角色，你有没有想过自己究竟在充当一个什么样的角色？你有没有想过自己究竟是一个受到所有人关注的主角，还是被所有人忽视的龙套？

你需要关注自己究竟在这样的舞台上扮演一个什么样的角色，因为你扮演的角色并不仅仅会决定你的影响力、感召力，同时也是你自身气场的反映。人们在社交场合拥有什么样的地位是由他们目前的气场来决定的。可是，在你内心里真正渴望成为什么样的角色呢？主角——相信你也一定想要让自己成为万众瞩目的焦点，让自己的一言一语影响到很多人。

于是，我们的问题也就转变成究竟如何才能让自己成为那个人际舞台上最耀眼的明星。我们可以向那些主角学习，学习他们的幽默、风度等每一个小细节。可是无论你在这些细节上花多少时间，你都会发现自己是在原地绕圈子，并没有向前走一步。我们的问题就在于将目光更多地关注在一些细枝末节上，而忽视了主角身上的气场光环。

主角就是那个在人际舞台上气场最强大的人，正是他们无所不在的强大气场让他们成为了真正的主角。

当气场最强大的人也就是主角出现在众人面前时，所有人都会感受到他的气场。无论感受到的是吸引还是排斥，每个人都会感觉到这气场在自己的周围

97

时刻影响着自己，试图与自己进行更深的交流。如果你已具有观察到气场的能力，你还会发现在他们的四周有一圈耀眼的光环。在场的人对他的评价是五花八门的，但无疑他最先引起了大家的注意。

真正决定你是否是主角，并不在于你是否唱高调、是否善于引起他人注意，而在于你的气场是否最强大。当然，是不是最强大主要取决于与你在同一舞台上的人的较量。

美国总统奥巴马就是一个气场非常强大的人，他的气场征服了很多人，让很多选民选择了他。在确认自己赢得竞选时，奥巴马在芝加哥发表了热情洋溢的演讲，他说：

今天晚上，我想到了安妮在美国过去一百年间的种种经历：心痛和希望，挣扎和进步，那些我们被告知我们办不到的年代，以及我们现在这个年代。现在，我们坚信美国式信念——是的，我们能！

在那个年代，妇女的声音被压制，她们的希望被剥夺。但安妮活到了今天，看到妇女们站起来了，可以大声发表意见了，有选举权了。是的，我们能。

安妮经历了上世纪三十年代的大萧条。农田荒芜，绝望笼罩美国大地。她看到了美国以新政、新的就业机会以及崭新的共同追求战胜了恐慌。是的，我们能。

二战时期，炸弹袭击我们的海港，全世界受到独裁专制威胁，安妮见证了一代美国人的英雄本色，他们捍卫了民主。是的，我们能。

安妮经历了蒙哥马利公交车事件、伯明翰黑人暴动事件、塞尔马血腥周末事件。来自亚特兰大的一位牧师告诉人们：我们终将胜利。是的，我们能。

人类登上了月球、柏林墙倒下了，科学和想象把世界连在一块儿。今年，在这次选举中，安妮的手指轻触电子屏幕，投下自己的一票。她在美国生活了106年，其间有最美好的时光，也有最黑暗的时刻，她知道美国能够变革。是的，我们能。

从奥巴马的演讲中，我们可以感受到一股自信的力量，这就是奥巴马的气场。他的气场成功地赢得了无数美国人的支持，让他从一个普通的州参议员变成了美国总统，在政治舞台上散发自己的魅力。当晚，在芝加哥共有百万民众在听奥巴马的演讲。他们为奥巴马鼓掌，为奥巴马欢呼。奥巴马无疑成为这些选民心中这场总统竞选中的唯一主角，而这一切都来自于他富于自信和力量的气场。

想要成为人际舞台上的主角吗？很简单，第一步，拥有强大的气场；第二步，走上一个自己会成为最强大气场的人际舞台。你要记住，除了你自己，没有人可以决定你在舞台上的位置。气场是强大还是弱小决定了你的位置，但是，只要我们不懈努力，气场是可以改变的。现在唯一的问题是，为了那最辉煌的一刻，飞蛾会献出自己的生命，你愿不愿意让自己拥有强大的气场呢？

去做气场最强大的人吧，让他人拜服在自己强大的主角气场之下！

气场之间的对决

三位美国商人代表美国汽车公司与德国一家公司进行关于汽车零件采购的谈判，谈判开始以后，德国代表以压倒性的准备资料淹没了美国代表，他们用各种资料来验证己方报价的合理性。而在整个过程中，美国代表只是静静地坐在一旁，一句话也没说。终于，德国的负责人关掉了机器，重新扭亮了灯光，充满信心地问美国代表："意下如何？"一位美国代表斯文有礼，面带微笑地说："我们看不懂。"

德国代表的脸色忽地变得惨白："你说看不懂是什么意思？什么地方不懂？"

另一位美国代表也斯文有礼，面带微笑地说："都不懂。"

德国代表好像心脏病随时将发作的样子问道："从哪里开始不懂？"

第三位美国代表以同样的方式慢慢答道："当你把会议室的灯关了之后。"

德国代表松开了领带，喘着气问："你们希望怎么做？"

美国代表同声回答："请你再重复一遍。"

德国代表彻底丧失了信心，试想谁有可能将秩序混乱而又长达两个半小时的介绍重新再来一遍？德国公司只好不惜付出惨重代价达成协议。

这场谈判，实际上就是美国代表与德国代表双方气场之间的对决。德国代表做好了充分的准备，增强了自身气场的实力。然而，美国代表运用了很好的方法削弱了德国代表的气场，使己方的气场超过了德方代表的气场，取得了谈判中的优势。

竞争的成败取决于气场对决的成败，一方在气场上输给了对方，在竞争上也会输给对方。这一点不仅体现在谈判中，在生活中的很多领域都会起到同样的作用。以销售为例，销售员的气场一定要足够强大，强大到能够赢得顾客，顾客才会同意你的观点，认可你的产品，购买你的产品。

致胜气场不仅可以使我们在对决中取得优势，还会让对方认同我们的观点和理念。一个人在气场被击败的瞬间会感受到极强的挫败感，这种挫败感会让他相信更强大气场的拥有者，也就是那个在气场上击败自己的人。

还需要提醒的是，气场对决中所较量的并不是你的气场究竟有多强大，而是你和对方的气场谁更强大一些。无论是削弱对方气场还是增强自己气场都能达到这样的效果，也都能让你在气场的对决中取得胜利，同时也就在人生的竞争中取得了胜利。

在气场对决中，让对方屈服有很多种办法，如让对手无法专注、打乱对手节奏、动摇对手决心、打击对手意志等等。你可以根据对手情况选用一种最适合对手的方法，这样你才能将自己的致胜气场完美地展现出来。例如，对一个滔滔不绝的人来讲，不断说话就是维持他自身气场的重要手段。这时，你只需要等待，等到对方筋疲力尽，就可以乘虚而入了。

用气场镇住你的对手

《孙子兵法》里面讲到"是故百战百胜，非善之善者也；不战而屈人之兵，善之善者也。"这句话的意思是百战百胜并不是最好的，能够在不与对方交手的情况下让对方退却，才是真正最好的方法。这一点在双方气场之间的对抗中同样很重要。

想要在气场对决中达到"不战而屈人之兵"的效果，我们就要学会用气场镇住对手。说得直白些，就是你要懂得如何去震慑对手，让对方自动退出。这就像在打扑克牌时，我们不想让对方出大牌并不一定需要自己手里有更大的牌，只要让对方认为我们手里有更大的牌就可以了。这就要求我们在气场对决之前，向对方暗示自己有更强的气场，让对方不战而逃。我们要在双方真正对决之前把自己调整到战斗状态，给对方制造一个自己随时会出强手的假象。

那么如何将自己调整到战斗状态呢？我们需要做好以下几个步骤：

首先，我们要让自己的身体做好准备。身体能量是气场中最容易改变的能量。当我们的身体呈现攻击性的姿势时，我们的身体能量也会带动气场中的其他能量，从而具有一定的攻击性。

其次，我们要让自己的内心做好准备。这并不是要让内心准备好攻击他人，而是要让内心不被对方看透。当我们的身体呈现攻击性姿势时，对方气场就会感受到我们的变化。而我们的内心要向对方展现的能量则不只如此，还要让对方摸不着头脑，以至于无法判断我们究竟有多强的能量。

最后，运用语言压迫对手，让对手屈服。当我们做好前两步后，对方感受到了我们的威胁，而且无法预测我们究竟有多么强大。这时，运用语言去压迫对手，在小范围的气场对抗中容易取得优势，最终迫使对方退出气场对决。

做到这三个步骤，你就可以做到不怒自威，从而有效地向对手施加压力。当对手无法承受这种压力时，他自然会向后退却。不过，使用这种方法的关键是不让对方知道我们的底细，否则任何震慑都会失效。

在与他人争斗时，尤其是面对那些实力强我们很多的敌人时，采用不怒自威的方式去震慑对方往往能够起到很不错的效果。在《三国演义》中，刘备手下的猛将张飞就曾经采用过这种方法，成功地吓退了百万雄兵。

却说文聘引军追赵云至长坂桥，只见张飞倒竖虎须，圆睁环眼，手绰蛇矛，立马桥上，又见桥东树林之后，尘头大起，疑有伏后，便勒住马，不敢近前。俄而曹仁、李典、夏侯惇、夏侯渊、乐进、张辽、张郃、许褚等都至。见飞怒目横矛，立马于桥上，又恐是诸葛孔明之计，都不敢近前。扎住阵脚，一字儿摆在桥西，使人飞报曹操。操闻知，急上马，从阵后来。张飞睁圆环眼，隐隐见后军青罗伞盖、旄钺旌旗来到，料得是曹操心疑，亲自来看。飞乃厉声大喝曰："我乃燕人张翼德也！谁敢与我决一死战？"声如巨雷。曹军闻之，尽皆股栗。曹操急令去其伞盖，回顾左右曰："我向曾闻云长言：翼德于百万军中，取上将之首，如探囊取物。今日相逢，不可轻敌。"言未已，张飞睁目又喝曰："燕人张翼德在此！谁敢来决死战？"曹操见张飞如此气概，颇有退心。飞望见曹操后军阵脚移动，乃挺矛又喝曰："战又不战，退又不退，却是何故！"喊声未绝，曹操身边夏侯杰惊得肝胆碎裂，倒撞于马下。操便回马而走。于是诸军众将一齐望西奔走。正是：黄口孺子，怎闻霹雳之声；病体樵夫，难听虎豹之吼。一时弃枪落盔者，不计其数，人如潮涌，马似山崩，自相践踏。后人有诗赞曰："长坂桥头杀气生，横枪立马眼圆睁。一声好似轰雷震，独退曹家百万兵。"

张飞能够喝退曹军在于他展现了非常强大的气场，同时曹操并不能猜到张飞的虚实，而且本身曹操就很多疑。如果在其他情况下，实力比较弱的一方利用气场镇住实力强大的一方还是很难成功的。我们要具体分析当时的情况，再采用适当的方法。

震慑对手的方法的实质就是先让对方觉得我们具有强大的能量，然后使其以为我们的能量还可以更加强大，最后再通过语言暗示让对方承受相当的压力。我们要把握暗示的限度，过度压迫可能会激怒对方。

别把"不同"视为"不一致"

在日常生活中，我们常常会听到这样的抱怨："我喜欢逛街，喜欢货比三家之后再买衣服，可是为什么他总是那么不耐烦呢？""我喜欢在家里看球赛，逛了半天街什么都不买，又累又没有成就感，可是为什么她总是那么乐此不疲呢？"通过话语可以了解人的性格、习惯。而这些正是我们每个个体所包含的能量最为个性化的体现。每当他人与自己观点不同时，他们心中就会不自觉地生出一股抱怨之气，从而引发负面的能量，引发双方气场的斗争。其实，他们的苦恼解决起来并不难，只要他们去转变一个观念，那就是"不同"不等于"不一致"。

这个世界本来就是丰富多彩的，即便是一个事物也拥有多个侧面。同样，我们自身的能量也分为正面的能量和负面的能量。而我们总是用自己最习惯的方法和观念去看待这个事物。如果我们用积极的态度去看，那么这个事物散发出来的就是正面的力量。如果我们用消极的态度去看，那么这个事物散发出来的就是负面的能量。要想全面、客观地了解某一个事物，就要多从不同的方面入手，博采众家之长。

俗语说：君子和而不同。只有达成共识才是我们解决能量互补、气场对接的积极做法。在这一点上，日本本田汽车的创始人本田宗一郎先生为我们做出了榜样。

1965 年，日本汽车业的发展迎来了一个新的机遇，一场关于汽车改进技术的争论在本田技术研究所展开了。人们对于新型汽车到底是采用"水冷"还是"气冷"的问题争执不下。此时，作为领导者的本田宗一郎支持了"气冷"。于是，新研发出来的 N36D 小轿车都采用了"气冷"技术。

在 1968 年进行的一次汽车冠军赛上，驾驶本田生产的新车型的车手出了意外。采用气冷技术的轿车在撞到墙壁后不久，油箱发生了爆炸，车手被当场烧死。据此，几名技术人员要求研制先前被冷落的"水冷技术"，被盛怒下的本田宗一郎拒绝了。但是，本田很快就纠正了自己这种偏激的做法，因为副社长藤泽的一番话深深震撼了他。藤泽说："现在的实际情况已经发生了变化，虽然您原先支持气冷技术，但事实证明气冷技术不能为我们公司带来利润，反而造成了恶劣的影响。所以，请您尊重那些为公司着想的技术部的同事，允许他们研究水冷技术吧。"

本田先生最终支持了这个意见。"气冷"和"水冷"技术代表了当时汽车发展的两个走势。既然事实已经证明"气冷"技术在实际应用过程中会带来严重的安全事故隐患，那么为什么不能采用"水冷"技术呢？本田先生先前反对是因为他误将"不同"与"不一致"两者当成了等同的概念。

我们需要看到的是，本田公司内部的"气冷"和"水冷"技术之争只是代表技术研发双方理念的不同，本身并没有正面能量和负面能量之分。不过，因为开始本田先生支持"气冷"，不自觉地就将"水冷"树立为对立面，"水冷"也就成了引发本田先生负面能量爆发的节点。不过，应该看到的一点是，无论是"气冷"还是"水冷"，在为公司赢利这一根本目标上并没有发生变化。也就是说，这两种技术其实是为同一个能量体服务的。赢利这个共识是他们的出发点和落脚点。本田先生开始并没有意识到这一点，所以拒绝了技术人员们的请求。

有趣的是，本田先生后来接受副社长的建议，同意研发"水冷"技术。这时，"水冷"不再作为负面能量出现了，而转化成了正面能量。既然大家都是为了公司赢利，那么采取的方法不同又有什么关系呢？由此可见，达成共识是解决分歧、融合不同气场的重要一环。

每个人的气场都是独一无二的，在与他人气场交流的过程中很容易发现自身气场的独特性，也很容易在这样的过程中与对方气场发生对抗。你需要了解到这种不同并不总是对决的前兆，我们应该学会认真看待与他人的不同，妥善处理与他人的气场冲突。

你应该记住，真正的致胜气场不仅仅是让我们学会如何战胜对手，如何让我们的朋友感到折服，更要让我们理智地看待气场交流中出现的冲突，让我们能够更好地与他人进行气场交流，增强自己的气场能量，从而取得更加辉煌的胜利。

该示弱时就要示弱

有这样一则寓言故事：

野外有两棵树，树干笔直地指向天空，天空认为这是对自己的不敬，就决定想办法让两棵树向自己鞠躬。于是天空找来了狂风，让狂风吹向这两棵树，迫使它们屈服。其中一棵树依旧不为所动，没有屈服；另一棵树则弯腰表示向天空屈服。狂风过后，弯腰的大树完好无损，没有弯腰的大树则被从中间折断，树冠早已不知道被吹到什么地方了。

第一棵大树"宁折不弯"的精神值得我们学习，然而有时宁折不弯的后果却是巨大的灾难。因此，在一些情况下，我们应该学会屈服，学会向对手示弱。这一点不仅适用于日常的竞争，也适用于气场的对决。俗话说，人在屋檐下，不得不低头。在与他人进行气场对决的时候，如果对方的气场明显强于自己，不妨采取明哲保身的策略，这样才有机会在以后有所成就。这一道理在东方智慧中体现得特别明显，像俗语"留得青山在，不怕没柴烧"、"君子报仇，十年不晚"等，都是教导人们在该示弱的时候就要示弱。关于这方面，表现得最明显的莫过于三国时期的刘备了。

刘备自幼心怀大志，可是一生坎坷。但是他懂得随机应变，善于保护自己。屡次投靠别人，无论是曹操、袁绍、吕布、刘表，都没有去杀刘备，这就是因为他懂得向这些人示弱。

一日，关、张不在，玄德正在后园浇菜，许褚、张辽引数十人入园中曰："丞相有命，请使君便行。"玄德惊问曰："有甚紧事？"许褚曰："不知。只教我来相请。"玄德只得随二人入府见操。操笑曰："在家做得好大事！"吓得玄德面如土色。操执玄德手，直至后园，曰："玄德学圃不易！"玄德方才放心，答曰："无事消遣耳。"……操曰："龙能大能小，能升能隐；大则兴云吐雾，小则隐介藏形；升则飞腾于宇宙之间，隐则潜伏于波涛之内。方今春深，龙乘时变化，犹人得志而纵横四海。龙之为物，可比世之英雄。玄德久历四方，必知当世英雄。请试指言之。"玄德曰："备肉眼安识英雄？"操曰："休得过谦。"……玄德曰："如张绣、张鲁、韩遂等辈皆何如？"操鼓掌大笑曰："此等碌碌小人，何足挂齿！"玄德曰："舍此之外，备实不知。"操曰："夫英雄者，胸怀大志，腹有良谋，有包藏宇宙之机，吞吐天地之志者也。"玄德曰："谁能当之？"操以手指玄德，后自指，曰："今天下英雄，惟使君与操耳！"玄德闻言，吃了一惊，手中所执匙箸，不觉落于地下。时正值天雨将至，雷声大作。玄德乃从容俯首拾箸曰："一震之威，乃至于此。"操笑曰："丈夫亦畏雷乎？"玄德曰："圣人见迅雷烈风必变，安得不畏？"将闻言失箸缘故，轻轻掩饰过了。操遂不疑玄德。(《三国演义》第二十一回)

刘备之所以学习农活就是为了让曹操觉得自己胸无大志，而曹操说出他是英雄的时候，刘备惊吓不已。无论是学农，还是后来说害怕雷电，刘备都是在向曹操示弱，表明自己没有与曹操逐鹿中原的野心。

现实中，并非所有的时候，我们都能处于气场对决的上风。以曹操和刘备为例，曹操坐拥大量兵马，手握大权，部下有很多优秀武将和文臣，刘备那时只有个名义上的"皇叔"和"豫州牧"的头衔，手下将领也只有关羽、张飞二人。这时与曹操力拼，对刘备无疑是不利的。任何想要和对方对决的想法都是错误的，甚至只是气场上的对决也会招来杀身之祸。杨修不就是因为屡屡显示自己的聪明才智冒犯了曹操而被杀掉的吗？刘备的谨小慎微，避免和曹操发生正面的气场冲突保护了自己，最终才有了建立蜀国，与魏国、吴国鼎足三分的机会。所以，当气场无法战胜对方的时候，我们通过示弱来迷惑对方，不失为明智之举。不过，你一定要记住示弱并不是目的，而是一种手段。

在与他人的气场对决中，每次都能成为常胜将军是不可能的，最重要的是要成为笑到最后的人。你要知道什么时候应该战，什么时候不应该战。有些时候，我们要放下"明知不可为而为之"的想法，向对手示弱以赢得日后击败他的机会，这才是拥有致胜气场的人会做出的选择。

主动向对方示好

在当今这个分工越来越精细的社会，一个人的气场能量再强大也依然是有限的，尤其是在一个团队中，许多问题都需要默契配合才能顺利解决。而团队里也必然存在着激烈的竞争和潜在的敌对关系。和谐是人际交往中最重要的原则，同时更是团队合作发展的生死命脉。处理好你和竞争对手之间的矛盾不仅有利于团队的发展，更会在很大程度上改善你和其他人之间的关系。

竞争是一把力量惊人的双刃剑，负面的竞争会恶化团队内的整体氛围，使得同伴之间变得冷漠，充满嫉妒和愤懑，相互排挤。长此以往，整个团队就会在更大的竞争场中被淘汰。

有个人赶着一匹马和一头驴子上路。路途中，驴子对马说："我背的东西太多了，请你帮我分担一点负担吧。"可马不愿意，驴子终因精疲力竭，倒下死了。于是，主人把所有的货物，包括那张驴子皮，都放在马背上。

故事中，马因为自己的冷漠，不肯分担驴子的负重，结果最后反而承担全部的重担，苦不堪言。所以要化解此类危机，关键就在于怎样使竞争朝向正面发展。

互惠合作始终是人性中本就存在的一种正面倾向。所以在面对竞争对手时，不妨主动示好，以达成相互间的气场互动。你们既然同在一个团体，彼此必然存在着大量的共同点，只要你在竞争对手面前一再强调共同点，必然很容易引发气场共鸣。同时，当你对竞争对手主动示好，这就意味着你在强化自身气场的正面能量，传达出信任、友好等信息，通过气场互动同样也会激发对方气场做出相同倾向的呼应，这样就能缓和双方剑拔弩张的紧张气氛，回到相互欣赏、相互协作的良好状态。

皮蓬刚加入公牛队的时候，被认为是最有希望超越乔丹的新秀。他自己也时常流露出对乔丹的不屑，还经常说乔丹在某方面不如自己，自己一定会推翻乔丹在公牛队的首席位置这一类话。

有一次，乔丹对皮蓬说："我俩的三分球谁投得好？"皮蓬有点心不在焉地回答："你明知故问什么，当然是你。"因为那时乔丹的三分球成功率是28.6%，而皮蓬是26.4%。但乔丹微笑着纠正："不，是你！你投三分球的动作规范、自然，很有天赋，以后一定会投得更好，而我投三分球还有很多弱点。"并且还对他说，"我扣篮多用右手，习惯地用左手帮一下，而你，左右都行。"这一细节连皮蓬自己都不知道，他深深地为乔丹的无私所感动。从那以后，皮蓬不再把乔丹当成对手，两人彼此欣赏，成了最好的朋友。

篮球比赛不是个人秀，讲求的正是团队配合。乔丹作为球场上的无敌飞人，自然具有强大的气场。但正是这种过于强大的气场会对公牛队内其他的球员造成很大压迫感，使他们由于紧张而生出防卫和对抗心理。可真正完美的人际强气场必须是亲和力与压迫力的并存，在人际交往中，尤其是在团队合作中，强气场固然必不可少，但同时也要注意培养自身气场亲和柔顺的一面来抵消强气场所产生的压迫感。乔丹面对皮蓬的挑衅，不是借助自己的强气场去压迫他，排挤他，而是主动示好，充分展示自己友好的一面。正是他的谦和，使得公牛队发挥出了一加一大于二的巨大能量，成为篮球界一个不可磨灭的神话。

总而言之，人际交往的和谐来自于我们气场的协和。而最快达到协和的有效途径就是向对方主动示好，危机也就迎刃而解。

借助权威效应取胜

在航空界，有一个现象叫"机长综合征"，说的是在很多事故中，机长犯的错误都十分明显，但副机长没有针对机长的错误采取任何行动，最终导致飞机坠毁。

某国空军将领乌托尔·恩特执行飞行任务，但他的副驾驶员在飞机起飞前病了，于是总部临时派了一名副驾驶员做替补。和这位传奇将军同飞，这名副驾驶员觉得非常荣幸。在起飞过程中，恩特哼起歌来，并把头一点一点地随着歌曲的节奏打拍子。副驾驶员以为恩特是要他把飞机升起来，虽然当时飞机还远远没有达到可以起飞的速度，但他还是把操纵杆推了上去。结果，飞机的腹部撞在地上，螺旋桨的一个叶片飞入恩特的背部，导致他终身瘫痪。

事后有人问副驾驶员："既然你知道飞机还不能起飞，为什么要把操纵杆推起来呢？"他回答道："我以为将军要我这么做。"

在这个案例中，将军的气场甚至压过了副驾驶员掌握的常识和专业知识，在将军气场的影响下，他毫不犹豫地做出了他认为将军要他做的事情——哪怕这件事情违背他的知识体系。

从心理学上讲，这个故事反映了社会中普遍存在的一种心理现象——权威效应。也就是说，尽管我们每个人对身边的人或者事有一定的影响力，但影响力大小不同。一般来说，权威人士容易对其他人产生更大的影响，因为他们强大的气场能够带来强大的操控力。

其实这一效应在营销中被广泛使用，许多广告都会找名人代言，目的就是利用名人的气场影响消费者的理性判断。一般来说，在某一个领域中越权威的人在这一方面的气场就越大，对人产生的影响力也越大。如果不在这个领域中，哪怕他的气场很强大，产生的影响力也是小的，正如恩特将军的气场能影响副驾驶员的判断，但很难影响厨师的判断。这就是为什么主打时尚牌的动感地带会请周杰伦代言，因为他在这一领域的气场十分强大。而某润喉药找来足球明星代言产生的效果就小得多，不是说卡卡或者罗纳尔迪尼奥的气场不够强大，而是他们在润喉这一领域的气场不够权威。

要想获得强大的操控力，你首先要让自己的气场权威起来，或者至少让它看起来权威。影响力培训大师罗伯特·西奥迪尼曾经做过一个实验：

> 一名研究人员让一个自称医生的人分别给22个护士打了一通一模一样的电话，让她们立刻给病人注射一种药。护士有许多正当的理由拒绝这一要求，因为使用这种药是不符合要求和规章制度的。实验结果却令人毛骨悚然：95%的护士毫不犹豫地到药房取了这种药，准备给患者注射！这就是权威所带来的操控力，仅仅是"医生"这样一个头衔所带来的气场，就轻而易举地让那些训练有素的护士放弃了自己应有的气场。想象一下，如果你仅仅是用你的权威气场让别人做一件相对无关紧要的事，比如，买你推销的东西，它的效果会有多好！

另一个令自己看上去有权威气场的东西是服饰。不知道你是否注意过，许多保健品和药物的广告里，广告演员都是穿着白大褂来告诉你他们的药物有多么神奇。他们甚至没有宣称自己是医生或者专家，仅仅一件白大褂就能带来超过普通广告的影响力。这就是气场的力量。权威的气场带来的操控力有时候能超出想象。

我们应该学会如何运用权威效应来塑造自身的气场，让自己看起来像个权威人物会提高他人对我们的接受程度，我们也会更容易地取得胜利，走向成功。但是，在利用权威效应的同时，我们还需要注意的就是不能过于夸大自己的能力以及让自己扮得过于权威，这样有可能会引起他人的反感或者对抗。

巧用"承诺一致性"

几名加拿大心理学家在赌马的赌徒身上发现一个有趣的现象：一个赌徒一旦对自己选中的马下了赌注，他对这匹马的信心会立刻大增，他会坚信这匹马一定是所有马中最好的。

这在心理学上被称为"承诺一致性"原则，说的是一旦我们做出某种决定，或者选择了某种立场，我们会强迫自己采取某种行为以证明我们之前所有行为的正确性。简单地说，就是我们往往不愿意承认自己错了——哪怕明知自己错了。

当你做出承诺的时候，你的气场就会做出反应，它会采取各种措施支持你的承诺。例如，当你当着许多人的面同意戒烟的时候，你的气场就会散发出你承诺戒烟的信息。这个时候，你会爆发出强大的意志力支撑你的戒烟行为。哪怕你烟瘾发作十分痛苦，你也会努力控制自己以不违背当初的承诺。相反，如果你只是私下跟自己说要戒烟，你戒烟的行为十有八九会失败，因为你没有对人做出承诺，所以你的气场也不需要去坚守。

心理学家托马斯·莫里亚蒂曾做过类似的实验。在实验中，研究人员在海滩上随便找了一个实验对象，然后派一个研究人员装作小偷在他面前偷走另一个研究人员假扮的正在睡觉的受害者的钱包。

莫里亚蒂一共找了 20 个实验对象，结果，只有 4 个人挺身而出制止偷窃。之后，莫里亚蒂对实验流程做了更改，让假扮受害者的研究员在入睡前简单地要求实验对象帮忙照看钱包，在得到实验对象的承诺后，小偷才出现。这一次，20 个实验对象中有 19 人挺身而出。

这一差别正是来自于实验对象所做的承诺。

因此，懂得这一原理的影响力的高手会利用你自己的气场来操控你，他们的方法很简单，就是让你当众做出承诺。

《大英百科全书》一般是以直销的模式销售的，但是，客户在买下这套书后还有 15 天的返回期，也就是说，15 天内顾客可以无条件退货。往往在这 15 天内，顾客的退货率会高达 70%。

但是，有一些销售员的退货率只有 25%。是什么原因使他们能够说服客户不退货呢？他们的方法就是：让客户自己说服自己。

这些销售员在顾客掏钱买书之前，会两次提出同样的问题："你确定你要买这本书吗？你确定你的购买行为是基于理性的吗？你确定你不会后悔吗？"在得到客户两次肯定的回答之后，他们才会把书卖给客户。最后，做出过承诺的客户的退货率都非常低。

这些销售员可以说是操控气场的高手，他们能巧用承诺的力量，在客户的气场中植入他所需要的承诺，在承诺之下，客户自己的气场就能够帮助他们完成说服和影响的过程。

一般情况下，人们会主动使行为与承诺保持一致，因为这通常被认为是一种良好的品行。一个人如果言行不一，那么就会失信于人，在以后的为人处世中恐怕会很难立足。而且在人们看来，言行一致是与超凡的智力和坚强的个性联系在一起的，代表着坚定和诚实。因此，不论从哪个方面来讲，人们都非常看重保持言行一致。这无形中就产生了一种有效的心理影响力，即用人们的承诺影响其行为。一般情况下，人们一旦对别人做出承诺，就一定会尽力做到，在这种力量的作用下，不会轻易反悔自己做出的决定，即使有什么别的想法，也会极力克制，努力使承诺与行为保持一致。

这种心理效应，可以作为一种影响力武器应用到生活的各个方面：先巧妙地让人对你做出一定承诺，只要对方做出承诺，就会受到一种无形力量的牵制，不会轻易改变。因此，我们可以利用承诺的力量来促使人们做出某种行为。例如，某公司为了刺激销售员取得更大的成绩，在每一个阶段开始之前，都会要求销售员定下自己的销售目标，并要求他们把销售目标写在一张纸上。目标一旦写下来，就等于销售员对公司做出了一个承诺。于是，为了保持自己的言行一致，销售员必然会加倍努力，在规定时间之内兑现自己的承诺。最终，有效地调动了员工的积极性，提高了销售业绩。

俗话说："言必信，行必果。"这是我们为人处世的一种行为准则，它有很大的约束力，如果我们能够巧妙地使人们对自己做出承诺，那么已经形成的气场就会迫使他们按照约定的方法进行到底，这样也就会增加对方按照我们的方式行事的把握。

化解"弱矛盾"

亚伯拉罕·林肯在任时期，曾经有一位议员批评林肯对待政敌的态度，并认为林肯应该消灭而不是善待自己的政敌。林肯却说："当我让政敌成为朋友的时候，我就已经消灭政敌了。"在这个世界上，既没有永远的朋友，也同样没有永远的敌人。当我们让曾经的敌人变成朋友时，就等于消灭了敌人。

化敌为友是我们在与他人气场对决中可以采用的策略之一。要化敌为友，首要就在于分清敌友。不能准确地辨别自己气场交流中的敌友关系，不但不能做到化敌为友消除危机，更会指友为敌，误会百出；而将对立者当成支持者，则无异于与狼共舞。有个故事，说的是一个人到林子里请求树给他一根树枝做斧子柄。树答应了他的请求，给他一根结实的树枝做成斧子柄。这个人将柄完好地装在斧子上，但接着就抢起斧子，很快地砍倒了这棵大树。由此可见，敌友关系必须准确地辨别，混淆的敌友关系对你的人际关系将是最致命的打击。

在分清敌我之后，接下来就是弄清敌我之间的矛盾冲突所在。在很多时候，我们不难发现，其实大部分的矛盾冲突都是属于"弱矛盾"，并非没有转圜之地。而如果我们能够很好地处理这些尚有转化余地的对立关系，就很可能获得一个非常有价值的朋友。

"弱矛盾"的产生，多半是因双方在能量交流中出现隔阂而产生冲突。要化解这些"弱矛盾"，就必须努力找到双方的隔阂究竟是什么。而要做到这一点，首先是要怀着真诚、良好的意愿，主动地去了解对方，设身处地和对方沟通。

戴尔·卡耐基时常带着自己的狗到公园去散步。为了保护游客的安全，这个公园规定在公园中必须为狗戴上口罩。可卡耐基不忍看到爱犬可怜的模样，就将口罩取下，没想到被一位警察看到了，他走了过来，对卡耐基说："你没有看到公园门口贴的公告吗？"卡耐基争辩道："噢，我的狗是不会咬人的。"警察一听，厉声警告卡耐基："法官可不会因为你的狗不会咬人而放过你，下次再被我看到，你自己对法官说去！"

过了几天，卡耐基带了爱犬到公园里溜达，又将狗的口罩取了下来。说来也巧，上回碰到的那个警察，不知从哪里钻出来了。卡耐基满面羞愧地迎上前去，很难为情地对警察说："警官，对不起，你才警告过我，我又犯错了，我有罪，你逮捕我吧！"警察愣了一下，笑意爬上原本严肃的脸庞，他很温和地对卡耐基说："我知道谁都不忍心看到自己的狗可怜兮兮的模样，何况这里没有什么人，所以你取下了口罩。"卡耐基轻声回答道："但是，这样做是违法的。"警察望了望远处说："这样吧！你让小狗跑到那个小丘后头，让我看不见，这件事就算了。"

同是违规遛狗，争辩得到的是厉声警告，而诚恳地承认错误却得到了警察的默许，两者之间判然有别。处理气场交流中出现的"弱矛盾"也是如此，态度是至关重要的。过于专注对方与自己的不同，就会放大这种分歧，强化这种不可调和的印象。而相反，如果我们把注意力聚焦到相互间的信息上，率先柔化自身气场，设身处地地为对方考虑，那么必然会带动对方气场的这种正面倾向，从而使矛盾得到圆满的解决。

可见，在气场交流中，只要你能及时弱化自身气场并善于换位思考，从对方角度出发来处理矛盾，那么很多表面上的敌人其实也可以成为以后的朋友。无论是善意接触，还是恶意交锋，都是双方气场接触中的能量博弈，双赢是最好的结果。想要跳出长期恶意交锋，我们就需要先改善双方不断产生负面能量的情况。切实可行的方法就是先让自己减少负面能量的产生，友善地对待对方。

化敌为友，不仅仅消灭了敌人，也消灭了对抗。这与"不战而屈人之兵"都是巧妙地避免气场对决而取胜的做法。然而，化敌为友的策略起到的效果更好。因为，化敌为友不仅避开了无谓的对决，还为我们增添了新的朋友、新的助力。

借助气场相近的第三方

在某些时候，我们并没有绝对的信心战胜对方，或者战胜对方对我们来说并没有什么好处，而双方之间的气场对决又一触即发。这时，你就可以采用迂回的策略，利用与彼此气场关系都比较融洽的第三方来为双方搭建气场交流的桥梁。这样，双方的气场对决就会缓和或者瓦解。

中国有句古话叫"两军对战，不斩来使"，派出的使者往往都是与双方都有关系的辩才，这使者就是充当传声筒的第三者了。《三国演义》里最出名的使者就是诸葛亮，"舌战群儒"传达刘备联吴抗曹的盖世大计，最终说动孙权，谋划了一场惊天动地的火烧赤壁大战。当然，《三国演义》里又有一个失败的"第三者"，"群英会蒋干中计"，这蒋干盗取了周瑜的假文书，使得曹操一起疑心，杀了水军将领蔡瑁与张允，致使曹操的水军实力锐减。真是"成也萧何，败也萧何"，气场传声筒的作用可见一斑。总之，迂回利用第三者传达气场能量是解决双方气场对决的重要手段。

美国第三任总统杰弗逊与第二任总统亚当斯从反目为仇、恶言以对到宽容友好相处就是一个典型的例子。

杰弗逊在就任前夕到白宫去，想告诉亚当斯，他希望针锋相对的竞选活动并没有破坏他们之间的友谊。但据说杰弗逊还未来得及开口，亚当斯便咆哮起来："是你把我赶走的！"从此两人成为陌路人，直到后来杰弗逊的几个邻居去探访亚当斯，这个坚强的老人仍在诉说那件难堪的事，但接着毫无遮掩地说："我一直都喜欢杰弗逊，现在仍然喜欢他。"邻居把这话传给了杰弗逊，杰弗逊便请了一个彼此皆熟悉的朋友传话，让亚当斯也知道他的深重友情。后来，亚当斯回了一封信给他，两人从此友好相处。

亚当斯对杰弗逊的愤怒使得两者无法沟通，愤怒的气场使得问题得不到解决，因为人们在愤怒时，气场很容易就会失去控制，很难理智对待双方所存在的问题。这时候亚当斯的几个邻居充当了修补两者气场的传声筒，毕竟有时候人们过分在乎自己的自尊，不愿意当面达成和解。有时候和解只需要给对方一个小小的台阶。送给不愿意与你交往的人一个传声筒，也许他们更愿意跟"第三者"谈谈，气场交流并非像想象中的那么艰难。

面对不愿意对你敞开心扉的人，如何让对方不再对你拒之千里？试试找个"第三者"，让"第三者"帮你传达话语，通过迂回的策略，我们可以让双方的气场平和地交流。你可以把气场交流的对象分为两类：易于交流的人与不易交流的人。对于不易交流的人，可以尝试通过与对方气场相近的第三者传达信息。天才音乐家柴可夫斯基年轻时一度穷困潦倒，无人欣赏他的音乐才华，他约妙的钢琴曲得不到上流贵族社会的认可。在他最低落的时候，他碰到了人生中的精神恋人梅克夫人。梅克夫人不仅每年资助他的生活，而且经常向她交往的贵族圈子不遗余力地盛赞柴可夫斯基的音乐天赋。终于，柴可夫斯基赢得了社会的认可与追捧，成为世纪音乐大师。在柴可夫斯基的音乐生涯中，梅克夫人就起到了向上层社会传达柴可夫斯基音乐的传声筒作用。

当然，选择恰当的气场传声时机也是一门学问，是"第三者"传达友好气场能否成功的基础。中国有个"将相和"的故事，讲的是春秋战国时期赵国的将军廉颇与丞相蔺相如的故事。蔺相如是一个文臣，因为"完璧归赵"的壮举，赵王任其为丞相。廉颇身为赵国将军，战功赫赫却位列蔺相如之下，他愤愤不平屡次挑衅蔺相如。一次两人乘轿路过同一条街道，蔺相如主动回避廉颇的轿子，廉颇心中暗喜。后来蔺相如告诉朝臣说，将军和丞相都是国之栋梁，内有丞相以安家邦，外有将军以震邻国，赵国才能欣欣向荣、威慑七国。虽然将军屡次挑衅他，但是为了国家大局，他总是处处忍让将军。后来这位大臣将蔺相如的话告诉廉颇，廉颇惭愧不已，亲自负荆请罪，从此将相交好共同辅佐赵王。蔺相如先是示弱，充分表达了友好的信息，然后再通过大臣将自己的意愿传达给廉颇。时机选择的恰到好处，成功地实现了人脉交好的目的。

迂回策略是气场对决中的重要手段，"第三者"是实现气场交流的传声筒，而正确把握传达时机以及选择合适的"第三者"是成功实现迂回策略的基础。

沉默有时是最好的反抗

人与人之间交往的时候，不可避免地会出现气场摩擦的现象。产生这种现象的根本原因是双方气场无法融洽地交流，人们都习惯于从自己的方面、以自己的习惯去评价或者判断他人。这种看待问题角度的偏差就会造成敌意，比如，人们在生活中常常会被人误解和非议。

遇到这种情况的时候，有些人的气场就会不自觉地进入戒备状态，他会不断为自己辩解，以证明自己的清白。这种情况之下，我们要了解到他的气场能量是强大的而且急于发泄，我们如果配合他的气场步调，就会让气场之间的摩擦加剧。这时候，我们既不能压制也不能刺激对方，应让对方在较为平和的环境下，将内心中的能量释放出来。

在白隐禅师所住的寺庙旁，有一对夫妇开了一家食品店，家里有一个漂亮的女儿，无意间，夫妇俩发现尚未出嫁的女儿竟然怀孕了。这种见不得人的事，使得她的父母震怒异常！在父母的一再逼问下，她终于吞吞吐吐地说出"白隐"两字。

她的父母怒不可遏地去找白隐理论，但这位大师不置可否，只若无其事地答道："就是这样吗？"孩子生下来后，就被送给白隐，此时，他的名誉虽已扫地，但他并不以为然，只是非常细心地照顾孩子——他向邻居乞求婴儿所需的奶水和其他用品，虽不免横遭白眼，或是冷嘲热讽，但他总是处之泰然，仿佛他是受托抚养别人的孩子一样。

事隔一年，这位没有结婚的妈妈，终于不忍心再欺瞒下去了，她老老实实地向父母吐露真情：孩子的生父是住在同一幢楼里的一位青年。她的父母立即将她带到白隐那里，向他道歉，请他原谅，并将孩子带回。

白隐仍然是淡然如水，他只是在交回孩子的时候，轻声说道："就是这样吗？"仿佛不曾发生过什么事；即使有，也只像微风吹过耳畔，霎时即逝！

很多时候，诽谤与流言并非我们所能够制止的，甚至可以这么说，有人的地方就有流言。"浊者自浊、清者自清"，时间会证明一切，不用过多的解释，心如止水的心境就是气场的强大威慑力，一切诽谤都会在它面前自动瓦解。正如美国总统林肯所说："如果证明我是对的，那么人家怎么说我都无关紧要；如果证明我是错的，那么即使花十倍的力气来说我是对的，也没有什么用。"

一天，一位不速之客突然闯入洛克菲勒的办公室，直奔他的写字台，并以拳头猛击台面，大发雷霆："洛克菲勒，我恨你！我有绝对的理由恨你！"接着那人恣意谩骂他达几分钟之久。办公室所有的职员都感到无比气愤，以为洛克菲勒一定会拾起墨水瓶向他掷去，或是吩咐保安人员将他赶出去。

但洛克菲勒没有采取任何过激的行动。他停下手中的活，和善地注视着这位攻击者，那人愈暴躁，他就显得愈和善！

那名无理取闹者被弄得莫名其妙，渐渐平静下来。因为一个人发怒时，不遭到反击，是坚持不了多久的。他是准备好了来此与洛克菲勒摊牌，并想好了洛克菲勒会怎样回击他，他再用想好的话去反驳。但是，洛克菲勒就是不开口，所以他也不知该如何是好了。

最后，他又在洛克菲勒的桌子上敲了几下，仍然得不到回应，只好索然无味地离去。而洛克菲勒就像根本没发生任何事一样，重新拿起笔，继续他的工作。

有句话叫作"解释便是掩饰"，这话不是没有道理。洛克菲勒用沉默的方法让对方冷却了愤怒。很多时候我们越是急于表现自己，就越是起到相反的效果。"以不变应万变"才是明智的做法。真正有智慧的人会"以守为攻"，在沉默中让对方的气场败下阵来。这一点，你也可以做得到。

大多数时候，我们都在与他人进行气场能量的交流。我们的气场可能会与对方产生冲突，时时刻刻地想着如何战胜对手是不明智的，因为这会让我们无谓地消耗气场能量。有些时候，"以守为攻"沉默地面对对方的气场进攻也会让我们在气场对决中获得很不错的结果。当然，我们也可以在对方消耗大量能量之后，一举战胜对手。

致胜气场的四大进攻策略

气场对决就像两个武林高手比武一样，前期相持漫长而乏味，然而一旦一方找到对手的破绽，集中精力进攻这一点，一场比武的输赢也在这转瞬之间就可以决定。

虽然很多人都希望能够在每一次的气场对决中取得"不战而屈人之兵"的效果，但在现实生活中，即使是一方在气场对决中占有明显的优势，这仍然很难保证他的全盘胜利。对于每一个参与气场对决的人来说，懂得如何运用自身的气场进攻对方是非常重要的。我们的确可以利用一些手段把对方拖垮，但是仍然需要最后一击来战胜对手。一般来讲，气场对决时拥有致胜气场的人一般会采取这样四种进攻方法：

1. 正面进攻

气场对决中，与对方短兵相接，面对面地直接击溃对方的气场，这种方法比较适合面对气场明显弱于自己的对手。让自身气场全面攻击对方，运用各种手段增强自己的气场，压迫对方，让对方没有还手之力。所谓正面进攻，就如同军事中的正规军作战，最常用，结果也最难以把握。除非你气场强过对方很多，否则直接进攻也有可能直接进入他人的包围圈。

2. 侧面进攻

侧面进攻指不与对方正面交锋，而从侧面进攻对方。这种方法比较适合面对那些气场在某方面比较强大的对手。比如说对方在谈判时气场很强大，我们就可以选择攻击其他方面，比如对方恶意压价的不道德，从这些不涉及正面气场交锋的话题攻击对方。所谓的侧面进攻，就如同军事中的大规模机械化部队，攻击对方两翼，让对方露出破绽，再从正面一举击溃对方。

3. 游击进攻

游击进攻是指不与对方直接对决，而是通过打太极的方式，消耗对方气场能量。时不时地做出准备攻击对方的样子，却又不发起正式的进攻，让对方感到疲惫不堪。这种方法比较适合面对那些力图一下子把我们气场击溃的对手，比如说在购买商品时，时不时表达出自己想要购买的意愿，并做出详细比对的样子，但是一直都保持着若即若离的状态，消耗销售人员的气场能量，直到他无力支撑，以低价卖给你为止。所谓的游击进攻，就如同军事中的游击队，派小股力量骚扰、牵扯对方，等待对方疲惫松懈时再发起总攻。

4. 埋伏进攻

埋伏进攻的前提是做好埋伏，在前期不断地与对方进行正面交流，了解对方情况，静心地设置出一个陷阱，之后只要想好办法"请君入瓮"就可以了。这种方法比较适合面对气场能量强大而持久的对手，所谓的埋伏进攻，就如同军事中的伏击部队，设好埋伏等待对方上钩。

第8章

把握心理，让事情更加顺利的策略

抓住对方的心理，把话说到点子上

要想让对方接受你的劝说，首先要了解对方的心理，再通过对方感觉不到的小小的压力渐渐地使他消除戒备心理，这是很奏效的。

与人交谈时，话题的展开如果能迎合对方的心理，就能以更加牢固的纽带来连接双方心理上的"齿轮"，增进彼此的情感交流。我们往往都认为，只要说得有理对方就一定能接受，但是，要使对方真正理解并彻底接受，就应该将沟通渠道建立在这种理论对话下的心理上。

小吴大学毕业以后决心自谋职业。一次，他在一家报纸的广告里看到某公司征聘一位具有特殊才能和经验的专业人员。小吴没有盲目地去应聘，而是花费很多精力，广泛收集该公司经理的有关信息，详细了解这位经理的奋斗史。那天见面之后，小吴这样开口：

"我很愿意到贵公司工作，我觉得能在您手下做事，是最大的光荣。因为您是一位依靠奋斗取得事业成功的人物。我知道您28年前创办公司时，只有一张桌子、一位职员和一部电话机，经过您的艰苦奋斗，才有了今天的事业。您这种精神令我钦佩，我正是奔着这种精神才前来接受您的挑选的。"

所有事业有成的人，差不多都乐于回忆当年奋斗的经历，这位经理也不例外。小吴一下子就抓住了经理的心，这番话引起了经理的共鸣。因此，经理乘兴谈论起他自己的成功经历。小吴始终在旁洗耳恭听，以点头来表示钦佩。最后，经理向小吴很简单地问了一些情况，终于拍板："你就是我们所需要的人。"

要想把话说到点子上，就必须抓住对方的心理。如果不知对方心里所想所需，是无法说到点子上的。就像一个神枪手，如果蒙上他的眼睛，再让他去找一个目标，那么，他只能凭感觉去打，这是难以击中目标的。所以，与人说话时，必须要洞察、迎合对方的心理，才能说到点子上。

利用人们的逆反心理来说话

"请不要阅读第七章第七节的内容。"这是一个作家写在其著作扉页上的一句饶有趣味的话。后来，这个作家做了一个调查，不由得笑了，因为他发现绝大部分的读者都是从第七章第七节开始读他的著作的，而这就是他写那句话的真正目的。

当别人告诉你"不准看"时，你就偏偏要看，这就是一种"逆反心理"。这种欲望被禁止的程度愈高，它所产生的抗拒心理也就愈强。所以如果能善于利用这种心理倾向，不仅可以将顽固的反对者软化，使其固执的态度发生180度的大转变；而且可以打破对手原有的意念，让他按你的意思去办。

某建筑公司的李工程师，有一次说服了一个刚愎自用的人。一个工头，他常常坚持反对一切改进的计划。李工程师想换装一个新式的指数表，但他想到那个工头必定要反对，于是李工程师去找他，腋下挟着一个新式的指数表，手里拿着一些要征求他的意见的文件。当大家讨论着关于这些文件中的事情的时候，李工程师把那指数表从左腋下移动了好几次，工头终于先开口了："你拿着什么东西？"李工程师漠然地说："哦！这个吗？这不过是一个指数表。"工头说："让我看一看。"李工程师说："哦！你不要看了。"并假装要走的样子，并说，"这是给别的部门用的，你们部门用不到这东西。"但是，工头又说："我很想看一看。"当他审视的时候，李工程师就随意但又非常详尽地把这东西的效用讲给他听。他终于喊起来："我们部门用不到这东西吗？它正是我想要的东西呢！"李工程师故意这样做，果然很巧妙地把工头说动了。

逆反心理并不是只有在那种顽固的人身上才有，其实每个人身上都长着一根"反骨"。

某报曾连载过一篇以父子关系为主题的记事文章《我家的教育法》，叙述了某社会名人的孩子在学校挨了顿骂后便非常怨恨他的老师，甚至想"给他一点颜色瞧瞧"，他父亲听了也附和道："既然如此，不妨就给他点颜色看。"但接着又说："纵使你达到报复的目的，但你却因此而触犯了法律，还是得三思才是。"听父亲这样一说，儿子便打消了报复的念头。

如果有一个人站在高楼顶上欲跳楼自杀，而旁人也在拼命说些"不要跳"或"不要做傻事"之类的话，更是助长了他跳楼的意念；相反，若你说："如果你真想跳的话，那就跳吧！反正你死了之后问题也没有解决。"

他必定会感到很泄气，没料到旁人竟不予阻止，反而鼓励他跳下，这完全背离了他原先的期待，这种对于劝阻的期待，一旦为他人所背离，反会失去原有的意念。

据说明朝时，四川的杨升庵才学出众，中过状元。因嘲讽过皇帝，所以皇帝要把他发配到很远的地方去。朝中的那些奸臣更是趁机公报私仇，向皇帝说，把杨升庵发配海外，或是玉门关外。

杨升庵想：发配还是离家乡近一些好。于是就对皇帝说："皇上要把我发配，我也没话说。不过，我有一个要求。"

"什么要求？"

"宁去国外三千里，不去云南碧鸡关。"

"为什么？"

"皇上不知，碧鸡关呀，蚊子有四两，跳蚤有半斤！切莫把我发配到碧鸡关呀！"

"唔……"

皇帝不再说话，心想：哼！你怕到碧鸡关，我偏要叫你去碧鸡关！杨升庵刚出皇宫，皇上马上下旨：杨升庵发配云南！

杨升庵利用"对着干"的心理，粉碎了奸臣的打算，达到了自己要去云南的目的。

可见，无论男性女性，长者幼儿，他们内心多多少少都带有一些逆反心理，只要我们善于抓住那一根"反骨"，轻轻一扭，就连"皇帝"也会按照你的意思去办。这的确不失为一种省心省力又奏效的说服方法。

用富有热情和感染力的语言影响对方

你的目标如果是说服，请记住动之以情比晓之以理效果更大。因为，演讲者以充满感情和富有感染力的语言来表达自己的思想时，听众很少会产生相反的意念。

要激起情感，自己必须先热情如火。不管一个人能够编造出多么精妙的词句，不管他能搜集多少例证，不管他的声音多美妙，手势多么优雅，倘若不能真诚讲述，这些都只是耀眼的装饰罢了。

要使听众印象深刻，自己先得有深刻印象。你的精神由于你的双眼而闪亮发光，由于你的声音而辐射四方，并由于你的态度而自我焕发，它便会与听众产生沟通。

每次演讲时，特别是在自认为目的是要说服听众时，你的一举一动总是决定着听众的态度。你如果缺乏热情，他们也会冷淡。"当听众们昏昏欲睡时，"亨利·华德·毕丘这么写道，"只有一件事可做，给招待员一根尖棒，让他去狠刺演讲者。"

一次，在哥伦比亚大学，卡耐基是三位被请上台去颁发"寇蒂斯奖章"的裁判之一。有六位毕业生，全都经过精心准备，全都急于好好表现自己。他们绞尽脑汁只为获得奖章，而少有或根本没有说服的欲望。

他们选择题目的唯一标准，是这些题目容易在演讲中发挥。没有人对他们的演讲感兴趣，他们一连串的演讲仅是一种艺术表演而已。

唯一的例外是一位来自非洲的王子。他选的题目是"非洲对现代文明的贡献"。他所吐露的每个字里都包含着强烈的情感。他的演讲是出于信念和热情的活生生的东西，而不仅仅是表演。他演讲时如同他是祖国的代表，是他那片大陆的代表——充满智慧、品格高尚、满腔善意。他带给人们一种信息，就是他是人民的希望；他也同时带来一项请求，即渴望听众的了解。

虽然在演讲技巧方面他可能不如竞争者中的另外几位表现更佳，裁判们还是把奖章颁给了他。

这位非洲王子在这里以自己的方式学到了一课：仅运用理智是不能在演讲中把自己的个性投射于别人身上的，必须展现出你对于自己所讲的内容有多么深挚的信念。

避免争论，绕过矛盾

卡耐基说："我们绝不可能对任何人——无论其智力的高低——用口头的争斗改变他的思想。"

一个过于争强好胜的人面临着两种选择：要么是暂时的、表演式的、口头的胜利；要么是他人对你的长期好感。很少有两者兼得的情况。而我们有些人总是喜欢与人舌战不休，与人拍桌打椅，争得面红耳赤，嗓音嘶哑，而最后的结果只有一个：徒劳无益。因为即使他争赢了，这种表面的胜利也实无大益；而且会损伤对方的自尊，影响对方的情绪。若是争输了，当然自己也不会觉得光彩。所以，最好的策略就是避免与人争论。

卡耐基在人际关系上也有过失误，第二次世界大战刚结束的某一天晚上，他在伦敦参加一场宴会。宴席中，坐在他右边的一位先生讲了一段幽默故事，并引用了一句名言。那位健谈的先生说，他所引用的那句话出自《圣经》。

"他错了，"卡耐基回忆说，"我很肯定地知道出处。为了表现优越感，我很多事，很讨厌地纠正他。"他立刻反唇相讥："什么？出自莎士比亚？不可能！绝对不可能！那句话出自《圣经》。"

我的老朋友法兰克·格孟坐在我左边。他研究莎士比亚的著作已有多年，于是我俩都同意向他请教。格孟听了，在桌下踢了我一下，然后说："戴尔，你错了，这位先生是对的。这句话出自《圣经》。"

那晚回家的路上，我对格孟说："法兰克，你明明知道那句话出自莎士比亚。""是的，当然，"他回答，"哈姆雷特第五幕第二场。可是亲爱的戴尔，我们是宴会上的客人。为什么要证明他错了？那样会使他喜欢你吗？为什么不给他面子？他并没问你的意见啊。他不需要你的意见。为什么要跟他抬杠？永远避免跟人家正面冲突。"

"永远避免跟人家正面冲突。"卡耐基谨记了这个教训。

小时候，卡耐基是个有名的杠子头，他和哥哥曾为天底下任何事物而抬杠。进入大学，他又选修逻辑学和辩论术，也经常参加辩论比赛。他一度想写一本这方面的书，他听过、看过、参加过，也批评过数千次的争论。这一切的结果，使他得到一个结论：天底下只有一种能在争论中获胜的方式，就是避免争论，要像躲避响尾蛇那样避免争论。

十之八九，争论的结果会使双方比以前更相信自己的正确性。你赢不了争论。要是输了，当然你就输了；如果赢了，还是输了。为什么？因为"一个人即使口服，但心里并不服"。

你不能辩论得胜。你不能，因为如果你辩论失败，那你当然失败了；如果你获胜了，你还是失败的。为什么？假定你胜过对方，将他的理由击得漏洞百出，并证明他是神经错乱，那又怎样？你觉得很好，但他怎样？你使他觉得脆弱无援，你伤了他的自尊，他要反对你的胜利。

波恩互助人寿保险公司为他们的推销员定了一个规则："不要辩论！"真正的推销术，不是辩论，也不要类似于辩论。人类的思想不是通过辩论就可以改变的。

可能有人会说，真理只有一个，如果牺牲自己的正确主张而去同意对方的主张，那不是牺牲真理而去服从谬误了吗？其实不然，我们当然要拥护真理，我们当然不可以牺牲真理去服从那些不合理的主张。然而，在某种场所，虽然表面上你是牺牲真理而去迁就对方，实际上真理并不会因此而动摇。

事实上，避免争论可以节省你的大量时间和精力，使你投入到完善你的观点和实践你的观点的工作中去。完全没有必要浪费太多的精力去干那种没有结果也毫无意义的事情。少去了面红耳赤的争论，只会使双方相互尊重，从而增进友谊，有利于思想交流和意见的交换。

通常，我们可以从以下几方面来避免与人争论：

1. 欢迎不同的意见

当你与别人的意见始终不能统一的时候，这时就要求舍弃其中之一。人的脑力是有限的，有些方面不可能完全想到，因而别人的意见是从另外一个人的角度提出的，总有些可取之处，或者比自己的更好。这时你就应该冷静地思考，或两者互补，或择其善者。如果采取了别人的意见，就应该衷心感谢对方，因为有可能此意见使你避开了一个重大的错误，甚至奠定了你一生成功的基础。

2. 不要相信直觉

每个人都不愿意听到与自己不同的声音。每当别人提出与你不同的意见时，你的第一个反应是要自卫，为自己的意见进行辩护并竭力地去寻找根据。这完全没有必要，这时你要平心静气地、公平、谨慎地对待两种观点（包括你自己的），并时刻提防你的直觉（自卫意识）对你做出正确抉择的影响。值得一提的是，有的人脾气不大好，听不得反对意见，一听见就会暴躁起来。这时就应控制你的脾气，让别人陈述自己的观点，不然，就未免气量太小了。

3. 耐心把话听完

每次对方提出一个不同的观点，不能只听一点就开始发作。要让别人有说话的机会。这样一是尊重对方，二是让自己更多地了解对方的观点，好判断此观点是否可取，努力建立了解的桥梁，使双方都完全知道对方的意思，不要弄巧成拙；否则的话，只会增加彼此沟通的障碍和困难，加深双方的误解。

4. 仔细考虑反对者的意见

在听完对方的话后，首先要想的就是去找你同意的意见，看是否有相同之处。如果对方提出的观点是正确的，应放弃自己的观点，而考虑采取他们的意见。一味地坚持己见，只会使自己处于尴尬境地。因为照此下去，你只会做错。而到那时，给你提意见的人会对你说："早已跟你说了，还那么固执，知道谁是对的了吧！"这时，自己怎么下台？所以为避免出现这种情况，最好是给对方一点时间，把问题考虑清楚，而不要诉诸争论。建议当天稍后或第二天再交换意见。这使双方都有时间，把所有事实都考虑进去，以找出最好的方案。

这时就应进行一下反思："反对者的意见，是完全对的，还是有部分是对的？他们的立场或理由是不是有道理？我的反应到底是有益于解决问题还是仅仅会减轻一些挫折感？我的反应会使我的反对者远离我还是亲近我？我的反应会不会提高别人对我的评价？我将会胜利还是失败？如果我胜利了，我将要付出什么样的代价？如果我不说话，不同的意见就会消失了吗？这个难题会不会是我的一次机会？”

5. 真诚对待他人

如果对方的观点是正确的，就应该积极地采纳，并主动指出自己观点的不足和错误的地方。这样做了，有助于解除反对者的武装，减少他们的防卫，同时也缓和了气氛。同时要明白，对方既然表达了不同的意见，表明他对这件事情与你一样的关心。因而不要把他们当作防卫的对象，不能因为提出了不同的意见就把他们当作“敌人”；反而应该感谢他们的关心和帮助。这样，本来也许是反对你的人也会变成你的朋友。

所以，你要说服对方，就请遵循说服的第一个原则：唯一能从争辩中获得好处的办法是避免争辩。

顺言逆意归谬法，让强势的他也点头

实践已使许多人懂得，当我们面对强势、恶势的人，或者固执己见的人时，直接反驳其错误会有诸多的不便，而最有效、最巧妙的方法当属归谬说服方式了。

所谓归谬说服，与直接反驳对方的错误观点大相径庭，而是先假设对方的观点言之有理，然后据此引申出一个连对方也不得不承认其荒谬的结论，从而心甘情愿地放弃原有的错误观点和主张，无条件地接受说服者输出的思想信息。

优孟是楚国的艺人，身高八尺，喜欢辩论，常常用诙谐的语言婉转地进行劝谏。

楚庄王有一匹心爱的马，给它穿上锦绣做的衣服，让它住在华丽的房子里，用挂着帷帐的床给它做卧席，用蜜渍的枣干喂养它，结果马得肥胖病死了。于是庄王让臣子们给马治丧，要求用棺椁殡殓，按照安葬大夫的礼仪安葬它。群臣纷纷劝阻，认为不能这样做。庄王急了，下令说："有谁敢因葬马的事谏诤的，立即处死。"

优孟听到这件事，走进宫门，仰天大哭。庄王吃了一惊，问他为何而哭。优孟说："这马是大王所心爱的，堂堂的楚国，只按照大夫的礼仪安葬它，太寒碜了，请用安葬国君的礼仪安葬它吧。"庄王问："怎么葬法？"优孟回答说："我建议用雕花的玉石和花纹精美的樟木分别做内、外层棺材，发动士兵给它挖掘墓穴，让年老体弱的人背土筑坟，请齐国、赵国的代表在前面陪祭，请韩国、魏国的代表在后头守卫，要盖一所庙宇用牛羊猪祭供它，还要拨个万户的大县长年管祭祀之事。我想各国听到这件事，就都知道大王轻视人而重视马了。"庄王说："我的过错竟然到了这个地步吗？现在该怎么办呢？"优孟说："让我替大王用对待六畜的办法来安葬它。堆个土灶做外椁，用口铜锅当棺材，调配好姜枣，再加点木兰，用稻米作祭品，用火光做衣服，把它安葬在人们的肚肠里吧！"庄王当即就派人把死马交给太官，以免天下人张扬这件事。

在说服他人的过程中，抓住对方观点中隐蔽的荒谬点，加以推衍，或由此及彼，或由小到大，或由隐到显，最后得出一个荒谬可笑的结论，从而攻破对方错误的论点。这种说服方法用在对待某些恶人时，会达到一种辛辣讽刺的效果，使其知难而退，从而达到软性说服的目的。

说服可以说是无处不在，面对朋友、家人、同事，甚至陌生人时，说服都有可能发生。而当我们面对强势的人或恶势力的时候，说服尤为困难，在这两者面前，说服最适宜采用引申归谬的方法。

用商量的口吻向对方提建议，柔中取胜

任何人都是有自尊、讲面子的，所以，在说服他人的过程中，多用与他商量的口气给他提建议，少下命令，这样不但能避免伤害别人的自尊，而且会使他们觉得你平易近人，进而乐于接受你的建议，与你友好地合作。

张先生在工商界赫赫有名，他很懂得这个道理。据说他从不用命令式的口吻去说服别人，他要别人遵照他的意思去工作时，总是用商量的口气去说。譬如有人会说："我叫你这么做，你就这么做。"他从不这么说，而是用商量的口气说："你看这样做好不好呢？"假如他要秘书写一封信，他把大意和要点讲了之后，再问一下秘书："你看这样写是不是妥当？"等秘书写好请他过目，他看后觉得还有要修改的地方，又会说："如果这样写，你看是不是更好一些？"他虽然处于发号施令的地位，可是却懂得别人是不爱听命令的，所以不用命令的口气。

张先生的这种做法，使得每个人都愿意和他相处，并乐于按他的意愿做事。所以，当我们要说服某个人时，最好也多用建议的口吻。

肖恩是一所职业学校的老师，他有一个学生因故迟到了，肖恩以非常严厉的口吻问道："你怎么能浪费大家的时间？不知道大家都在等你吗？"

当学生回答时，他又吼道："你回去吧，既然不想听我的课，以后也不用来了。"

这位学生是错了，不应该不先打个招呼，耽误了其他同学上课。但从那天起，不只这位学生对肖恩的举止感到不满，全班的学生都与他过不去。

他原本完全可以用不同的方式处理这件事，假如他友善地问："你有什么事情要处理吗？问题解决了吗？"并说，"如果你这样有事情不事先通知，大家的课程也都耽误了。"这位学生一定很乐意接受，而且其他的同学也不会那么生气了。

所以，要说服他人最好别用命令的口吻，不然，不但达不到你想要的说服效果，还可能使事情越弄越糟。多使用建议的口吻，通过这种方法，人们便会很愿意改正他们的错误，而且维护了对方的自尊，使他们认为自己很重要，并配合你的工作，而不是反抗你。

正话反说，指桑骂槐

所谓指桑骂槐，还有一个漂亮的别名叫"春秋笔法"，即明明对某人某事不满，但并不直接进行攻击，而是采用迂回的方式表露自己的意愿。

有个人在朋友家做客，天天喝酒，住了很久还没有启程之意，主人实在感到讨厌，但又不好当面驱逐。

一次两人面对面坐着喝酒，主人讲了这么一个故事："在偏僻的路上，常有老虎出来伤人。有个商人贩卖瓷器，忽然遇见一只猛虎，张着血盆大口，扑了过来。说时迟，那时快，商人慌忙拿起一个瓷瓶投了过去，老虎不离开，又拿一瓶投了过去，老虎依然不动。一担瓷瓶快投完了，只留下最后一瓶，于是他手指老虎高声骂道：'畜生畜生！你走也只有这一瓶，你不走也只有这一瓶！'"

客人一听，拔腿就走了。

主人明说老虎暗指客人，这种暗示性的警告达到了逐客的效果，避免了主客的正面交锋。

对于某些人的愚蠢行为，通常应该直言不讳，立马制止，然而，在某种特殊情况下与某些特殊人物，直接进行口舌交锋，往往达不到你要的效果。此时，指桑骂槐的说服手法就派上用场了。

当一个上司要责备属下时，也可以使用这种技巧。譬如，虽然你明明是要责备乙的不是，但你并不正面指责，而以指桑骂槐的方式来责备甲，因为此时你若是责备乙，乙的心里必感到难受，对日后的改进不见得会有效，何况你们二人之间尚有一段距离。

但是为何又要责备甲呢？因平时你与甲之间已不存在隔阂，即使甲也犯了同样的过错而受到上司的指责，也不会感到十分在意。但是，因为当时乙也在场，他听后心里会想"原来这样的过错我也犯过"，于是乎你的目的便已达到。

而此时的乙也绝不会认为"反正这是别人的错，不关己事"，反而会因为"原来上司是在说我，但他并不责骂我，反而责骂他人来顾全我的脸面"而感激不尽。

可见，指桑骂槐的好处，在于不直接针对具体对象，然而通过故事的情境性，又能转换出受众对强调之物的感受性——所谓说的是那里的闲话，指的其实是这里的事情。当你对他人的做法感到厌恶，但又不好当面说明；或对某些特殊的大人物，不能直接指出他的错误时，尤为适用。

不过，我们要特别注意，指桑骂槐不是一种常用的方法，只能用在某些特殊的、偶然的场合。如果滥用此术去攻击同事和朋友，只能导致众叛亲离的恶劣后果。

必要时刻，向对方适当提出挑战

对有些事情，当我们靠批评惩罚，或者表扬的手段解决不了的时候，我们可以考虑这样一种策略——给他人提出一种挑战，然后让他们自我面对。这也许比我们手拿鞭子紧随其后的效果要好得多。因为他们更清楚自己眼下的处境，更明白自己应该怎么去做。

史考伯曾说过："要使工作能圆满完成，就必须激起竞争，提出挑战，激起超越他人的欲望。"史考伯是这么说的，也是这么做的。

有一次，查尔斯·史考伯到下面一家工厂去，工厂经理来反映他的员工一直无法完成他们分内的工作。

他说："我向那些人说尽好话，我又发誓又诅咒，我也曾威胁要开除他们，但一点用也没有，还是无法达到预定的生产效率。"

当时日班已经结束，夜班正要开始。史考伯要了一根粉笔，然后，他问最靠近他的一名工人："你们这班今天制造了几部暖气机？""6部。"史考伯不说一句话，在地板上用粉笔写下一个大大的阿拉伯数字"6"，然后走开。

夜班工人进来时，他们看到了那个"6"字，就问这是什么意思。

"大老板今天到这儿来了，"那位日班工人说，"他问我们制造了几部暖气机，我们说6部。他就把它写在了地板上。"

第二天早上，史考伯又来到工厂。夜班工人已把"6"擦掉，写上一个大大的"7"。

日班工人早上来上班时，看到了那个很大的"7"字。原来夜班工人认为他们比日班工人强，是吗？好吧，他们要向夜班工人还以颜色。他们努力地加紧工作，那晚他们下班时，留下一个颇具威胁性的"10"字。情况显然逐渐好转。

不久，这家产量一直落后的工厂，竟然比其他工厂生产得更多。

足见，史考伯将"向对方适当提出挑战"的策略运用得如此恰到好处。其实，这招在政治领域同样适用。如果没有人向他提出挑战，西奥多·罗斯福可能就不会成为美国总统。

当时，这位义勇骑兵队的一员刚从古巴回来，就被推举出来竞选纽约州州长。结果，反对党发现他不是该州的合法居民，罗斯福吓坏了，想退出。但这时，托马斯·科力尔·普列特提出挑战。他突然转身面对罗斯福，大声喊道："圣璜山的这位英雄，难道只是一名懦夫？"罗斯福在这一激将法之下继续奋斗下去，其余的事情就已成历史了。一个挑战不只改变了他的一生，而且也影响了一个国家的命运。

挑战的巨大力量，史密斯也知道。

当史密斯担任纽约州州长时，就遇到过这样一个问题。"猩猩监狱"是一个臭名昭著的监狱，没有狱长，许多黑幕及丑恶的谣言在狱中汹涌传出。史密斯需要一位强有力的铁一般强硬的人去治理这个监狱，他召来了劳斯。

"去照顾'猩猩'如何？"当劳斯在他面前的时候，他愉快地说，"他们那里需要一个有经验的人。"

劳斯窘了，他知道"猩猩监狱"的危险，那是一个不讨好的差使。受政治变化的影响，狱长一再更换，有一位任职只有3个星期，他在考虑他的终身事业。那值得他冒险吗？

史密斯看出了他的犹豫，往后一倚，微笑着说："青年人，我不怪你害怕，那不是一个太平的地方，那里确实需要一个大人物去治理。"

正是史密斯提出了这样一个挑战，劳斯喜欢尝试需要一个大人物的工作的意念，所以他去了，并成为在那儿任职最久的、最著名的狱长。他所著的《在"猩猩"的两年里》售出了几十万册。他曾应邀在电台讲话，他在猩猩生活的故事被拍成了数十部电影。他对罪犯"人道化"的做法促成了许多监狱改革的奇事。

那是任何成功者都喜爱的一种竞技，一种表现自己的机会；那是证明自身价值、争强斗胜的机会。正如卡耐基所说的那样："光用薪水是留不住好员工的。还要靠工作本身的竞争……"每个成功的人都喜爱竞争和自我表现的机会，以证明他自己的价值。

所以，如果你要使有精神、有勇气的人接受你的想法，就请记住这个说服的重要原则——提出挑战。

巧妙提问，让对方只能答"是"

在说服他人赞同自己的过程中，巧妙提问也是实现目的的一种重要手段。卡耐基就曾经举了一个有趣的例子。

假设你和另一人在一间屋子里。你站在或坐在房间的里端，而他在房间的外端。你希望他从房间的外端走到房间的里端。

不妨来做这个游戏。在游戏中，你问他问题。每次你问他一个问题，如果他答"是"，他就向房间里端迈进一步。如果每次你问问题，而他回答"不是"，他就向外退一步。

如果你想让他从房间的外端走到房间的里端，你最好的策略是不断地问他一系列他只能回答"是"的问题。你必须避免提出可能导致他回答"不是"的问题。

通过使用"只能回答'是'"的问题，你就可以轻而易举地做到这一点。一些封闭性问题，人们对它们的回答99.9%是肯定的。你让某人越多地对你说"是"，这个人就越可能习惯性地顺从你的要求。

比如，回想一位你经常同意其意见的朋友，你往往已经习惯于对其做肯定的表示。因此当这个人想劝说你做某事时，即使他还没有完全讲完他的请求，你往往已经决定这么去做。

你肯定也认识你通常不同意其意见的人。此人的特点是经常听到你说"不"。当这个人开始要求你做某事时，你就会同多数人一样，在他还没有讲完他的请求之前，就已经在琢磨用什么理由来说"不"，以便拒绝他的请求。

这些相近的倾向说明，让你想说服的人形成对你说"是"的习惯是多么的重要。反过来也是如此。如果一个人已经习惯性地对你说"不"，不同意你的看法，你成功地说服他的可能性几乎为零。

提出"只能回答'是'"的问题有个好办法，就是问你知道那个人会做肯定回答的事情。如果你愿意的话，你可以在问话里加上以下词语，如：

"是这样吧？"

"对吧？"

"你会同意吧？"

一位推销员问一位可能的买主："你想买这件设备的关键是其费用，是吧？"价格无疑是关键的。因此，这样的问题肯定会带来"是"的回答。或许就这样开始了让可能的买主对推销员养成做肯定回答的习惯。

换句话说，这位推销员可以问一位可能的顾客："设备的价格对你来说很重要吧？"这也是一个封闭型的"只能回答'是'"的问题。对这样一个问题，几乎人人都会回答"是"。

当一位雇员想提醒同伴开始进行一个项目时，这位雇员可能提出这样"只能回答'是'"的问题，"我们需要尽快完成这个项目，是吧？"这里，一个明确的声明"我们需要尽快完成这个项目"跟着一个"只能回答'是'"的问题"是吧？"它要求得到一个"是"的回答。

这种"只能回答'是'"的问题已被反复证明是非常有用的。

容忍对方的反感，让他不再反感

你以前可能会常常见到这样的情况：直到昨天关系还一直很好的两个同学，今天早上见面后却如同陌路，原因是"迈克背地里向杰克说我的坏话"。如果你想说服他与你重归于好，他当然不会理你，而且会把脸扭过去，把背朝向你，以示"报复"。他会认为"我一直把你当成我的好朋友，你却……""平时我对你那么好，你却……"而感到委屈和痛苦。因此会对你产生反感，妨碍你的说服顺利进行。尤其是在小学生中，这种情况尤甚。在成年人的世界里，有时不会把对对方的反感这么直接地表示出来，但是因为他心存反感，往往会使你的说服以失败而告终。如果他心存反感，你即使求他做点儿小事，他也会说"我太忙""我感觉不能胜任"等来拒绝你的请求。

如果你想要说服的对方在内心深处对你存在反感，会如何表现出来呢？成人与小孩不同，所以表现形式也比较复杂。首先，由于说服者与被说服者之间的关系不同，反感的表现形式也不同。例如下属对上司感到反感时，因为不便明确表现出来，只好压抑在心底，最后会以变了形的其他方式表示出来。

还有，社会地位低者对社会地位高者进行说服时，对方只是随意地附和，并不向说服者吐露真心，或者使用极端客气的语言。这一般都是心中怀有反感的表现，这种反感会妨碍你的说服。当上司劝说下属应打起精神努力工作时，部下只是口头上响亮地回答他"是"，但是实际上并没什么改进，这一般都表示内心对上司存在反感。当对方在谈话中根本不提你的名字时，有时也表示对你存在反感。

相反，当上司对下属存在反感时，即当社会地位高的人对社会地位低的人存在反感时，大部分情况下不会将反感压抑在心底，而是直接表现出来。例如，谈到主题时，故意岔开话题；谈话当中突然离席，让对方久候；假装正在思考问题，将视线转移到别处；更有甚者，根本不听你说话，一个人看起报来。当对方采取忽视你的人格的态度时，可以认为说服工作很难进行了。此外，在不可用社会的优劣关系来衡量的家庭关系中，有时，孩子对于父母的劝告会强词夺理，采取完全拒绝的态度，这也是孩子对父母怀有反感的表现。

那么，在说服对方时，原本处于平等地位、没有任何瓜葛的双方，为什么会出现反感与被反感的现象呢？首先可以说，当你辜负了对方对你的期望时，他会对你产生反感。就像前面提到的小学生的例子那样。例如，对方一直认为你是他最值得信赖的朋友，而且你也知道对方对你很信任，但是在某种情况下，你辜负了他对你的信任，他便会对你产生反感。

对以上所说的下属与上司的关系而言，当下级辜负了上级或上级辜负了下级的期望时，即当出现了"我受到了对方的藐视"这种情况时，对方心理上就会产生反感。时间久了，反感的情绪逐渐压抑在心底，就会在内心深处形成反感意识。

人们往往想忘掉那些不愉快的感情，如反感等情绪。这样，被压抑的观念就会自然地留存在心中，支配人的行动。但是，对方对说服者的这种无意识的反感，在说服者对他进行说服时，就会不自觉地表现出来。

而且反感往往是"个人感情"起主要作用的。例如，"他很傲慢"这种反感如果在你的心中已形成了印象，就容易让你认为"既然他如此对我，我说他傲慢，别人也不会指责我"，使你觉得自己很有道理。这样的"感情逻辑"，如从说服者的立场给予冷静的观察，往往会发现它是毫无理论根据的。但是，又不能因为没有理论根据，就指责他的反感是没有道理的。

但是，因为反感缺乏理论性根据，所以如果能进行很好的说服，那么，对方不仅会消除对你的反感，而且会进一步对你产生好感，从而有利于说服的进行。

1991年11月3日晚，美国新一届总统大选结果揭晓。当选总统克林顿在竞选总部楼前，对他的支持者们即兴演说，先是言辞恳切地感谢昨天还在互相唇枪舌剑、猛烈攻击的主要政敌——现任总统布什，感谢布什从一名战士到一位总统为美国做出的出色贡献，并呼吁布什和另一位对手佩罗及其支持者与他团结合作，在他未来的4年重造美国，在全面振兴美国的大变革中继续忠诚地服务于祖国。

而远在异地的布什则打电话祝贺克林顿成功地完成了一场"强有力的竞选"，还调侃地告诫克林顿："白宫是个累人的地方。"并保证他本人和白宫各级人士将全力以赴地与克林顿的班子合作，顺利完成交接工作。

竞选的成功与失败，对于他们来说欢乐与悲哀都是不言而喻的。但在事实面前，他们都保持了高度的理智，表现了适度的宽容和超然的风度。

事实上，不能容忍的人是愚昧的，他们只晓得向来如此，现在也应该如此，所以他拼命反抗和破坏一切新的环境、新的事物、新的思想和新的人物。对于新的事物、新的环境，我们要努力研究，以求达到能够了解的目的；若是好的、对的，我们便应该吸取、学习。这是最正当最科学的方法，也正是容忍的方法。

为什么人们会对懂得宽容的人产生好感呢？让我们来看看其中的道理。从心理学的角度来看，宽容就是通过信赖、信任、赞扬、鼓励等方法，促使双方之间的关系变得更为融洽。其实，每个人都希望和他人分享自己的喜、怒、哀、乐。每个人的潜意识里都希望得到他人的宽容。正因为他人的宽容满足了自己此种需求，所以才会对对方产生好感，从而愿意与对方合作。

既然我们都明白宽容能带来这么多好处，那么为何我们自己却无法以宽容之心待人？这其中的问题又在哪里？为什么我们在期望别人了解自己的同时，自己却吝于了解别人呢？这是值得我们好好思考和注意的问题。

让对方觉得那是他的主意

你是否对自己的想法比对别人给你提供的想法更有信心？如果是的，那你为何要将自己的意见强加于人呢？因为如果你的意见确实正确，事实终会证明这一点；如果你的意见不对，你非得强加于人，别人要么不大愿意接受，要么接受后对自己产生不利的后果，那你的意见不成了一种罪过吗？所以我们何不采取一种更好的策略：只向他人提供自己的看法，而由他最后得出结论！

没有人喜欢被迫购买或遵照命令行事。如果你想赢得他人的合作，就要征询他的愿望、需要及想法，让他觉得是出于自愿。

费城的亚道夫·塞兹先生，突然发现他必须给一群沮丧、散漫的汽车推销员灌输热忱。他召开了一次销售会议，要求这些推销员，把他们希望从他身上得到的个性都告诉他。在他们说出来的同时，他把他们的想法写在黑板上。然后，他说："我会把你们要求我的这些个性，全部给你们。现在，我要你们告诉我，我能从你们那儿得到什么东西。"回答来得既快又迅速：忠实、诚实、进取、乐观、团结，每天热情地工作8小时。有一个人甚至自愿每天工作14个小时。会议之后，销售量上升得十分可观。

塞兹先生说："只要我遵守我的条约，他们也就决定遵守他们的。向他们探询他们的希望和愿望，就等于给他们的手臂打了他们最需要的一针。"

同样，美国陆军上校爱德华·荷斯的例子，用在此处，也是很好的证明。

陆军上校爱德华·荷斯，曾在威尔逊总统时期，在许多重要事件上发挥相当大的影响力。威尔逊十分倚重荷斯的见解，其重要性有时比其他阁员更有过之而无不及。

荷斯是用什么方法去影响威尔逊总统呢？他后来曾透露过这个秘密，那是经由亚瑟·史密斯在《星期六邮报》上发表出来的：

"'我比较了解总统的脾气个性之后，就比较知道该如何改变他的想法。'荷斯说道：'要想改变威尔逊总统的观念，最好是在无意间把一个观念深植在他脑海里。当然，这不但要先引起他的兴趣，而且要不违背他的利益。我也是在无意间发现这个方法。因为有一次我在白宫同他讨论一个政策，他本来相当反对我的看法，但几天之后，在一个晚宴上，他却向别人提出我的意见，只是那时已变成他的看法。'"

荷斯是个聪明人，不在乎由谁来表达那个意见。荷斯要的是结果，所以，他便让威尔逊觉得那是他自己的看法，甚至连众人也觉得如此。

让我们再次记住：我们所碰到的许多人，都具有像威尔逊一样的个性。所以，让我们也采用荷斯上校的做法吧！

一次，卡耐基正计划前往加拿大的纽布伦克省去钓鱼划船，便写信给观光局索取资料。一时间，大量信件和印刷品向他寄来，不知该如何选择。后来，加拿大有个聪明的营地主人寄来一封信，内附许多姓名和电话号码，都是曾经去过他们营地的纽约人的。并希望卡耐基打电话询问这些人，详细了解他们营地所提供的服务。

卡耐基在名单上发现了一个朋友的名字，便打电话给那位朋友，询问种种事宜。最后，又打了个电话通知营地主人他到达的日期。

卡耐基说："有许多人想尽办法向我推销他们的服务，但有一个却让我推销了我自己。那个营地主人赢了。"

确实如此，没有人喜欢被强迫购买或遵照命令行事。我们宁愿出于自愿购买东西，或是按照我们自己的想法来做事。我们很高兴有人来探询我们的愿望、我们的需要，以及我们的想法。

众所周知，西奥多·罗斯福在担任纽约州长的时候，他一方面和政治领袖们保持良好的关系，另一方面又强迫他们进行一些他们十分不高兴的改革。很多人都不解，他究竟是怎么做到的呢？看完下面的内容，相信你会找到答案的。

当某一个重要职位空缺时，他就邀请所有的政治领袖推荐接任人选。"起初，"罗斯福说，"他们也许会提议一个很差劲的党棍，就是那种需要'照顾'的人。我就告诉他们，任命这样一个人不是好政策，大家也不会赞成。"

"然后他们又把另一个党棍的名字提供给我，这一次是个老公务员，他只求一切平安，少有建树。我告诉他们，这个人无法达到大众的期望。接着我又请求他们，看看他们是否能找到一个显然很适合这一职位的人选。他们第三次建议的人选，差不多可以，但还不太好。接着，我谢谢他们，请求他们再试一次，而他们第四次所推举的人就可以接受了，于是他们就提名一个我自己也会挑选的最佳人选。我对他们的协助表示感激，接着就任命那个人，还把这项任命归功于他们。"

记住，罗斯福尽可能地向其他人请教，他让那些政治领袖觉得，他们选出了适当的人选，完全是他们自己的主意。无独有偶，发生在皮尔医师身上的一个例子也正好说明了这一点。

皮尔医师在纽约布鲁克林区的一家大医院工作，医院需要新添一套 X 光设备，许多厂商听到这一消息，纷纷前来介绍自己的产品，负责 X 光部门的皮尔医师因而不胜其扰。

但是，有一家制造厂商则采用了一种很高明的技巧。他们写来一封信，内容如下：

我们的工厂最近完成了一套新型的 X 光设备。这批机器的第一部分刚刚运到我们的办公室来。它们并非十全十美，你知道，我们想改进它们。因此，如果你能抽空来看看它们并提出你的宝贵意见，使它们能改进得对你们这一行业有更多的帮助，我们将深为感激。我知道你十分忙碌，我会在你指定的任何时候，派我的车子去接你。

"接到信真使我感到惊讶。"皮尔医师说道，"以前从没有厂商询问过他人的意见，所以这封信让我感到了自己的重要性。那一星期，我每晚都忙得很，但还是取消了一个约会，腾出时间去看了看那套设备，最后我发现，我愈研究就愈喜欢那套机器了。没有人向我兜售，而是我自己向医院建议买下那整套设备。"

被尊为圣人的老子曾说过：江海所以能为百谷王者，以其善下，故能为百谷王。是以欲上民，必以言下之；欲先民，必以身后之。是以圣人处上而民不重，处前而民不害。

所以，如果你要说服别人，你应该遵守说服的又一大原则：让别人觉得那是他们的主意。

第9章

将心比心，让对方与自己合作的策略

"乐道人之善"，悦纳他人的第一步

在日常的人际交往中，不知你是否遇到过这样的情况：一名新来的同事也没招你惹你，但你就是看他不顺眼，一旦他有什么过错，你就会毫不留情地指责他；而你的朋友最近因为儿子的事情烦恼不堪，找你请你爸爸帮忙让他儿子进某所重点中学，鉴于多年的友谊，你很快就答应了，并在很短的时间就帮他办成了……类似的事例很多。为什么你对同事和朋友有截然相反的态度呢？

社会是由各种各样的人组成的，这些人会有不同的思想性格、兴趣爱好与生活习惯。有的人热情开朗，有的人沉静稳重，有的人性子急躁，有的人心胸狭窄……面对这么多不同性格的人，我们应该怎样使他们乐于按照你的意愿行事呢？

要想改变他人的行为，首先应该悦纳他人。悦纳他人，就要满怀热忱地和他们相处，容忍并且诚心地尊重别人与自己不同的性格、兴趣和生活方式，还要主动地了解他们的性格特征，熟悉他们的生活习惯，在这个基础上创造和谐融洽的人际环境。

有人同事关系紧张常常是因为不喜欢同事的个性而产生一些恩怨纠纷，在工作上不能很好地合作，甚至互相为难。反之，对于跟自己合得来的人，则不惜牺牲原则，给予种种方便。如果采取的是这种方法，当然会招致不良的后果。正确的态度应该是抛弃个人的成见，即使对某位同事有不好的看法，不喜欢与他私下相处，也应该在工作上保持合作，绝不故意为难。最好还要在工作上多关心他，帮助他解决困难，同心协力做好工作。另外，对私下交情好的同事和朋友，也不能放弃原则，姑息迁就他们的缺点与错误。这既是对朋友负责，也是对自己负责。倘若我们能够这样做，日久天长，就必定可以得到别人的信任，并确立自己的威信，建立良好的人际关系，使他人乐于听从自己的意见。

悦纳他人还应该做到"乐道人之善"。"金无足赤，人无完人。"对待同事、朋友，要多看他们的长处，多学他们的优点，不能看自己是"一朵花"，看别人就是"满身疮"。我们经常会见到这样一种人：他对自己所做的工作一点一滴都记在心头、挂在嘴上，挑别人的毛病也绝无遗漏，说起来如数家珍般，而对自己的毛病、别人的长处，则一概缄口不语。这种人往往为人们所不齿，被称为"不团结因子"。乐道人之善，一方面要注意不能因为自己比别人做的工作多一点或能力强一点，就沾沾自喜，瞧不起别人；另一方面还要善于发现别人的优点、长处，对他人的工作成绩多加褒扬。这样，不仅显示出了自己虚怀若谷的风度，有益于团结，而且对自己的成长与进步也会大有好处。当然，对别人应该实事求是、恰如其分，如果不顾事实或夸大事实，效果就可能适得其反。

互惠，让他知道这样做对自己也有利

一位心理学教授做过这样一个小小的实验。

他在一群素不相识的人中随机抽样，给挑选出来的人寄去了圣诞卡片。虽然他也估计会有一些回音，但却没有想到大部分收到卡片的人，都给他回了一张。而实际上他们都不认识他啊！

给他回赠卡片的人，根本就没有想到过打听一下这个陌生的教授到底是谁，他们收到卡片，自动就回赠了一张。也许他们想，可能自己忘了这个教授是谁了，或者这个教授有什么原因才给自己寄卡片。不管怎样，自己不能欠人家的情，给人家回寄一张，总是没有错的。

这个实验虽小，却证明了互惠在心理学中的作用。它是人类社会永恒的法则，是各种交易和交往得以存在的基础，我们应该尽量以相同的方式回报他人为我们所做的一切。

如果一个人帮了我们一次忙，我们也应该帮他一次；如果一个人送了我们一件生日礼物，我们也应该记住他的生日，届时也给他买一件礼品；如果一对夫妇邀请我们参加了一个聚会，我们也一定要记得邀请他们到我们的一个聚会上来。

由于互惠的影响，我们感到自己有义务在将来回报我们收到的恩惠、礼物、邀请等。人与人之间的互动，就如坐跷跷板一样，不能永远固定某一端高、另一端低，是要高低交替。一个永远不肯吃亏、不肯让步、不与别人互惠的人，即使真正赢了，讨到了不少好处，从长远来看，他也一定是输家，因为没有人愿意和他交往下去了。

中国古代讲究礼尚往来，也是互惠的表现。这似乎成了人类行为不成文的规则。

一个人向朋友请教一件事，两人聚会吃饭，那么账单就理所当然应由请教人的这个人付，因为他是有求于人的一方。如果他不懂这个道理，反而让对方付，就很不得体。

在不是很熟悉的朋友之间，你求别人办事，如果没有及时地回报，下一次又求人家，就显得不太自然。因为人家会怀疑你是否有回报的意识，是否感激他对你的付出。及时地回报，可以表明自己是知恩图报的人，有利于相互之间继续交往。

而且如果不及时回报，会给你带来一些麻烦。你一直欠着这个情，如果对方突然有一件事反过来求你，而你又觉得不太好办的话，就很难拒绝了。俗话说："受人一饭，听人使唤。"可以说，为了保持一定的自由，你最好不要欠人情债。

当然，在关系很亲密的朋友之间，就不一定要马上回报，那样可能反而显得生疏。但也不等于不回报，只是时间可能拖得长一些，或有了机会再回报。

朋友间维护友谊遵循着互惠定律，爱情之间也是如此。爱情也是讲究互惠互利的，双方需要保持一个利益的平衡。如果平衡被严重打破，就可能导致关系破裂。

正如上面所述，人与人之间的互动就像坐跷跷板一样，要高低交替。一个永远不肯吃亏、不肯让步的人，即使真正得到好处，也是暂时的，他迟早要被别人讨厌和疏远。

改变他，先迎合他的自尊心

心理学家认为，尊重是每一个人的心理需要。不管先天条件如何，财富多少，地位高低，任何人都需要得到别人的尊重。因而，要想使他人乐于改变，最重要的就是迎合他人的自尊心。

美国心理学家曾做过一个实验，证明了尊重对人产生的巨大影响。

为了调查研究各种工作条件对生产效率的影响，美国西方电器公司霍桑工厂一个大车间的六名女工被选为实验的被试对象。实验持续了一年多，这些女工的工作是装配电话机。

第一个时期，让她们在一个一般的车间里工作两星期，测出她们的正常生产效率。

第二个时期，把她们安排到一个特殊的测量室工作五星期，这里除了可以测量每个女工的生产情况外，其他条件都与一般车间相同，即工作条件没有变化。

接着进入第三个时期，改变了女工们工资的计算方法。以前女工的薪水取决于整个车间工人的生产量，现在只依赖于她们六个人的生产量。

第四个时期，在工作中安排女工上午、下午各一次 5 分钟的工间休息。

第五个时期，把工间休息延长为 10 分钟。

第六个时期，建立了六个 5 分钟休息时间制度。

第七个时期，公司为女工提供一顿简单的午餐。

在随后的三个时期每天让女工提前半小时下班。

第十一个时期，建立了每周工作五天的制度。

最后一个时期，原来的一切工作条件全恢复了，重新回到第一个时期。

心理学家是想通过这一实验来寻找一种提高工人们生产效率的生产方式。的确，工作效率会受到工作条件的影响，然而，出乎意料的是，不管条件怎么改变，如增加或减少工间休息，延长或缩短工作日，每一个实验时期的生产效率都比前一个时期要高，女工们的工作越来越努力，效率越来越高，根本就没关注过生产条件的变化。

想必你一定在好奇，这是为什么呢？

之所以会这样，一个重要的原因就是女工们感到自己是特殊人物，受到了尊重，引起了人们极大的关注，因而感到愉快，便遵照老板想要她们做的那样去做。正是因为受到了重视和尊重，所以，她们工作越来越努力，每一次的改变都刺激着她们去提高生产效率。

尊重是人的一种高级需要。人与人有差异，人与人在财富、地位、学识、能力、肤色、性别等许多方面各有不同，但在人格上是平等的。维护自己的自尊是人类心中最强烈的愿望，因此，满足尊重的需要对人来说十分重要。很多时候，人们为了获得尊重，会通过追求流行、讲究时髦、用高档商品、买名牌服装等手段来体现自己的价值。

拿破仑当年创建了法国荣誉军团勋章，为士兵发放了 15000 枚十字勋章，给 18 位将军授予了"法国元帅"的称号，并将自己的军队称为"宏伟之师"。人们批评他在给身经百战的军人颁发"玩具"，拿破仑答道："人类就是被这种玩具统治着的。"

拿破仑使用了授予他人头衔和权威的技巧，即是尊重他人，迎合他人的自尊心，这种方法在你身上也能发挥作用。

布下"最后通牒"的陷阱，让他不得不屈服

所谓"最后通牒"，常常是在谈判双方争执不下、陷入僵持阶段，对方不愿屈服以接受交易条件时所采用的一种策略。实践证明，如果一方根据谈判内容限定了时间，发出了最后通牒，另一方就必须考虑是否准备放弃机会，牺牲前面已投入的巨大谈判成本。

美国底特律汽车制造公司与德国谈判汽车生意时，就是运用了最后通牒策略而达到了谈判目标。当时，由于双方意见不一致，谈判近一个多月都没有

结果，同时，别国的订货单又源源不断。这时，美国底特律汽车制造公司总经理下了最后通牒，他说："如果你还迟迟不下定决心的话，5天之后就没有这批货了。"眼看所需之物将被抢购殆尽，德方不由得焦急起来，立刻就接受了谈判条件，于是，一场持久的谈判才告结束。美国这家公司使用的就是最后通牒法，迫使对方最终屈服。

可见，在某些关键时刻，最后通牒法还是大有裨益的。但是，该方法并非屡试不爽，一旦被对方识破机关，最后通牒的威力可能会反作用到自己身上。这里有一个范例。

美国通用电气公司在与工会的谈判中采用"提出时间限制"的谈判术长达20年。这家大公司在谈判开始的时候，使用这一方法屡屡奏效。但到1969年，电气工人的挫败感终于爆发。他们料到谈判的最后结果肯定又是故伎重演，提出时间限制相要挟，在做了应变准备之后，他们放弃了妥协，促成了一场超越经济利益的罢工。

用"我错了"，让他人心悦诚服接受批评

法国著名作家拉罗什富科曾说过："没有什么人比那些不能容忍别人错误的人更经常犯错误的。"确实，我们在生活中，总会发现周围的人犯这样或那样的错误。于是，如何做到批评但又不伤害他人，成了与人交往中很重要的一门学问。

也许你会说，"批评还不容易，直接告诉他'你错了'或'你某些地方做得不对'，很简单嘛"。然而，我们都知道，人是有自尊的动物，很少有人不会主动去维护自己的意见和看法。因此，几乎没有谁在听见"你错了"三个字时内心仍能非常平静。大家往往会为来自他人的批评指责闷闷不乐，冲动的人甚至可能当即暴跳如雷、反唇相讥。

千万不要小看"你错了"这样直截了当的三个字，在人际交往中，破坏力最强的莫过于这三个字了。它不会带来任何好的效果，只会造成一场不快、一场争吵，甚至会使朋友变成对手，使情人变成怨偶。在我们肆无忌惮地用它指

责别人错误的同时，几乎意识不到，这样做是会给别人的心中留下疤痕的。

从人性角度来说，做错事的人只会责怪别人，而不会责怪自己——我们都是如此。这不是度量的问题，而是人性的问题，只有极少数人能够克服人性的弱点而使度量大到能接受批评的程度。

那么，想批评别人的时候，我们采用什么方式好呢？被誉为"20世纪最伟大的心灵师长"的戴尔·卡耐基曾指出，想对他人表达"你错了"的批评意图，不妨先承认"我错了"，这对疏通关系和解决问题更有好处。

有一位著名的作家用主动认错的方式赢得了读者的尊重。

在长达20年的社会纪实体裁小说写作之后，他尝试着变换风格，推出了一部侦破类新作，这让许多读者无法接受。

一名愤怒的读者甚至写信给他，言辞非常激烈，指责他根本不该转型。其中很多语句有失偏颇，看得出这位读者对小说艺术的理解并不深入。但这位作家并没有恼羞成怒，而是非常认真地写了一封回信，在信中，他只字不提这位读者的不礼貌和认识上的浅薄，只是很诚恳地承认自己并不适合悬疑推理题材的写作，他很感谢读者的意见，希望以后能够经常互相交流看法。

这个故事让我们深刻体味到"你错了"会为你树立新的敌人，而"我错了"却可能帮你赢得新的朋友。可以想象，那名激动的读者看到回信后，一定会心生惭愧——因为自己的粗鲁无礼和作家的谦逊大度。在一个胸襟宽广、能够认识自己的错误、敢于向别人承认错误的人面前，任何问题都将迎刃而解，任何矛盾都将烟消云散。

现实往往就是如此，当我们说对方错了时，他的反应常让我们头疼，而当我们承认自己也许错了时，就绝不会有这样的麻烦。这样做，不但能避免所有的争执，而且可以使对方跟你一样宽宏大度，承认他也可能弄错。

指出对方错误时，他也许并不明白你的用意——是为了贬低他、抬高你自己，还是为了他好？因此，你应该尽量让他明白批评他是你的好意。讲话时态度一定要谦和诚恳，用语不能激烈，否则对方就会以为你在教训他；也不必过于委婉，否则他会认为你惺惺作态。

此外，指正别人还要选择适当的场合和时机。原则上讲，要在对方情绪比较稳定时指出他的不足之处。人在情绪不稳定时，可能什么也听不进去。最好避开第三者，以一对一的方式进行，以免让他产生当众出丑的感觉。在大庭广众下指出别人的错误，除了会为自己多树立一个敌人外，无任何作用。

多用"所以"少用"但是"，对方易接受你的谈判

为了使讲话的内容充分展开，首先要给对方留下这样的印象，即谈判的对手和自己谈论的是同一个内容。双方在发言中多少有点矛盾时，也应这样对人家说："我和部长之间只是表达方式和所处的地位不同，其实说的都是一回事。"把话引导到双方共同的目标上来，共同努力寻找到达这一目的的最短路线。

相反，彼此耿耿于怀，各朝各的方向发表议论，双方在心情上都会有一种蒙受了损失的感觉，于是相互抱怨自己损失的那一部分让对方赚去了。我们并不希望这样，因此必须给对方留下双方是为了共同的利益而坐在一起的印象，本着"我赚，你也赚"的精神进行商谈。

故此，对话中应该尽量避免使用转折连词，这种词使用过多，无论你怎么解释都会形成一种相互对立的氛围。即使对方反驳自己，也不能用"但是"来接受。不管人家说些什么，一定要用"所以""正因为如此"等顺接连词来对付。

人际关系的发展不见得那么规范，那么完善。有些表达写进文章里显得文理不通，但在口头对话中往往没有什么异样的感觉。比如有两个女高中生在谈话，你站在客观的立场上听起来有些驴唇不对马嘴，可她们在那么一种特定的气氛里却能一直聊下去。两者之间的谈话不必100%吻合，即使其中有30%对不上，关系也能够融洽起来。所以，在理论上应当使用转折连词的地方，即使你用了顺接连词，谈话仍然可以继续，内容也没有意外地发生变化。比如对方在指出缺点时问道："这种场合，你们应当如何处理？"这时可以回答："没什么，正在考虑对策。"也可以回答："所以，正在考虑对策。"两者的意思都讲得通，但以后者为好，因为它给人留下的印象是我们双方都在朝着同一个目标努力。

经过各种考验并能够从跌倒的地方很快地站起来的人，往往善于使用顺接

连词。不想心甘情愿地接受对方的意见时也用"所以"开头把自己的意见坚持讲下去的人，应该说是强者。如果讲话过程中，无论受到怎样的攻击也不改变自己的论点，用转折连词来迎接对方的挑战，那么，谈判就在不知不觉之中误入了歧途。

要知道，谈判的最高境界就是让谈判双方走向双赢，谈判就像分"蛋糕"，自己分得一定利益，同时要让对方知道他也能分得"一块"，这样"蛋糕"才能越做越大，谈判方向上你才能一直占据主导地位。

吹毛求疵，让对方让步的"常规武器"

在商务谈判中，谈判者如能巧妙地运用吹毛求疵策略，会迫使对方降低要求，做出让步。买方先是挑剔个没完，提出一大堆意见和要求，这些意见和要求有的是真实的，有的只是出于策略需要的吹毛求疵。

吹毛求疵谈判方法在商贸交易中已被无数事实证明，不但是行得通，而且卓有成效。有人曾做过试验，证明双方在谈判开始时，倘若要求越高，则所能得到的也就越多。因此，许多买主总是一而再、再而三地运用这种战术，把它当作一种"常规武器"。

有一次，某百货商场的采购员到一家服装厂采购一批冬季服装。

采购员看中一种皮夹克，问服装厂经理："多少钱一件？"

"500元一件。"

"400元行不行？"

"不行，我们这是最低售价了，再也不能少了。"

"咱们商量商量，总不能要什么价就什么价，一点儿也不能降吧？"

服装厂经理感到，冬季马上到来，正是皮夹克的销售旺季，不能轻易让步，所以，很干脆地说："不能让价，没什么好商量的。"采购员见话已说到这个地步，没什么希望了，扭头就走了。

过了两天，另一家百货商场的采购员也来了。

他问服装厂经理："多少钱一件？"回答依然是500元。

采购员又说："我们会多要你的，采购一批，最低可多少钱一件？"

"我们只批发，不零卖。今年全市批发价都是 500 元一件。"

这时，采购员不急于还价，而是不慌不忙地检查产品。过了一会儿，采购员讲："你们的厂子是个老厂，信得过，所以我到你们厂来采购。不过，你的这批皮夹克式样有些过时了，去年这个式样还可以，今年已经不行了。而且颜色也单调。你们只有黑色的，而今年皮夹克的流行色是棕色和天蓝色。"他边说边看其他的产品，突然看到有一件衣服，口袋有裂缝，马上对经理说："你看，你们的做工也不如其他厂精细。"他仍边说边检查，又发现有件衣服后背的皮子不好，便说："你看，你们这衣服的皮子质量也不好。现在顾客对皮子的质量要求特别讲究。这样的皮子质量怎么能卖这么高的价钱呢？"

这时，经理沉不住气了，并且自己也对产品的质量产生了怀疑，于是用商量的口气说："你要真想买，而且要得多的话，价钱可以商量。你给个价吧！"

"这样吧，我们也不能让你们吃亏，我们购 50 件，400 元一件，怎么样？"

"价钱太低，而且你们买的也不多。"

"那好吧，我们再多买点，买 100 件，每件再多 30 元，行了吧？"

"好，我看你也是个痛快人，就依你的意见办！"于是，双方在微笑中达成了协议。

同样是采购，为什么一个空手而回，一个却满载而归？原因很简单，后者采用了吹毛求疵策略，他让卖主变得理亏，同时又让顾主觉得他很精明，是内行，绝不是那种轻易被蒙骗的采购，从而只好选择妥协。

再来看看谈判专家库恩先生是怎样将他的花招带入日常生活中的，他可谓将吹毛求疵演绎到了极点。

有一次，他到一家商店买冰箱，营业员走上前来询问他需要的冰箱规格，并告诉他该冰箱每台售价为 485.95 美元。库恩先生走近冰箱左看右看，然后对营业员说："这冰箱外表不够光滑，还有小瑕疵。你看这儿，这点小瑕疵好像还是个小划痕，有瑕疵的东西一般来说都是要降价的呀！"接着，库恩先生又问营业员："你们店里这种型号的冰箱共有几种颜色？可以看看样品吗？"营业员马上引他看了样品。库恩先生看完后选择了现在店里没有的颜色。他解释说：

"这种颜色与我家厨房里的颜色很相配，而其他颜色则会令人感到不协调。颜色不好，价钱还那么高，如果不重新调整一下价格，我只好另选购买商店了，我想别的商店可能有我需要的颜色。"库恩先生打开冰箱门，看过后问营业员："这冰箱附有制冰器吗？"营业员回答说："是的，这冰箱1天24小时都可为你制造冰块，而每小时只需2分钱电费。"库恩先生听后大声地说："这太不好了！我的孙子有慢性喉头炎，医生说绝对不能吃冰。你可以帮我把这个制冰器拆下来吗？"营业员回答说："制冰器无法为您拆下来，这是冰箱的一个重要组成部分。"库恩先生接着说："我知道了，但是这个制冰器对我来说毫无用处，却要我为此付钱，这太不合理了，价格不能再便宜点吗？"

经过他的百般挑剔，冰箱的价格只得一降再降。

总的来说，吹毛求疵的目的无非是迫使卖主降低价格，使自己拥有尽可能大的讨价还价余地，同时也给对方一个印象，证明自己不会轻易被人欺骗，以削弱甚至打消对方想坚持某些立场的念头，或使卖主在降低价格时，能够对其上级有所交代。如果你能巧妙地运用此策略，无疑会为你增益不少，但注意一定要把话说到位。

发挥"独立性"魅力，让别人永远依赖你

我们先来看一个著名的故事。

美国石油大亨老洛克菲勒是这样教育孩子的：有一天，他把孩子抱上一张桌子，鼓励他跳下来，孩子以为有爸爸的保护，就放心地往下跳。谁知往下跳的时候，爸爸却走开了，小洛克菲勒摔得很重，坐在地上大哭起来。这时，老洛克菲勒语重心长地对儿子说："孩子，不要哭了，以后要记住，凡事要靠自己，不要指望别人，有时连爸爸也是靠不住的！从现在就开始学会独立地生活吧！"

洛克菲勒家族中的孩子，从小就不准乱花钱，每一个孩子可支配的少量零花钱也要记账。在学校读书时，一律在学校住宿，大学毕业后，都是自己去找工作。直到他们在社会中锻炼到能经得起风浪以后，上一辈人才把家产逐步交

给他们。

正是因为洛克菲勒家族注重培养孩子的独立生活能力，才使孩子养成独立、自强的习惯。所以洛克菲勒家族历经几个世纪而依然繁盛如初。

要知道，依赖别人会产生不少危害。诸如，想办一件事不敢独立去做，总是想跟他人一块去做；遇事没有主见，总是等待别人做出决定；不相信自己，不敢讲出自己的见解，怕得不到人们的认可；对领导唯命是从，让干啥就干啥，只求生活平稳、少烦恼，等等。

可反过来想，如果减少对别人的依赖，而让别人依赖你，这是一种制胜的智慧。当人们习惯于依赖你的时候，他们依靠你去获得他们想要的幸福和财富，便会对你毕恭毕敬，彬彬有礼。他们对你的依赖性越大，你的自由空间也就会越大。

至于如何培养自己的独立性，并表现得既不夸张，也不张扬，同样是一种技术。

平时，你要树立独立的人格，培养自主的行为习惯。要用坚强的意志来约束自己，无论做什么事都要有意识地不依赖父母或其他人，同时自己要客观看待自己，不断开动脑筋，把要做的事的得失利弊考虑清楚，心里就有了处理事情的主心骨，也就能妥善、独立地处理事情了。

要注意树立人生的使命感和责任感。一些没有使命感和责任感的人，生活懒散，消极被动，常常跌入依赖的泥潭。而具有使命感和责任感的人，都有一种实现抱负的雄心壮志。他们严格要求自己，做事认真，不敷衍了事、马虎草率，具有一种主人翁的精神。这种精神是与依赖心理相悖逆的。所以，你要学会选择这种精神，从而树立自我的主体意识。

当然，你也可单独地或与不熟悉的人办一些事或做短期外出旅游，这样做是为了锻炼独立处事能力。自己单独地办一件事，完全不依赖别人，无论办成或办不成，对你都是一种人格的锻炼。与不熟悉的人外出旅游，是由于不熟悉，出于自尊心和虚荣心，你不会依赖他人，事事都得自己筹划，这无形之中就抑制了你的依赖心理，促使你选择自力更生，有利于你独立的人生品格培养。

培养了自己的独立性，无论在生活中、学习中，还是在工作中、创业中，你都可以用你的独立表现出你的能力，从而让他人需要你、依赖你。

但请注意，不要仅仅因此便感到自负，感到满足。饮尽井水的人最终往往离井而去，橘子被榨干汁水后往往由金黄变为渣泥。一旦我们可以提供的利益被人们榨尽，而他们也已经发现了新的替代品，他们将不再对我们有丝毫的依赖心理，我们的处境将变得非常尴尬甚至危险。经验告诉我们的一条最重要的教训是：维持别人对我们的依赖心理，但永远不要完全满足其需求。让自己更加成功、更加充实、更加无法替代，同时，永远不要让别人得到我们的全部。

第 10 章

人情世事，礼尚往来稳固自身社会地位

交人交心，人情投资要果断

一个人可以有好几种投资，对于事业的投资，是买股票；对于人缘的投资，是买忠心。买股票所得的资产有限，买忠心所得的资产无限。"纣有人亿万，为亿万心，武王有臣十人，唯一心。"纣之所以败亡，武王之所以兴周，就在于有没有这份无形资产。

真正头脑灵活的人，是在自己能力范围之内尽量"给予"的。而受到此种看似不求回报的好意的人，只要稍微有心，绝不会毫无回礼的，他会在能力所及的情形下与你合作。通过此种交流，彼此关系自能愈来愈亲密，愈来愈牢固，终至成为对你很有帮助的人。

在日常生活中遇到意想不到的人或好意，往往带给人意外之喜。这种情形下，心中常常只有感动二字。所以，为了要让对方脑海中对自己留下深刻的印象，一些意想不到的行动是很具效果的。

美国老牌影星寇克·道格拉斯年轻时十分落魄潦倒，没有人认为他会成为明星。但是，有一回寇克搭火车时，与旁边的一位女士攀谈起来，没想到这一聊，聊出了他人生的转折点。没过几天，寇克被邀请到制片厂报到。原来，这位女士是位知名制片人。

人际关系是创造机遇的一种最有效成本，哈佛商学院的一位教授总结说，

153

哈佛为其毕业生提供了两大工具：首先是对全局的综合分析判断能力；其次是哈佛强大的、遍布全球的校友联系，在各国、各行业都能提供宝贵的商业信息和优待。哈佛校友影响之大，实非言语能形容，全校有一种超越科学界限的特殊集体精神。哈佛商学院建院 92 年来，有超过 6 万名校友，这些校友多半已是各行业的精英，在团结精神凝聚下，建立了紧密的人际关系。对于后者，几位在中国创业的哈佛 MBA 体会最深。他们在没有其他背景的情况下，靠的就是哈佛 MBA 这块金色敲门砖，因为在华尔街，在几大风险投资基金中，对哈佛 MBA 来说，找到校友，就是找到了信任。

英雄穷困潦倒，是常有的事，但只要懂得利用人脉的投资，就能一飞冲天，一鸣惊人。

人是高级感情动物，注定要在群体中生活，而组成群体的人又处在各种不同的阶层，适时进行感情投资，有利于在社会上建立一个好人缘，只有人缘好，你的人际交往才能如鱼得水，没人缘的人自然会常常陷入进退两难的境地。

懂得存情的聪明人，平时就很讲究感情投资，讲究人缘，其社会形象是常人不可比的，遇到困难很容易得到别人的支持和帮助。因此，这样的聪明者其交友能力都较一般人有明显的优势。

赢得好人缘要有长远眼光，要在别人遇到困难时主动帮助，不计回报，"该出手时就出手"，日积月累，留下来的都是人缘。

现代人生活忙忙碌碌，没有时间进行过多的应酬，日子一长，许多原来牢靠的关系就会变得松懈，朋友之间逐渐互相淡漠。这是很可惜的。

就像西德尼·史密斯所说："生命是由众多的友谊支撑起来的，爱和被爱中存在着最大的幸福。"一个人如果孤立无援，那他一生就很难幸福；一个人如果不能处理好人际关系，就犹如在雷区里穿行，举步维艰。"条条大路通罗马"，而八面玲珑的人可以在每条大路上任意驰骋。

给人一份情，让他还你一辈子

谁都知道，有了"人情"好办事。但"人情"都是有限的，就像银行存款一样，你存进去的多，能取出来的就多，存得少，能取出来的就少。你若和别人只是泛泛之交，你困难时别人帮你的可能就很小，因为人家没有义务帮你。如果你平时多储蓄"人情"，甚至不惜血本地投资，急用时就不至于犯难。

常言道"士为知己者死，女为悦己者容"，能为知己者死的，必欠下了天大的人情，因此偿还人情便成了他们矢志不渝的目标。

公元前239年，燕国太子丹在秦国当人质，秦国对他很不友好，太子丹对此怀恨在心，偷偷逃回燕国，于是秦国派大军向燕国兴师问罪。太子丹势单力薄，难以与秦兵对阵，为报国仇私恨，他广招天下勇士，去刺杀秦王。

荆轲是当时有名的勇士，太子丹把他请到家里，像招待贵客一样，对荆轲照顾得无微不至，终于打动了荆轲。后来，太子丹又对逃到燕国来的秦国叛将樊於期以礼相待，奉为上宾。二人对太子丹感激涕零，发誓要为太子丹报仇雪恨。

荆轲虽力敌万钧，勇猛异常，但秦廷戒备森严，五步一岗，十步一哨，且有精兵护卫，接近秦王难于上青天。于是，荆轲对樊於期说："论我的力气和武功，刺杀秦王不难，难在无法接近秦王。听说秦王对你逃到燕国恼羞成怒，现正以千金悬赏你的脑袋，如果我能拿着你的头，冒充杀了你的勇士，找秦王领赏，就能取得秦王的信任，并可乘机杀掉他。"樊於期听罢，毫不犹豫拔剑自刎。

荆轲带着樊於期的人头和督亢地方的地图，去见秦王，这两件东西都是秦王想要得到的。但他未能杀掉秦王，反被秦王擒杀，只为后人留下了"风萧萧兮易水寒，壮士一去兮不复返"的悲壮诗句和"图穷匕见"的故事。

樊於期之所以能"献头"，荆轲之所以能舍命刺杀秦王，都完全是为了回报太子丹的礼遇之恩。"投桃报李""滴水之恩，涌泉相报"，足以说明"恩惠"对人心感化的巨大作用。但是在送人情时，也要注意：

一是不可过分给予。因为饮足井水者，往往离井而去，所以你应该适度地控制，让他总是有点渴，以便使其对你产生依赖感。

二是如果你是位领导，你手下有一些下属，他们都希望能通过你得到一些好处，你应该怎样赐予他们人情呢？一是要经常地赐给他们一点好处，但不可一下子全部满足他们的欲望，否则，对你倾囊施与的恩惠，他们便不以为贵了。

三是不要对别人的恩情过重，这会使人感到自卑乃至厌倦你，因为他一方面感到自己无法偿还这份人情，二来觉得自己无能。

四是不妨对别人施以小恩小惠，不要让对方以为你在故意讨好他们。否则，你施与的"人情"也就不值钱了。

五是对方不需要时，不要"自作多情"，因为这时你送人情会让对方感到多余，对方可能不领你的情。

六是送人情不能临时抱佛脚。对方知道你有较重要较麻烦的事要托到他，你临时抱佛脚而施予人情也是不值钱的，至多能把你所托之事办下来，下次有事再托，还要重新送上情分。倘若对方办不了此事，或者你送的人情太小气，抵不住对方所要付出的代价，对方也不会轻易领你这份情。甚至干脆回绝你这份情，让你讨个没趣或尴尬。

以诚动人，抓住他人心

人与人之间如果建立感情，靠的是以诚服人、以情服人、以理服人、以德服人，这是感情、知识和心智力量使然。情感的力量是情感的认知和共鸣，知识的力量能使人们信服观点的论证，心智的力量则能使人们接受辩手本身，并进而在有意无意中相信和支持你的论证与反驳。

正如一位诗人所言："动人心者，莫过于情。"抓住了对方的心，与对方的交谈也就成功了一半。

如果为人真诚，说话之前先有了真诚的心，那么即使是"笨嘴拙舌"也是没有什么关系的。有太多的事例一再说明，在与人交流时表达真诚要比单纯追求流畅和精彩更重要。

1915 年，小洛克菲勒还是科罗拉多州一个不起眼的人物。当时，发生了美国工业史上最激烈的罢工，并且持续达两年之久。愤怒的矿工要求科罗拉多燃料钢铁公司提高薪水，小洛克菲勒正负责管理这家公司。由于群情激奋，公司的财产遭受破坏，军队前来镇压，因而导致不少罢工工人被射杀。

那种情况，可说是民怨沸腾。小洛克菲勒后来却赢得了罢工者的信服，他是怎么做到的呢？原来小洛克菲勒花了好几个星期结交朋友，并向罢工代表发表了一次充满真情的演说。那次的演说可谓不朽，它不但平息了众怒，还为他自己赢得了不少赞誉。演说的内容是这样的：

"这是我一生当中最值得纪念的日子，因为这是我第一次有幸能和这家大公司的员工代表见面，还有公司行政人员和管理人员。我可以告诉你们，我很高兴站在这里，有生之年都不会忘记这次聚会。假如这次聚会提早两个星期举行，那么对你们来说，我只是个陌生人，我也只认得少数几张面孔。上个星期以来，我有机会拜访了整个南区矿场附近的营地，私下和大部分代表交谈过，我拜访过你们的家庭，与你们的家人见过面，因而现在我不算是陌生人，可以说是朋友了。基于这份互助的友谊，我很高兴有这个机会和大家讨论我们的共同利益。由于这个会议是由资方和劳工代表所组成，承蒙你们的好意，我得以坐在这里。虽然我并非股东或劳工，但我深觉与你们关系密切。从某种意义上说，也代表了资方和劳工。"

这样一番充满真诚的话语，可能是化敌为友最佳的途径。假如小洛克菲勒采用的是另一种方法，与矿工们争得面红耳赤，用不堪入耳的话骂他们，或用话暗示错在他们，用各种理由证明矿工的不是，那结果只能是招惹更多怨恨和暴行。

真诚就像一颗种子，你细心维护它，有一天它就会结出让你惊喜的果实。你真挚待他人，他人也会真挚待你，甚至你敬人一尺，人必回你一丈。但是，我们不能够把付出真情当作某种本小利大的低风险投资，使别人觉得你的"真情"只是一种交易的筹码，而算计的权利全在你的手中。

一个旅游团不经意走进了一家甜品店，参观一番后，并没有购买任何甜品的打算。临走的时候，服务员没有抱怨旅游团，相反，他却更加热情，把一盘精美的可可糖捧到了他们面前，并且柔声慢语："这是我们店刚进的新品种，清香可口，甜而不腻，请您随便品尝，千万不要客气。"如此盛情，使顾客不知不觉进入了糖果店营造的一种双方好似亲友的氛围之中。恭敬不如从命，既然领了店家的"情"，又岂能空手而归呢？旅游团成员觉得不买点什么，确实有点过意不去。于是每人买了一大包，在服务员"欢迎再来"的送别声中离去。

如果这位服务员使这个旅游团的成员感到他的热情只是一种算计，那么结果只有一种可能，就是：你越是热情，我越是拒绝。

每一句话都是心里话，而不是把装出来的热情做得不露痕迹，从而在打动自己的同时打动对方。我们所要强调的是，真情，重在自然流露，在乎本性天成，不能仅仅作为一种方法或者策略。

真诚待人，展现人格魅力，这也是吸引他人的一种方法，它是某些人的特质。一个真诚的人，一个具有人格魅力的人，即使不能舌绽莲花，也可以赢得众多人的认可而建立更多的情谊。

结交"实力人物"的身边人

想要与人结交的话，一定要记住史坦芬·艾勒的一句话："把鲜花送给'实力人物'身边的人，即使他们看起来只是你心目中的小角色。"哪怕他们只是一个小小的秘书、一位家庭主妇，甚至是尚未成年的小孩子，也不要放过结交和讨好他们的机会。有了情意和信任，自然会带来效益：说不定，这些"小角色"会在某个关键时刻影响你的前程和命运。

古往今来，与大人物见面的机会都是很难得的，但是，他们的朋友、亲属或工作中的助手，都是你走向成功的天然阶梯。

如果他们能帮你在"实力人物"耳边说上几句好话，那真是很珍贵的。当你结识了某位"实力人物"的身边人后，就一定要把握住他，用尽方法得到他的支持。

麦凯小时候，他的父亲就教育他说："麦凯，如果你想成功，从现在开始，你要关心自己所见到的每一个人。"从那以后，麦凯见到的每一个人，他都很关心——先把名字记下来，然后再了解他的其他情况。到了对方的生日，他会送上祝福的卡片，到了对方过结婚纪念日，他就送去一束玫瑰以表心意。后来，他为此设计了一个系统，叫作"麦凯66档案"，表示每个人有66个空格的问题，可以记录包括姓名、性别、年龄、生日、星座、血型、嗜好、学历等各种信息，甚至包括他的孩子和爱人的相关信息……

有一次，麦凯去拜访一个大企业的老板，希望说服这位老板来买他的产品。可是不管麦凯怎么说，这个老板都不肯买。麦凯在他的66档案上更新了记录，并且不断地和这个老板保持联系。有一天，他得知这个老板去了医院，原来是老板的儿子出了车祸。他马上翻开档案，一看老板的儿子2岁，崇拜篮球明星迈克·乔丹。

麦凯的人缘颇好，他正好认识迈克·乔丹所在的公牛队的教练，麦凯买了一个篮球，寄给公牛队的教练，并拜托他请乔丹和全体球员签了名。公牛队的教练将签好名的篮球寄给了麦凯。麦凯把篮球送到了医院里，小男孩一看篮球上有乔丹的签名，兴奋得睡不着觉。

老板来看他的儿子时，儿子正高兴地抱着球坐在那里。老板问道："儿子，你怎么不睡觉？"

他说："爸，你看这是什么？"

老板一看就问："这是乔丹的签名篮球，你怎么会有？"

"是麦凯叔叔送我的！"他兴奋地答道。

老板一听，说道："麦凯，就是想卖给我产品的那个人吧？我一直都没有买过他的产品啊。"

这时，儿子说了这么一句话："你应该买麦凯叔叔的产品，他这么关心我，你也应该关心他才对啊！"

第二天，老板就找到了麦凯，专门向麦凯道谢，并向麦凯订购了大量的产品。

麦凯的工作是销售产品，然而谁能想到，他通过卖产品，结交到了美国政界、新闻界、体育界的知名人物，还能让他们对他产生一种佩服的感觉。要知道，有些人并不是心甘情愿地做你的贵人的，这就要想办法，让他行也得行，不行也得行。麦凯是个聪明人，很会想办法，他先从"实力人物"的身边人入手，使宝贝儿子能在父亲大人面前美言，疼爱儿子的爸爸自然就成了他的贵人。

要想从贵人的身边人入手，最基础的工作当然就是掌握他们的社会关系。

现代媒体经常关注一些"实力人物"的情况，你从中定会了解一二。你可以从他的历史中认识他的过去，他的经历，甚至他的祖辈、父辈，然后从他的亲属、他的朋友、他的子女等"小角色"入手，取得他们的信任与支持。那么，"实力人物"帮你呼风唤雨，甘当你贵人的日子将指日可待。

现在的社会，并不是每个人都能结交上权贵，即使有幸结交，也不见得能得到他们的"贵人相助"。然而，结交那些"实力人物"的身边人并没有太大的难度，得到了他们的信任，就相当于接近了"实力人物"，他们总会在某个时机为你卖力，为你进上美言。所以，在交际应酬过程中，千万不能忽视权势的"身边人"。

交往次数越多，心理距离越近

有心理学家曾做过这样一个实验：

在一所中学选取了一个班的学生作为实验对象。他在黑板上不起眼的角落里写下了一些奇怪的英文单词。这个班的学生每天到校时，都会瞥见那些写在黑板角落里的奇怪的英文单词。这些单词显然不是即将要学的课文中的一部分，但它们已作为班级背景的一部分被接受了。

班上学生没发现这些单词以一种有条理的方式改变着——一些单词只出现过一次，而一些却出现了25次之多。期末时，这个班上的学生收到一份问卷，要求对一个单词表的满意度进行评估，列在表中的是曾出现在黑板角落里的所有单词。

统计结果表明：一个单词在黑板上出现得越频繁，它的满意率就越高。心理学家有关单词的研究证明了曝光效应的存在，即某个刺激的重复呈现会提高这个刺激的评估正向性。与"熟悉产生厌恶"的传统观念相反，曝光效应表明某个事物呈现次数越多，人们越可能喜欢它。

在人际交往中，要得到别人的喜欢，就得让别人熟悉你，而熟识程度是与交往次数直接相关的。交往次数越多，心理上的距离越近，越容易得到共同的经验，使彼此了解和建立友谊，由此形成良好的人际关系。例如教师和学生、领导和秘书等，由于工作的需要，交往的次数多，所以较容易建立亲近的人际关系。

由此可见，简单的呈现确实会增加吸引力，彼此接近、常常见面的确是建立良好人际关系的必要条件。

当然，任何事物都是辩证的，不是绝对的，我们应该承认交往的次数和频率对吸引的作用，但是不能过分夸大其对交往的作用。俗话说：距离产生美，任何事情都存在一个度的问题。有些心理学家孤立地把研究重点放在交往的次数上，过分注重交往的形式，而忽略了人们之间交往的内容、交往的性质，这是不恰当的。实际上，交往次数和频率并不能给我们带来预想的结果，有时反而会适得其反。

经常性地投资"人情生意"

人是感性动物，当然都难逃脱"人情债"。尽管在社会上素来有"认钱不认人"之说，但是成功人士都善于投资"人情生意"，让别人欠下他一笔永远也偿还不了的人情债。

所谓人情投资，就是能够在人情世故上多一份关心，多一份相助。俗话说得好，在家靠父母，在外靠朋友。在社会上生存就得学会做"人情生意"。

李先生是杭州一家笔庄的老板。1989年在杭州创业时，他在经济上十分窘迫。即使如此，他也没有放弃，而是经常出没于杭州的各个画廊、美术院校，只要有机会就给人看他的笔。

一天，李先生在一个画廊里遇见了一家画院的院长。李先生看院长气度不凡，就拿出一支上好的鸡毛笔要送给院长，院长看后感到很惊讶。这次巧遇使院长对他的笔产生了浓厚的兴趣，以笔会友，两个人在研究笔的过程中结下了深厚的友谊。为了让更多的人了解他的笔，院长决定帮他开一个笔会，并免费提供场地。通过笔会，李先生认识了画院的更多的朋友，时间久了，李先生的笔庄在杭州渐渐闻出了名气。

不久后，李先生将他的笔庄开在一个文化用品市场二楼的拐角里，位置虽然偏僻气氛虽然冷清，但李先生却有他的目的。喜欢毛笔的人都是一些文人，不喜欢很热闹的地方，书法家、画家来这一看就会觉得比较高雅，地方也比较宽敞。

如今，李先生已经拥有两个笔庄、一家工厂，每年制作销售毛笔四五万支，李先生正走在成功的创业路上。

其实，做生意投资人情，谈的就是一个"缘"字，彼此能够一拍即合。要保持长期的相互信任、相互关照的关系也不那么容易，成功的人仍然需要不断进行"感情投资"。相互最仇视的对手，往往原先是最亲密的伙伴。反目为仇的原因，恐怕谁也说不清，留下的都是互相指责和怨恨。走到这一步是一些人忽略了投资"人情生意"的结果，甚至已经忘掉了这一点。

投资"人情生意"应该是经常性的。在商务交际中不可没有，在其他任何时候、任何地点都不能没有。人情如同人际关系中的"盐"，缺之一切都会淡然无味。一个有头脑的人应该懂得把人情生意做得恰到好处，这样才能在恰当的时候让人情变为你成功的捷径。

关键时刻拉人一把，悄悄地把人情送出去

"患难之交才是真朋友"，这话大家都不陌生。人的一生不可能一帆风顺，难免会碰到失利受挫或面临困境的情况，这时候最需要的就是别人的帮助。一旦这个时候你伸手相助，便将让对方记忆一生，日后对方会对你加倍报答。所以，关键时刻拉别人一把，等于为自己的人情账户存入一笔巨款。

德皇威廉一世在第一次世界大战结束时，众叛亲离。他只好逃到荷兰，许多人对他恨之入骨。这时候，有个小男孩写了一封简短但流露真情的信，表达他对德皇的敬仰。这个小男孩在信中说，不管别人怎么想，他将永远尊敬威廉一世为皇帝。德皇深深地为这封信所感动，于是邀请他到皇宫来。这个男孩接受了邀请，由他母亲带着一同前往，他的母亲后来嫁给了德皇。

人情储蓄，不仅仅是在欢歌笑语中和睦相处，更是在困难挫折中互相提

携。有的人在无忧无虑的日常生活中，还能够和朋友嘻嘻哈哈地相处，一旦朋友遇到困难，遭到了不幸，他们就冷落疏远了朋友，友谊也就烟消云散了。这种只能共欢乐不能同患难的人，不仅是无情的，更是愚蠢的。因为他们的自私，会让自己的人情储蓄为零，会让自己日后的人际关系道路越走越窄。

所以，当朋友遇到了困难的时候，我们应该伸出援助的双手。当朋友生活上艰窘困顿时，要尽自己的能力，解囊相助。对身处困难之中的朋友来说，实际的帮助比甜言蜜语强一百倍，只有设身处地地急朋友所急，想朋友所想，才能体现出友谊的可贵，让这份交情细水长流。

当朋友遭遇不幸的时候，如病残、失去亲人、失恋等，我们要用关怀去温暖朋友那冰冷的心，用同情去安抚朋友身上的创伤，用劝慰去平息朋友胸中冲动的岩浆，用理智去拨散朋友眼前绝望的雾障。

当朋友犯了错误的时候，我们应该表示理解并尽可能地给予帮助。一般来说，朋友犯了错误，自己感到羞愧，脸上无光。有些人常担心继续与犯了错误的朋友相交会连累自己，因此离开这些朋友，其实这种自私的行为很不可取。真正的朋友有福不一定同享，但有难必定上前同担。

当朋友遭到打击、被孤立的时候，我们应该伸出友谊的双手，去鼓励对方，支持对方。如果在朋友遭到歪风邪气打击的时候，我们为了讨好多数人而保持沉默，或者反戈一击，那我们就成了友谊的可耻叛徒。正如巴尔扎克的《赛查·皮罗多盛衰记》中所说的："一个人倒霉至少有这么一点好处，可以认清楚谁是真正的朋友。"一个好朋友常常是在逆境中得到的。假如朋友在遭到打击、被孤立的时候，你能够理解他、支持他，坚决同他站在一起，那么他一定会把你视为一生的挚友，会为找到一个真正的朋友感到高兴。更重要的是，将来某一天如果你需要他的帮助，甚至你有难时没有向他求助，他都会心甘情愿地为你两肋插刀。

总之，人情的赢得往往在关键的时刻，即别人处于困顿的时刻。只要你在关键时刻伸手拉他一把，你就获得了他的好感，为日后储蓄了一笔人情资金。

雪中送炭，提高感情投资的性价比

在社会生活中需要感情投资，这个道理很多人都明白，但是如何进行感情投资却没有多少人清楚。其实，感情投资的最佳策略就是雪中送炭，提高感情投资的性价比。

在《水浒传》中，有这样精彩的一幕：

话说宋江杀了阎婆惜后，逃到柴进庄上避难，碰上了武松。当时武松因在故乡清河县误以为自己伤人致死已躲在柴进庄上。但因为武松脾气不太好，得罪了柴进的庄客，所以柴进也不是十分喜欢他。《水浒传》上说："柴进因何不喜武松？原来武松初来投奔柴进时，也一般接纳管待；次后在庄上，但吃醉了酒，性气刚烈，庄客有些顾管不到处，他便要下拳打他们，因此满庄里庄客，没一个道他好。众人只是嫌他，都去柴进面前，告诉他许多不是处。柴进虽然不赶他，只是相待得他慢了。"所以，武松在柴进的庄上一直被大家孤立，找不到一个可以交心的朋友，只能一个人天天喝闷酒。

宋江知道武松是个英雄，日后定可为自己帮忙，因此，他到了柴进庄上一见到武松就马上拉着武松去喝酒，似乎亲人相逢，看武松的衣服旧了，马上就拿钱出来给武松做衣服（后来钱还是柴进出的，但好人却是宋江做的）。而后"却得宋江每日带挈他一处，饮酒相陪"，这饮酒的花费自然还是柴进开销的。临分别时，宋江一直送了六七里路，并摆酒送行，还拿出十两银子给武松做路费，而后一直目送武松远离。

正因为这样，武松一直对宋江忠心耿耿，为宋江出生入死。

宋江所费之钱可以说是小成本，他不过花了十两银子和饯行的一顿饭，却让英雄盖世的武松对他感恩戴德。而柴大官人庇护了武松整整一年，就算后来有所怠慢，也不会少他吃喝用度的，在武松身上的花费岂止区区十两银子。相对于宋江而言，柴大官人真是得不偿失。这位宋大哥在武松心目中的分量恐怕要远远超过柴大官人。为什么柴进名满江湖、出身高贵，却成不了老大，而宋江却可以？因为宋江更懂得如何通过雪中送炭收买人心。

然而，在现实生活中，人们往往热衷于锦上添花，而不屑于雪中送炭。好像能与事业有成的人缔结关系，便可以巧妙地利用对方那股气势。这是理所当然的一种心理，然而在这种情况下交上的朋友，通常无法建立起可靠的人际关系。万事顺利、春风得意的人，人人都想与他结识，都想与他交上朋友。一方面他顾不过来，另一方面他也无法与巴结他的人成为真正的朋友。反之，如果与那些暂不得势的人交往，并成为好朋友，那就可能完全不同了。

在他们处于困境中的时候，我们能不打折扣地给予帮助，有朝一日，他们飞黄腾达了，就会第一个要还你人情。那时找他们帮忙，他们便会毫不犹豫地答应。

锦上添花易，雪中送炭难。真正懂得博弈智慧的人都明白：成功的诀窍之一就是要少一些锦上添花，多一些雪中送炭。多结识一些"困龙"，他们将成为你生活中忠实的朋友，事业上得力的助手。

主动吃亏，让对方不得不还你人情

如今，很多人都认为"无论做什么，尽量别吃亏。"其实，吃亏并非都是坏事。有些时候，糊涂处世，主动吃亏，山不转水转，也许以后还有合作的机会，又走到一起。若一个人处处不肯吃亏，则处处必想占便宜，于是，妄想日生，骄心日盛。而一个人一旦有了骄狂的态势，难免会侵害别人的利益，于是便起纷争，在四面楚歌之中，又焉有不败之理？

"吃亏"也许只是指物质上的损失，但是一个人的幸福与否，却往往是取决于他的心境如何。如果我们用外在的东西，换了心灵上的平和，那无疑是获得了人生的幸福，这便是值得的。

不少好朋友，抑或事业上的合作伙伴，由于种种原因，后来反目成仇了，双方都搞得很不开心，结果是大打出手。

有这样一个人，他与朋友合伙做生意，几年后一笔生意让他们将所赚的钱又赔了进去，剩下的是一些值不了多少钱的设备。他对朋友说，全归你吧，你想怎么处理就怎么处理。留下这句话后，他就与朋友分手了。显得多有风度，没有相互埋怨，这叫"好合好散"。生意没了，人情还在。他，就是李嘉诚的儿子——李泽楷。

有人问李泽楷："你父亲教了你一些怎样成功赚钱的秘诀吗？"李泽楷说，赚钱的方法他父亲什么也没有教，只教了他一些为人的道理。李嘉诚曾经这样跟李泽楷说，他和别人合作，假如他拿七分合理，八分也可以，那么拿六分就可以了。

李嘉诚的意思，吃亏可以争取更多人愿意与自己合作。想想看，虽然他只拿了六分，但现在多了一百个合作人，他现在能拿多少个六分？假如拿八分的话，一百个人会变成五个人，结果是亏是赚可想而知。

李嘉诚一生与很多人进行过或长期或短期的合作，分手的时候，他总是愿意自己少分一点钱。如果生意做得不理想，他就什么也不要了，愿意吃亏。这是种风度，是种气量，也正是这种风度和气量，才有人乐于与他合作，他也才越做越大。所以李嘉诚的成功更得力于他恰到好处的处世交友经验。

很多时候，吃亏是一种福，是智者的智慧。不管你是做老板也好，还是做合作伙伴也罢，你主动吃亏，而旁边的人接受了你的"谦让"，他不仅会一心一意与你合作，跟着你干，而且会因为感谢、感激，不断寻找机会还你人情。

曾经有一个砂石老板，没有文化，也没有背景，但生意却出奇得好，而且历经多年，长盛不衰。说起来他的秘诀也很简单，就是与每个合作者分利的时候，他故意只拿小头，把大头让给对方。如此一来，凡是与他合作过一次的人，都愿意与他继续合作，而且还会因为感激介绍一些朋友，再扩大到朋友的朋友，也都成了他的客户。人人都说他好，因为他只拿小头，但所有人的小头集中起来，就成了最大的大头，他才是真正的赢家。

不过，"吃亏是福"不能只当套话来理解，应在关键时候有敢于吃亏的气量，这不仅体现你大度的胸怀，同时也是做大事业的必要素质。把关键时候的亏吃得淋漓尽致，才是真正的赢家。

现实生活中，不要因为吃一点亏而斤斤计较，开始时吃点亏，实为以后的不吃亏打基础，不计较眼前的得失是为了着眼于更大的目标。那些没有"手腕"的人，都怕便宜了别人，可吃亏的却往往是自己。

人非圣贤，谁都无法抛开七情六欲，但是，要成就大业出人头地，就要学会适度糊涂，就得分清轻重缓急，该舍的就得忍痛割爱，该忍的就得从长计议。正所谓"吃人嘴短，拿人手软"，主动让别人占便宜，你就等于给对方放了一份人情债，那么他对你日后的请求也就不好拒绝了，甚至你无需请求他都会主动来帮助你。

故意让人占点便宜，人情积少成多

积少成多的道理大家都非常清楚，一点一点积累，最后收获很多。其实，在人情储蓄的诸多方法中，积少成多也是非常重要的一种。具体就是，时不时地故意让别人占你一点小便宜。

陈老与纪伯是邻居，某天夜里，纪伯偷偷地将隔开两家的竹篱笆，向陈家移了移，以便让自己的院子宽一点。不过由于是深夜，纪伯只移动了一点点。陈老虽然看到了这些，但他故意视而不见。

第二天夜里，纪伯又偷偷地将竹篱笆向陈家移了一些，不过仍然进行得比较吃力。陈老看在眼里，在纪伯走后，他将篱笆又往自己这边移了一丈，使纪伯的院子更宽敞了。

第三天一早，纪伯发现后，很是惭愧，不但还了侵占陈家的地，而且还将篱笆往自己这边移了一丈。

陈老故意让纪伯占点小便宜，纪伯却因陈老的谦让感到内疚，产生了"以小人之心，度君子之腹"的感觉，认为自己欠了陈老的一个人情债。每当他想起此事时，他总是会想法报答陈老。

人情债就是这样，一点一点地放，虽然每次看上去很少，但经过积累，对方最终欠你的就多了，日后对你的报答当然也不会少了。这一点，不仅在日常交际中非常重要，在经商中同样重要。

足见，积少成多放人情债的方式多么受人们欢迎，更重要的是它在建立良好的人际关系方面非常奏效。

当然，让别人占点便宜并不是要大家随时随地都去吃亏。吃亏是有学问，有讲究的。我们要学会吃亏，要吃在明处，至少你应该让对方心中有数。这样才能让别人觉得欠你人情，以后你若有求于他，他才会全力以赴。

把"双赢牌"蛋糕做大，让别人欠你人情

三人打牌，虽然互为对手，但假若两方合作也能赢牌，出牌时不如就让对方一分，对方才可能在关键的时候，让你一分，使双方获益。正如作家刘墉所说："合作失败的人常拆伙，因为彼此责难。合作成功的人，也常拆伙，因为各自居功。直到拆伙之后，发现势单力薄，再回头合作，关系才变得比较稳固。"

随着科学技术向纵深方向发展，社会分工越来越精细，人通常难以成为全能型的人物，因此就需要与他人合作，并在合作中寻求取胜之道。

很久以前，有一个有钱的员外，他有五个不齐心的儿子。他们做事的时候都自己管自己，从来不互相帮助。

后来，老员外得了重病，临死之前，他把五个儿子叫到床前，又叫人拿来一大把筷子，分给五个儿子。他分给老二、老三、老四、老五每人一根筷子，把剩下的一大把筷子都给了老大，然后说："你们把手上的筷子都折断吧！"老二、老三、老四、老五没费多少力气就折断了筷子，老大使出了全身的力气，都没把筷子折断。老员外说："你们看，一根筷子很容易被人折断，一把筷子就不容易被人折断了。如果你们不齐心合力，就会像一根筷子一样很容易被人折断，如果你们齐心合力，就会像一把筷子一样，不容易被人折断，做事情就容易成功。"

五个儿子都懂得了这个道理，从此以后，做事齐心协力，把事情做得很成功。

在人生牌局中，你必须学会与别人合作，弥补自己的不足，取长补短，从而达到双赢。

有这样一个生意人，他收购玉米再卖给别人，从中赚取差额，第一年赚了

一大笔钱，尝到了甜头之后，第二年还做收购玉米的生意，但是第二年的生意很冷清，一方面是由于很难找到愿意将玉米卖给他的农民，另一方面是找不到愿意买他的玉米的客户。原来第一年做生意的时候，他不但对那些卖给他玉米的农民在价钱上克扣、短斤少两，让农民赚得很少，而且在向那些客户卖玉米的时候也非常刁钻。所以打过一次交道后，不论是农民还是客户都不愿意再跟他合作了。

如果一个人在与别人打交道的时候只顾自己赢利，势必会让别人心生不快。所以，人要在得到东西的同时付出东西，把"双赢牌"蛋糕做大，让别人也有份，这样人家欠了你的情，日后自会鼎力报答你。

双赢是现代社会所倡导的一种合作方式，做事情的时候，多考虑别人的利益，站在别人的角度考虑问题，不仅能够赢得对方的信赖和好感，还能为今后的合作打下基础。如果处处为对方着想，就能够获得更多的合作伙伴，自己今后的发展之路就会更宽。

第11章

适时变通，棘手事件处理游刃有余

人生变幻莫测，需随机应变处之

人们常说"人生变幻莫测"，那我们如何在这种变幻中安身立命呢？答曰：唯有随机应变！我们只有时刻留心身边的变化，才能在人海中绕暗礁，劈风浪，直挂云帆济沧海，同时，也能在身处危境时，在无声无息中化险为夷。

郭德成是元末明初人，他性格豁达，十分机敏，且特别喜欢喝酒。在元末动乱的年代里，他和哥哥郭兴一起随朱元璋转战沙场，立下了不少战功。

朱元璋做了明朝开国皇帝后，当初追随他打天下的将领纷纷加官晋爵，待遇优厚，成为朝中达官贵人，郭德成却仅仅做了戏骑舍人这样一个普通的官。

一次，朱元璋召见郭德成，说道："德成啊，你的功劳不小，我给你个大官做吧。"

郭德成连忙推辞说："感谢皇上对我的厚爱，但是我脑袋瓜不灵，整天不问政事，只知道喝酒，一旦做大官，那不是害了国家又害了自己吗？"

朱元璋见他坚辞不受，内心十分赞赏，于是将大量好酒和钱财赏给郭德成，还经常邀请郭德成到御花园喝酒。

一次，郭德成兴冲冲赶到御花园陪朱元璋喝酒。眼见花园内景色优美，桌上美酒芳香四溢，他忍不住酒性大发，连声说道："好酒，好酒！"随即陪朱元璋痛饮起来。

杯来盏去，渐渐地，郭德成脸色发红，但他依然一杯接一杯喝个不停。眼看时间不早，郭德成烂醉如泥，踉踉跄跄地走到朱元璋面前，弯下身子，低头辞谢，结结巴巴地说道："谢谢皇上赏酒！"

朱元璋见他醉态十足，衣冠不整，头发凌乱，笑道："看你头发披散，语无伦次，真是个醉鬼疯汉。"

郭德成摸了摸散乱的头发，脱口而出："皇上，我最恨这乱糟糟的头发，要是剃成光头，那才痛快呢。"

朱元璋一听此话，脸涨得通红，心想，这小子怎么敢这样大胆地侮辱自己。他正想发怒，看见郭德成仍然傻乎乎地说着，便沉默下来，转而一想：也许是郭德成酒后失言，不妨冷静观察，以后再整治他也不迟。想到这里，朱元璋虽然闷闷不乐，还是高抬贵手，让郭德成回了家。

郭德成酒醉醒来，一想到自己在皇上面前失言，恐惧万分，冷汗直流。原来，朱元璋少时曾在皇觉寺做和尚，最忌讳的就是"光""僧"等字眼。因这些字眼获罪的大有人在。郭德成怎么也想不到，自己这样糊涂，这样大胆，竟然戳了皇上的痛处。

郭德成知道朱元璋不会轻易放过自己，以后难免有杀身之祸。他仔细地想着脱身之法：向皇上解释，不行，更会增加皇上的嫉恨；不解释，自己已经铸成大错。难道真的要为这事赔上身家性命不成？郭德成左右为难，苦苦地为保全自身寻找妙计。

过了几天，郭德成继续喝酒，狂放不羁。后来，他进寺庙剃光了头，真的做了和尚，整日身披袈裟，口念佛经。

朱元璋看见郭德成真做了和尚，心中的疑虑、嫉恨全消，还向自己的妃子赞叹说："德成真是个奇男子，原先我以为他讨厌头发是假，想不到真是个醉鬼和尚。"说完，哈哈大笑起来。

后来，朱元璋猜忌有功之臣，原来的许多大将纷纷被他找借口杀掉了，而郭德成竟保全了性命。

郭德成之所以能在朱元璋的铁腕下保住自己的性命，是因为他能够从小的祸事看到以后事态的发展，因此不贪恋官位，随机应变，提前避开了灾祸。

俗话说，"人有失足，马有失蹄"。人的一生之中总会遇到种种困境，会有许多过失，有时某些过失可能会给自己带来大祸。如何从这些祸事中脱身非常重要，而智者善于随机应变，利用现时条件培养避祸的急智，从而使自己处于安全的境地。

不按规则就是一种规则

在规则之下，人们往往形成一种思维定式。这时，如果打破这种思维定式，不按规则出牌，往往会出奇制胜，占得上风。

隆美尔是纳粹德国的著名将领，在第二次世界大战中参加和指挥过进攻波兰、西欧、北非和抗击诺曼底登陆等重要战役。1941 年到 1943 年间，他担任北非德国远征军司令，曾多次打败占有优势的英军。由于他作战机警狡诈，善于出奇制胜，被称为"沙漠之狐"。

1941 年 3 月的一天，意属的北非利比亚首府的黎波里政府大楼前广场上，正举行隆重的阅兵式。隆美尔在众人的簇拥下，不时向强大的装甲部队挥手致意。1940 年 12 月，退守埃及的英军向意军发起反击，毫无准备的意军措手不及，一溃千里，北非告急。希特勒应墨索里尼之邀，派隆美尔率这支以坦克为主的部队远征非洲。

检阅持续了数小时，坦克一批批从检阅台前开过，发出震耳欲聋的轰鸣，经过主要街道和围观的人群，向东开往前线。几天后，英军侦察机在的黎波里以东发现了隆美尔的坦克群，五六百辆摆成一片，指挥车、加油车在其间穿来绕去。很显然，强大的德军坦克兵团正在途中补给，似乎对英军的大规模进攻迫在眉睫。情报由英国在的黎波里的谍报人员和侦察机迅速传到设在开罗的英军中东司令部。固守阿格拉前线的英军心慌意乱，与隆美尔军队刚一接触便溃不成军。隆美尔大军穷追猛打两个星期，前进 800 公里，包围了英军在北非的战略据点托卜鲁克，进逼埃及。

其实，英军上了隆美尔的当。1941 年春，希特勒正筹划大举入侵前苏联，能调往北非的坦克极为有限。在的黎波里的大规模检阅，正是隆美尔的疑兵之计。他让当时仅有的第2装甲师的一个坦克团在检阅台前环绕着反复经过，虚张声势骗过了英国间谍。而侦察机发现的坦克群，绝大部分是假的，有些是经过精心伪装的卡车，有些则是木头和纸板搭成的模型。狡猾的"沙漠之狐"就是这样以假乱真，欺骗了英国人。

时隔不久，退守埃及的英军获得大批增援，开始向德军发起代号为"战斧作战计划"的反攻。英军这次信心十足，不仅因为他们摸清了隆美尔非洲军的真正实力，而且紧急援助北非的200多辆坦克中，大部分是被誉为"坚不可摧"的马蒂尔达重型坦克。德军当时装备用的37毫米反坦克炮对这种坦克无能为力。

6月15日，成群的马蒂尔达坦克直扑濒临地中海的哈勒法亚山口。这是通往利比亚的唯一通道，由德军把守。攻下此山口，英军即可解托卜鲁克之围，直下利比亚，大败德军。哈勒法亚山口前一马平川，马蒂尔达坦克喷着火舌，涌向山口，德军的坦克火力微弱，胜利眼看唾手可得。突然，德军阵地前一阵连续巨响，冲在最前面的五辆英军坦克立即瘫痪在火海里。

后面的未及撤退，一排炮弹打来，又有六辆顿时报销。哈勒法亚山口前激战三天，英军共损失马蒂尔达坦克91辆，"战斧作战计划"就此破产。

德军使用的究竟是什么火炮，英国人百思不得其解。一名被俘的英军少校要求看看击毁坦克的秘密武器，结果让他大跌眼镜。隆美尔利用德军88毫米高射炮进行平射，摧毁了英军这些"坚不可摧"的庞然大物。少校面对88毫米高射炮愤怒地高叫："太不公平了，你们竟用打飞机的高射炮来打我们的坦克！"

"沙漠之狐"隆美尔在阅兵时让坦克绕过去，用高射炮打坦克，都是没按武器使用的"规则"做事，结果把英军打得晕头转向。

这告诉我们，学会适当的变通，让对手永远猜不透我们在想什么，永远不能跟上我们的节奏，打破他们的规则，这样往往更容易实现目标。

懂得变通退避，趋福避祸

在不利的形势下，善于变通、果断退避，是一个人心怀博大、大智若愚的具体体现。一个人在客观条件不允许继续前进，或再前进时就会危及自身的情况下，就应当自觉地、主动地退避。

历史和现实都一再表明，善于退与善于进，具有同等的谋略价值，只善于进而不善于退的人，绝非高明之人，而只有把两者有机地结合在一起并加以灵活运用的人，才称得上高明，才能趋福避祸。

明朝年间，在江苏常州，有一位姓尤的老翁开了家当铺，很多年生意一直不错。某年年关将近，有一天尤翁忽然听见铺堂上人声嘈杂，走出来一看，原来是站柜台的伙计同一个邻居吵了起来。伙计连忙上前对尤翁说："这个人前些时候典当了一些东西，今天空手来取典当之物，不给就破口大骂，一点道理都不讲。"那人见了尤翁，仍然骂骂咧咧，不认情面。

尤翁却笑脸相迎，好言好语地对他说："我晓得你的意思，不过是为了度过年关。街坊邻居，区区小事，还用得着争吵吗？"于是叫伙计找出他典当的东西，共有四五件。尤翁指着棉袄说："这是过冬不可少的衣服。"又指着长袍说："这件给你拜年用。其他东西现在不急用，不如暂放这里，棉袄、长袍先拿回去穿吧！"

邻居拿了两件衣服，一声不响地走了。当天夜里，他竟突然死在另一个人家里。为此，死者的亲属同这个人打了一年多官司，害得那家人花了不少冤枉钱。

原来这个邻人欠了人家很多债，无法偿还，走投无路，事先已经服毒，知道尤家殷实，想用死来敲诈一笔钱财，结果只得了两件衣服。他只好到另一家去扯皮，那家人不肯相让，结果就死在那里了。

后来有人问尤翁说："你怎么会有先见之明，向这种人低头呢？"尤翁回答说："凡是蛮横无理来挑衅的人，他一定是有所恃而来的。如果在小事上争强斗胜，那么灾祸就可能接踵而至。"人们听了这一席话，无不佩服尤翁的聪明。

按常理，人们都会与故事中无理的邻居吵起来，但尤翁偏偏没有。他认为邻人蛮横无理地挑衅，必事出有因，所以打破常规，故意笑颜避开争端，这就是巧妙避祸的智慧。

不过，讲究趋福避祸之道并不是说一看前方有危险，便急忙后退，一退再退，以至放弃原来的目标、路线，改变方向、道路（而这个方向、道路与原来坚持的方向、道路已有本质的区别），如果那样就是知难而退了，就不具谋略价值，而是逃跑主义了。所以，在趋福避祸的问题上，也要分清勇敢与怯懦、高明和愚笨。一般来说，要做到这一点，就必须具备较高的修养，善于克制，约束自己。

所以，隐避不是消极地避凶就吉，而是要懂得变通，暂时收敛锋芒，隐匿踪迹，养精蓄锐，待机而动。

冷眼静观，抓住隐藏于常规中的机遇

如今，很多人抱怨自己怀才不遇，遇不上机会。在这世界上，难道真的没有机会吗？那为何成千上万的穷人发财致富，卖报纸的少年被选入美国国会，出身卑微的人获得高官厚禄……

对于聪明人来说，世界到处都是门路，机遇就隐藏在变通之中。上天赋予我们每个人独特的能力。聪明人将其充分利用，最终成为了强者；弱者却未能依靠自己的能力尽享美好人生，而是一味依赖外界的帮助，使本来摆在眼前的机会悄悄溜走。许多人认为自己贫穷，实际上他们有许多机会，只是需要他们在平时转变一下思路，在打破常规中发掘机会。

据统计，在美国东部的大城市中，至少94％的人第一次挣大钱是在家中，或在离家不远处，而且是为了满足日常的、普通的需求。对于那些看不到身边机会，一心以为只有远走他乡才能发迹的人，不啻是当头一棒。

哈佛的阿加西兹教授曾讲过一个农夫的故事。这个农夫有一处几百英亩的农庄，里面尽是些石头和不值钱的树，他决定把农庄卖掉去从事更赚钱的煤油买卖。他开始关注煤层和煤油油藏，并进行了长时间的研究。他把农庄以200美元的价格卖掉，然后跑到200英里外的地方开展新业务。不久，买下农庄的人在农庄里发现了大量煤油，而以前那个农夫却还在异乡钻研煤油买卖，且一无所获。

上面这个例子中，买下农庄的人就是发现了身边隐藏的机遇，最终发家致富。

保罗·迪克刚刚从祖父手中继承的美丽的"森林庄园"，就被一场雷电引发的山火化为灰烬。面对焦黑的树桩，保罗欲哭无泪，年轻的他不甘心百年基业毁于一旦，决心倾其所有也要修复庄园，于是他向银行提交了贷款申请，但银行却无情地拒绝了他。接下来，他四处求亲告友，依然是一无所获……

所有可能的办法全都试过了，保罗始终找不到一条出路，他的心在无尽的黑暗中挣扎。他知道，自己以后再也看不到那郁郁葱葱的树林了。为此，他闭门不出，茶饭不思，眼睛熬出了血丝。

一个多月过去了，年已古稀的外祖母获悉此事，意味深长地对保罗说："小伙子，庄园成了废墟并不可怕，可怕的是你的眼睛失去了光泽，一天天地老去。一双老去的眼睛，怎么看得见希望呢？"

保罗在外祖母的劝说下，一个人走出了庄园，走上了深秋的街道。他漫无目的地闲逛着，在一条街道的拐角处，他看见一家店铺的门前人头攒动，他下意识地走了过去。原来，是一些家庭妇女正在排队购买木炭。那一块块躺在纸箱里的木炭忽然让保罗眼睛一亮，他看到了一线希望。

在接下来的两个多星期里，保罗雇了几名烧炭工，将庄园里烧焦的树加工成优质的木炭，分装成箱，送到集市上的木炭经销店。结果，木炭被一抢而空，他因此得到了一笔不菲的收入。不久，他用这笔收入购买了一大批新树苗，一个新的庄园又初具规模了。几年以后，"森林庄园"再度绿意盎然。

一场天灾使家业毁于一旦，但由于保罗能够慧眼识机遇，他成功地化险为夷，重新崛起。

把一块固体浸入装满水的容器，人人都会注意到水溢了出来，但从未有人想到浸在水盆中的固体的体积等同于溢出的水的体积这一道理，只有阿基米德注意到这一现象，并提出了计算不规则物体体积的简易方法。在欧洲，没有一位水手不曾对大西洋彼岸充满遐想，但只有哥伦布大胆地驶入茫茫大海，发现了新大陆。从树上落下的苹果不计其数，但只有牛顿领会到苹果落地是受到地心引力的支配。

有人到一位雕塑家家中参观，看到众神雕像之中有一尊脸被头发遮住，脚上长着翅膀的雕像，便问："他叫什么名字？"

雕塑家答道："机会之神。"

"为什么他的脸不露出来？"

"因为当他到来时，人们很少认识他。"

"为什么他的脚上长着翅膀？"

"因为他很快就会离去，而一旦离去，就不会被追上。"

"机会女神的头发长在前面，"一位拉丁诗人也说过，"后面却是光秃秃的。如果抓前面的头发，你就可以抓住她；但如果让她逃脱，那么即使主神朱庇特本人也抓不到她。"

不要坐等机会，越善于从司空见惯的事物中变通，你利用的机会就越多，创造的新机会也就越多，成就非凡的可能性也就越大。对于懒惰的人来说，再好的机会也一文不值；对于勤奋的人来说，再普通的机会也仿佛千载难逢。

记住：机会总是隐藏在周围琐碎的小事里，抱怨是没有用的，让思想变通一下，把握住每一个可能的机会，再平凡的你也能做出不平凡的事来。

因环境而变，具体问题具体分析

面对不同的场合不同的环境，必须学会变通，做到具体问题具体分析，而不能过于拘泥僵化，否则只能南辕北辙，离成功越来越远。那么我们具体怎么做呢？

1. 根据地理环境因地制宜

20世纪80年代末，皖南山区一些村民发现：山区有座石头山，山上的石头奇形怪状。城里人用这些石头垒成假山，售价不菲。于是，这些村民也学着垒假山出售，赚了不少钱。几年后，该村的村民家庭年收入翻了几番。村民们更乐了，他们同时也明白了靠山吃山、靠水吃水这个道理。随着山上的石头越开采越少，村民们认识到，他们不能盲目地出售山石了，而应该有计划、有步骤地开发家乡资源。如今，山里的人利用山石资源积累起来的资金，办起了各种乡镇企业，使整个地区的农民很快走上富裕的道路。

事例中，皖南山区的村民之所以能成功地走上富裕道路，正是受益于他们能够变通地利用地理环境。

这就告诉我们，很多时候，要变通地看待周围的地理环境，找到其背后的潜在价值并加以利用，这样往往会得到意想不到的成功。

2. 学会适应社会环境

人类社会是在不断发展中前进的。科学技术水平随着人类的不断发展而提高，而不断提高的科学技术水平又促使人们提出更高的生活要求。所以，一个人只有不断进步才能跟上社会的发展，不可墨守成规被固定的形式所束缚。

3. 特殊环境灵活应变

在现实生活中，人们经常会莫名其妙地被置于尴尬境地，不知所措。倘若你没有思想准备，不具备临场应急的经验和措施，你就不能从容、洒脱地应付意外的窘境，打破僵局。

老诗人严阵和青年作家铁凝访问美国时，参观了一所博物馆。由于正值开馆时间，他们在广场上碰巧遇到两位美国老人在此休息。见他们是中国人，两位美国老人便主动上来交谈，说他们尊敬中国人，其中有一位老人为表达这种尊敬的感情，还热烈地拥抱了铁凝，并亲吻了一下。这使铁凝十分尴尬，不知所措。而对方就像犯错误的小孩一样，呆立在一旁。严阵赶紧走上前去微笑着说："呵，尊敬的老先生，你刚才吻的不是铁凝，而是中国对吧？"一句话打破了僵局。那老人马上笑答："对，对！我吻的是铁凝，也是中国！两种成分都有。"尴尬气氛在笑声中化解。

具体问题具体对待，做事时懂得融原则性与灵活性为一体，这才是变通的精髓所在。如果做到这一点，许多难办的事就容易对付了。

狡兔三窟，有备用方案就不会措手不及

做人做事必须要有"备用方案"——为自己多考虑几条安全通道。但要想在人与人之间不偏不倚又游刃有余，没有一定的平衡技巧是行不通的。因此，在对待比较复杂的人际关系问题时，多准备几手，适度中立，方能有备无患。

人在职场会遇到很多种情况，拥有"备用方案"会让你游刃有余。下面是美国职员克多尔讲的关于自己的一个例子：

"您好，"我对老总说，"昨天我交给您的文件签了吗？"老总转动眼睛想了想，然后装模作样翻箱倒柜地在办公室里折腾了一番，最后他耸了耸肩，摊开两手无奈地说："对不起，我找过了，我从未见过你的文件。"如果是刚从学校毕业的我，我会义正词严地说："我看着您的秘书将文件摆在桌子上的，怎么会找不到呢？您可能将它卷进废纸篓了！"可我现在才不会这样说呢。既然老总能睁眼说瞎话，我又何必与他计较呢？我要的是他的签字。于是我平静地说："那好吧，我回去找找那份文件。"于是，我下楼回到自己办公室，把电脑中的文件重新调出再次打印，当我再把文件放到杰克先生面前时，他连看都没看就签了字，其实他比我更清楚文件原稿的去向，但我却一点都不生气。

是的，用自己的"备用方案"，在关键时刻解决问题让自己从困境中走出来，这就是我们在与上司发生冲突时的解决方式。不要在冲突发生以后一走了之，因为在新环境里还会出现老问题，到那时你又怎样呢？也不要为了争一口气大闹一场，因为吵闹不能解决问题，反倒有可能断送了前途。在职场中，谁是谁非并不重要，即便你的上司错了，你也要开动脑筋为上司找一个台阶下，这样才能尽早解决问题。

拥有"备用方案"能让你在关键时刻摆脱困境，从而避免那些无谓的争论。世上最大的空耗之一就是与人反复争论。正如卡耐基所说："争论的结果是使双方比以前更相信自己绝对正确。要是输了，当然你就输了，如果赢了，你还是输了，因为争论赢不了他的心。"因此，做人应当避开反复争论的空耗，在处理冲突的问题上应该冷静，绝不能像个孩子一样在冲突中放任自己，要运用自己的智慧和团队精神与上司及同事尽量合作，让他们发现你其实是个理想的合作伙伴，这样做的同时也就给自己创造了一个良好的工作空间。

是的，想想吧，没有先期的计划和应对方案，就会让你手足无措，引发无谓的争论。有了备用方案，在关键时刻会让你从容应对并赢得先机。

总之一句话：凡事多想一步，多预备应急方案。

征服群敌的规则：擒贼先擒王

打击一个群体，按照常规是需要带领一个比目标群体更强大的群体进行全面冲杀性攻击。然而，最明智、最有效的策略却是先把目标群体中最强的除掉，方予自己可乘之机，这就是所谓的"擒贼先擒王"了。就像羊群一样，一旦失去了领头羊，就等于失去了核心，就会茫然不知所措，四处奔逃。

唐代诗人杜甫《前出塞》中有云："挽弓当挽强，用箭当用长，射人先射马，擒贼先擒王。"民间有"蛇打七寸"的说法，都是一个意思。"蛇打七寸""打蛇打三寸"都是说打蛇要命中要害。蛇的三寸，是蛇的脊椎骨上最脆弱、最容易打断的地方，击中这个部位会使它的神经中枢和身体其他部分的通道被破坏；而蛇的七寸，是其心脏所在，所以被击中七寸的蛇必死无疑。这种打击事物关键之策略，也是三十六计其中一计。世间无论任何事物，只要失去了核心，都将四分五裂。对准核心人物，将他击垮，这是控制整个局面的一个最重要的法则。

教皇卜尼法斯八世便通晓利用这种方法来维护统治，他手段强硬，为人机敏。上任后不久欧洲强权纷纷妥协，德意志和奥地利甚至割让领土以求生存。在这种大势所归的情景下，意大利最富饶的地区多斯加尼却拒不臣服，这让他感到恼火。

多斯加尼最强大的城市是佛罗伦萨。如果卜尼法斯八世能够征服佛罗伦萨，就能够让多斯加尼臣服。佛罗伦萨的一部分富裕市民希望城市独立，不愿意受制于教皇，成立了"白党"；另一部分没落户，希望借助教皇的势力翻身，成立了"黑党"。两派长期争斗，由于但丁热烈主张独立自由，因此成为白党的中坚。

1300年，但丁成为城市6名执政官中的一员，掌控了实际权力。他用感人肺腑的语言揭露教皇的阴谋，号召人民组织起来抵抗教皇，在教皇的强权下竭力维持着佛罗伦萨的独立。第二年，教皇亲自请法国国王的弟弟亲王查理·德·瓦卢斯协助他维持欧洲的秩序。查理的军队让佛罗伦萨人紧张不安，佛罗伦萨的妥协派推选但丁作为代表前去罗马求和。万般无奈之下，但丁去了罗马。

教皇温和地对城市代表团说："在我面前跪下来，我告诉你们，说真的，我没别的意思，只是想要促进和平。"最后教皇指名要但丁留下，其他人都回去了。查理用钱贿赂某些官员瓦解了白党，黑党巩固了权力。这个时候教皇才放势单力薄的但丁离开。黑党宣布：只要但丁踏入佛罗伦萨一步，就要将他处以极刑。但丁被放逐了。他所热爱的国家被教皇控制了。最后但丁于1321年客死他乡，在意大利东北部腊万纳去世。

蛇无头不走，鸟无头不飞。没有但丁的白党，就等于失去了核心支柱。所以教皇将矛头指向了但丁，打击了白党之中的"王者"，其他人自然不足为虑。试想如果教皇以强取豪夺的方式侵占多斯加尼，必然会引起它的国民的反抗。这样即使教皇得到了多斯加尼，这个国家也必定变成一片废墟，再也不是他心中理想的梦幻国度。所以教皇选择以软禁但丁的方式，叫多斯加尼不战而亡，的确是一个高明的计策。

因此，我们在做事情的时候，要学会打破常规思维，看到事物的关键之处，认清控制整个事件的核心，然后对其发动全面而迅捷的攻击，这样便能令其整体迅速折服。

不走寻常路，让对方无计可施

在非常时刻，循规蹈矩只会浪费时间，打破常规、撒泼使赖的"流氓路线"，却可以让对手挠破头皮却无计可施，是取胜的"奇招"。

郑庄公曾在废立太子问题上犹豫不决。他晚年想废掉太子忽，立次子突，结果被谋臣祭足劝住，但自此给小兄弟俩留下芥蒂。庄公一死，太子忽即位，因公子突的母亲雍是宋国人，突便跑到宋国去了。

后来宋国国君答应帮公子突坐上郑国国君的宝座，但他想索要些好处，否则不但不帮他为王，还会把他献给郑国，以得到郑国三座城邑的犒赏。公子突便答应宋国国君，只要宋君帮他为王，他便给宋君"六座城邑，年年贡奉粮食"。宋君听后十分高兴，满口答应设法让公子突回国即位，好白得许多好处。

宋君派人去郑国，告诉各位大臣宋国将派兵送回公子突。那时宋国正强盛，郑国哪里是它的对手，所以大臣们纷纷倒戈拥护公子突。太子忽见大势已去，便跑到卫国避难去了。

这年秋天，公子突回国即君位，是为厉公。

宋国一面派人来称贺，一面索要厉公应诺的城邑和粮食。

厉公当时许诺城邑时，并未打算真给宋国，如今他刚即位为君，就拱手送出六座城邑，怎么向群臣交代，他自己又如何立得住脚呢？所以他假意说要与卿大夫们商量，城邑的事情暂缓，先送点粮食。

宋君一看厉公反悔抵赖，十分生气，联合齐国准备攻打郑国。郑国与鲁国联合起来抵抗，打败宋齐联军，城邑的事也就没人再提了。

宋国乘人之危，制造事端威胁利诱，妄图坐收渔人之利，白得好处。郑厉公在紧迫形势下，假意承诺，取得宋国支持，达到了自己的目的，而后过河拆桥，一反前诺，既保全了国土，又夺得了君位。

对付乘人之危之人，就该走诺而不行的"流氓路线"，反正自身已处安全地带，谅他也奈何不了我。而中国历史上另一人物刘邦，可谓把"流氓路线"走得炉火纯青，而最终身为"伟丈夫"的项羽被他们打败，虽是情理之外，但也在意料之中。

《史记》载："项羽问汉王曰：'天下匈匈数岁，徒以吾两人耳，愿与汉王挑战决雌雄。'汉王笑谢曰：'吾宁斗智不斗力。'"这里，刘邦的狡猾跃然纸上。后来双方盟约鸿沟为界楚汉讲和，项羽把刘邦的父亲、妻子放了，引兵东归，刘邦突然毁约，以大兵随后攻之，把项羽逼死于乌江。

楚、汉两军对峙的时候，项羽曾把刘邦的父亲捉拿到军中，想以此来要挟刘邦。一次，两军对阵，项羽把刘邦的父亲推到阵前说："你如果不撤兵，我就把你父亲烹煮了。"刘邦竟然毫不犹豫地回答道："我们俩曾经结拜为兄弟，我爸爸就是你爸爸，你爸爸就是我爸爸，你若把你爸爸煮了来吃，请把肉汤分一杯给我喝。"

刘邦之无赖可见一斑。也正是他的这种无赖，才能让他大败项羽，最终将项羽逼死乌江。

"流氓路线"即不循章法，抛开顾虑，百无禁忌。如此行事，对手不知从何下手，能为己方的反击争取机会。

以变制变，出路自现

从前，有一个出海打鱼的好手，他听说最近市场上墨鱼的价格最贵，就发誓这次出海只打墨鱼。然而很不幸，这次他打到的全是螃蟹，渔夫很失望地空手而归。当他上岸后才知道螃蟹的价格比墨鱼还要贵很多。于是，第二次出海他发誓只打螃蟹，可是他打到的只有墨鱼，渔夫又一次空手而归。第三次出海前，他再次发誓这次不管是螃蟹还是墨鱼都要，但是，他打到的只是一些马鲛鱼，渔夫第三次失望地空手而归。可怜的渔夫没有等到第四次出海，就已经饥寒交迫地离开了人世。

变，是事物的本质特征。面对瞬息万变的社会，聪明的人有三种策略性思维：一是以不变应万变。如果没有实力的支撑，这只是一种最消极的态度。二是以变应变。这种策略其实也只能算作无奈的选择。比如说人家拿出了新产品，你跟在后面来个"东施效颦"；人家降价了，你慌不迭地也来个大甩卖，变来变去始终是被动应付，在这种情况下只要能够不被拖垮就已经是不错了，新局面是难以看到的。三是以变制变。一个"制"字，情况就大不一样了，它所反映出来的只是一种主动进取的精神，是一种度势控变的能力，其效果是变反倒成了一种机遇，在变中获得新的发展。

在上面的故事中，如果渔夫第一次就打些螃蟹拿回来卖掉，最起码可以保证吃饱穿暖；如果他能在第二次打些墨鱼拿回来卖掉，那以后的一段时间中，可以不用为饿肚子而犯难；如果他第三次出海捕些马鲛鱼拿回来卖掉，也可以填饱肚子。如果他能够以变制变，也就不会到最后被饿死。

由此可见，当今社会瞬息万变，一个人要想在生活中过得顺心，就必须具有灵活应变的能力。在生活中是这样，在商战中亦是这样。市场竞争，风云多变，只有灵活应变、全面兼顾，才能掌握主动权。这是一种经营之道，更是一种生存之道。

在一家大公司的 CEO 招聘会上，有 200 多个人落选，只有一个人被相中了。

这家公司在招聘时，为了考察应聘者的随机应变能力出了这样一道题：如果在一个下大雨的晚上，你下班开车路过一个车站，看见车站里有 3 个人，一个人是曾经救过你命的医生，一个是生命垂危的病人，一个是你做梦都心爱着的人。请问，在你的车只能坐两个人的情况下，你会选择谁来坐你的车？

在那些应聘者当中，有的人说选老头，先把老头送进医院再说；有的人选择医生，因为这位医生曾经救过他的命，把医生送到医院再叫救护车救那个老头；有的人选心爱的人……这些答案都被考官们一一否定了。

直到有个年轻人进门后，仔细地看了看题，然后抬起头自信地说："我会把车交给医生，让他送老者去医院抢救，至于我，会陪着心爱的人一起等车。"考官们听后，露出了高兴的笑容，这个年轻人被录取了。

世上的事，常常是风云突变，叫人难以把握。因此，我们很难知道未来是什么样子，很难知道明天我们将面临什么困难，也就经常陷入进退两难的困境。为了在困境中做出明智的决策，我们就要运用正确的策略性思维，以变应变，根据实际情况合理安排。只有做到了"因利而制权"，伺机而动，才能让自己有更大的发展。

第12章

危机化解，打消心结改善关系

暗箭来袭，你不妨将计就计

人生在世，难免会在有意、无意之间得罪人，而成为他人的眼中钉。如果对方咽不下这口气，摆明对阵的态势，还容易应付；如果是阴险小人，他们往往会在暗地里突施冷箭，就真的叫人伤脑筋了。

俗话说："明枪易躲，暗箭难防。"明枪对阵，胜败之间看实力。如果被打败了，应该无话可说；至于暗箭来袭，则防不胜防。如果被暗算，实在太冤枉了，因此如何攻防就要靠智慧了。

一般说来，会被暗算，是因为自己的实力比对方强，对方不敢明着来，只好躲在暗处放冷箭。如果你应对不当，真的很容易因此中箭落马，摔得灰头土脸。

明朝时，有位御史下乡巡察。由于他与巡察地区的某位县令先前曾有过过节，这位县令早就心存报复的念头。眼看机会来了，于是县令便安排一位自己最信任的侍从前去充当御史的临时护卫，以便找机会搞鬼。

由于侍从刻意用心服侍御史，没多久便获得了御史相当程度的信任。信任当然会让人疏于防备，也是下手的最好机会。这个时候，县令便指使侍从将御史放在印匣中的官印偷走，准备让御史吃不了兜着走。

官印是何等重要的东西，御史发现官印丢失后，相当紧张，怀疑必定与该县令有关系。不过碍于缺乏证据，所以也不能说什么，更不敢大肆张扬把事情搞大，只好假装生病，闷在行馆里苦思对策。

过了几天，恰巧县里一位颇有名气的书生前来探访。由于御史早就耳闻这位书生的才智，所以便请他到房内，关起门来，把官印丢掉的事对他仔细说了一遍，看看他有没有比较好的办法可以帮帮忙。

书生听完之后，便出了一个主意，建议御史在半夜的时候派人偷偷地到厨房去放火。

一旦御史的行馆发生火灾，各级官员们一定都会火速跑来指挥救火。书生和御史趁着一片混乱的时候，将原本装着官印的印箧暂时托付给那位县令保管，说是为了预防官印在慌乱中丢失或遭到焚毁云云。

书生解释说，如果官印真的是那位县令所偷，趁着火灾将空的印箧托付给他，等于是将烫手山芋丢回给他，他绝对没有不将官印归回原位的胆量。因为丢失的责任在他身上，逃都逃不掉。

当天午夜，御史便照着书生的计划上演了一场"火烧御史行馆"的戏。趁着烈火熊熊燃烧之际，御史将保管官印的重责托付给那位县令。等大火扑灭之后，县令归还印箧。御史打开一看，发现官印果真安然地归原位，一切似乎都印证了书生的设想。

此时此刻，对于那位书生的绝顶聪明，御史不禁又感激又佩服。据说，那位书生就是后来的一代名臣海瑞。

官印丢失，在古代就是杀头之罪。县令显然有置御史于死地的意图，御史吃下这口黄连，不仅有苦说不出，而且天天坐立不安，冷汗直流。还好，借着书生的聪明才智，御史将烫手山芋丢回给县令，在不动声色之间买空卖空，完成了一次无声的绝地大反击。

人与人之间的对立，如果硬碰硬，或许很快就能见胜负，但也有可能两败俱伤，两者之间的耗损必然巨大，甚至没完没了。

如果能够"搭座桥"让对立的双方在意气与利害之间有个回旋的余地，在不动声色之间，创造既斗争又互有台阶可下的空间，或许还能缓和彼此的紧张关系。

而书生将烫手山芋丢回去的手法，放出"我并不是好惹的"信息。软中带硬，对手必然是五味杂陈，不能掉以轻心，任意挑衅了。

"背后鞠躬"，消除对方的敌意

在人际心理学中，有一种被称作"背后鞠躬"的劝说术。让第三者佯作无意地向对方道出你的善意或友好的想法，往往能够让彼此不睦的人际关系来个大转折。

有一次，有人在林肯总统面前搬弄是非，说外交部长埃德温·斯坦顿曾骂林肯是个该死的傻瓜。谁知，林肯听了以后不但没有生气，反而像闲话家常一般地说："如果斯坦顿说我是个该死的傻瓜，那么我很可能真的是。因为他办事一向都很认真，他说的十有八九都是正确的。"林肯的这番话很快传到了斯坦顿的耳朵里，斯坦顿听到他人转述过来的这番话的时候，感动极了。他在第一时间内跑到林肯面前，向林肯表示了自己崇高的敬意。

林肯正是利用"背后鞠躬"的方法使斯坦顿改变了态度。那么为什么"背后鞠躬"能够取得这样的效果呢？

心理学家认为，与当面表达善意相比，"背后鞠躬"往往能产生更加显著的效果，主要原因有三方面：

1. 人际交往遵循"相悦定律"，即谁喜欢你，你往往就会对谁报以同样的好感。因此，当你向对方"鞠躬"的时候，往往能够换回对方的"鞠躬"。

2. 采用"背后"的方式，能够绕过对方的心理防备区。如果你亲口向对方表达善意，即使你完全是出于真心的，也很有可能被对方冠以"无事献殷勤，非奸即盗"之名，进而对你所表达的善意产生排斥，甚至加重心理防备，使得你的善意完全失去效用。相反，如果信息是从第三者口中获得的，对方就不会怀疑其可信程度，因为对方会想："什么好处也捞不着，他没有必要对我说谎。"因此，借由第三者向对方传递善意，能够使你的诚意显得更加真切、可信。

3. 防止对方的负面自我概念产生消极作用。在人际交往中，很有可能，对方对你的敌意是出自于对你的羡慕或者嫉妒。在这种情况下，对方对自己的自我概念持负面态度，即认为自我形象不好，不值得他人喜爱。如果对方有这样一种心理，那么当你向对方说"你很好，我喜欢你"，对方很有可能认为你在消遣他，进而使关系更加恶劣。此外，心理学家还指出，当人具有正面或中性的自我概念时，会对他人的善意报以同样的善意。然而，当人具有负面的自我概念时，"相悦定律"的效果会大大降低。采用第三者转述的方式，就能够穿过对方的这两个消极关卡。因为，他面对的对象是第三者，而他在第三者面前是不会有负面自我概念的。

在生活中，如果对方的敌意不是源于彼此间的利害得失，那么，"背后鞠躬"策略通常能有效化解对方的敌意。总之，如果对方是因为讨厌你才敌对你，又或者是因为嫉妒你才敌视你，那么，借第三者的口传递"喜爱、友善"的信息，告诉对方你"钦佩他、羡慕他、尊敬他"，往往能够给彼此的关系带来转机，有效地化解对方的敌意，其效果定能让你大吃一惊。

一旦发生争吵，"冷处理"显奇效

"淬火"是金属模具加工的最后一道工序，是指把烧红的模具放入冷水中进行冷处理，让模具变得更加坚硬、耐用。事实上，不只是模具经过淬火以后会变得更加耐用，人际关系也是一样的。当你在与他人发生矛盾时，暂时"冷却"彼此的关系，往往会比猛攻猛打更有利。

生活中，有的人反应快但错误多，属于冲动型；有的人反应慢但错误少，属于熟虑型。两种类型各有利弊，但是"暂不处理"能够使两者之间达到平衡。如果善于利用"淬火效应"，你就能在人际关系场中游刃有余。

但是，需要谨记的是，"暂不考虑"不是永远忘记。一旦时机到了，就必须马上开始行动，这样才能解决问题。

有一个男孩就是利用这种方法追求自己心仪的女孩，最终成功地把她变为自己的妻子。刚开始的时候，他每天都在女孩下班的时候送给她一件小礼物。没有一天间断，一连送了十五天。到了第十六天的时候，他突然就不送了，第十七天他仍然没有送，第十八天他又送……

显然，这个男孩非常了解人心。前面十五天都送，已经让女孩习惯了他对自己的关怀；第十六天开始突然不送，能够让女孩冷静地想清楚男孩对她来说到底意味着什么，没有男孩自己会少了什么；第十八天又送，是为了防止女孩忘记自己而习惯没有他的生活。

这就是典型的"淬火效应"的应用，适时地冷却不但不会使彼此关系冷淡，反而会加深彼此的交往，更利于彼此关系的进一步发展。"淬火效应"不仅能促进彼此的关系，而且能够缓和人际关系中的矛盾，达到越吵越亲的效果。

在人与人交往的过程中发生争吵，往往是由于两人极其不冷静，或者至少是有一个人失去了理智而造成的。无论是哪一方的原因，当争吵发生的时候，最需要的就是冷静。

1. 如果是对方感情冲动，通常有三种原因：一是为了激怒你；二是为了从气势上压倒你；三是宣泄自己的不良情绪。

针对这些，心理学家建议，可以运用下面这些方法来缓和对方的冲动。

紧握他的手。一个人感情冲动的时候，双手往往会不自觉地大肆挥舞，甚至做出很多具有破坏性的动作，比如摔东西。这时，你与他握手可以客气地制止对方的这一行为，通过控制对方过激的行为而缓和对方的情绪。当然，在对方情绪冲动的时候与其握手，你遭到拒绝的可能性会比较大，但是你可以大胆地找到合适的理由，多次试着跟他握手。

给他让座。如果仔细观察，你就会发现，情绪激动的人大都是站着的，他们呼吸急促，手脚颤抖；而当一个人坐着的时候，则很难激动到这种程度。因为坐着的姿势会大大限制胸部的扩张，使其怒气不足。因此，想要冷却对方的情绪，给他让座，让他坐下来，是一个不错的方法。

不理会他。当对方情绪激动的时候，无论是赞同还是劝诫，都是火上浇油。这时，你只要当好倾听者，让对方发泄就好，一定不要选这时和对方争吵。当然，面对一个情绪极其不冷静的人，你势必会有忍无可忍、想要回击对方的心情。你不妨化这种冲动为向对方大声喊出"冷静下来"的行为。这样对方极有可能在你的"当头棒喝"之下冷静下来。

2. 如果不冷静的那个人是自己，又该如何对自己的情绪进行冷处理呢？这里有两个常用而有效的方法值得借鉴：

深呼吸，这能够供给身体充足的氧。要知道，充足的氧是人保持积极心理状态的前提条件，并且呼气的动作能够有效排解负面情绪。

伸展腿。一般来说，当人处于放松、平和状态的时候，就会把脚到处乱伸。在自己激动或者紧张的时候伸展腿，实际上是利用潜意识给心理以"我放松、我平和"的暗示。

以低姿态化解别人对你的嫉妒

拿破仑曾经说："有才能往往比没有才能更有危险。人们不可能避免遇到轻蔑，却更难不变成被嫉妒的对象。"真正聪明的人懂得以低姿态为自己筑起一座防止嫉妒的有效堤防，不会让自己惹火上身。

古人云："木秀于林，风必摧之。"就一般中国人而言，总是愿意大家彼此差不多，你好我也好，否则就会"枪打出头鸟"。在日常工作中，因为有特殊才能或特殊贡献而冒尖的人，往往容易成为受打击的对象。谁在哪一方面出人头地，便会受到人们的攻击、嘲讽、指责。更有甚者，由于嫉妒心重还可能给你使绊子，让你生活在一种无形的压力之下，时时处处都有障碍，让你人做不好，事干不成。莎士比亚曾经说过："妒妇的长舌比疯狗的牙齿更毒。"如果我们不能有效地化解别人对自己的嫉妒，很可能会在不知不觉中失去本该属于自己的天空，所以必要的时候低一下头，给别人的嫉妒心留出点空间，是你不得不做出的让步。一旦当你发现别人对你有嫉妒心理时，你可以采取以下几种方法化解：

1. 向对方表露自己的不幸或难言之痛

当一个人获得成功的时候，有人却可能因此感到自己是个失败者，是不幸的。这构成了嫉妒心理产生的基本条件。此时，你若向嫉妒者吐露自己往昔的不幸或目前的窘境，就会缩小双方的差距，并且让对方的注意力从嫉妒中转移出来。同时会使对方感受到你的谦虚，减弱对方因你的成功而产生的恐惧，从而使其心理渐趋平衡。

2. 求助于嫉妒者

一方面，在那些与自己并无重大利害关系的事情上故意退让或认输，以此显示自己也有无能之处；另一方面，在对方擅长的事情上求助于他，以此提高对方的自信心和成就感，并让对方感到：你的成功对他并不是一种威胁。

3. 赞扬嫉妒者身上的优点

你的成功使嫉妒者身上的优点和长处黯然失色，于是，一种自卑感便在其内心油然而生，以至于自惭形秽。这是嫉妒心理产生并且恶性发展的又一条件。因此，你适时适度地赞扬嫉妒者身上的优点，就容易使他产生心理上的平衡，感受到"人各有其能，我又何必嫉妒他人呢？"当然，你对嫉妒者的赞扬必须实事求是，态度要真诚。否则，他会觉得你在幸灾乐祸地挖苦自己，结果不但达不到消除其对自己嫉妒的目的，还可能挑起新的战火。

4. 主动出击相互接近法

嫉妒常常产生于相互缺乏帮助，彼此又缺少较深感情的人中间。大凡嫉妒心强的人，社交范围很小，视野不开阔，只做"井底之蛙"，不知天外有天。只有投入人际关系的海洋里，才能钝化自私、狭隘的嫉妒心理，增强容纳他人、理解他人的能力。因此，相互主动接近，多加帮助和协作，增进双方的感情，就会逐渐消除嫉妒。傲慢不逊的大人物是最令人嫉妒的。试想，如果一个大人物能利用自己的优越地位，来维护他下属的利益，那么他就能筑起一道防止嫉妒的有效堤坝。

5. 让嫉妒者与你分享欢乐

"独乐乐，与人乐乐，孰乐？"

在取得成功和获得荣誉的时候，你不要冷落了大家，更不要居功自傲，自以为是。你可以真诚地邀请大家（其中包括嫉妒你的人）一起来分享你的欢乐和荣誉，这样有助于消除危害彼此关系的紧张空气。当然，如果嫉妒者拒绝你的善意，则不必勉强于他，要顺其自然。总之，"退一步海阔天空"。以低姿态化解别人对你的嫉妒，不仅是一种灵活，更是一种内涵和宽容。它可以消融人和人之间的壁垒，让你的成就在嫉妒的布景中得到映衬。能引起别人的嫉妒，说明了你的才华；能有效地化解这种嫉妒，则说明了你的聪明和美德。

等待时机，用热心肠去贴冷面孔

现代人际关系是复杂多变的。当你还不那么权高位重或引人注目时，遇到的多半是冷面孔。这时如果因为你的自尊心或嫉妒心而"等价"地对待别人，那么你会失去很多可能改善彼此之间关系的机会。做事有"心计"的人会懂得用自己的热心肠去贴人家的冷面孔，那会收到良好的效果。

人际关系的好坏，取决于双方共同的态度，这在社会心理学上被称为"相互性原则"。也就是说，人际吸引是相互的，排斥也往往是相互的。但是，在现实生活中，谁也不敢肯定在人际交往中，别人对自己都会表现得很好、很热情。

一位刚从师范大学毕业的女学生，碰到的就是这样一种情况：她充满着对新生活的憧憬，从都市来到偏僻的乡村学校，却发现校长和同事们对自己并无多大的好感，显得比较淡漠。她急于与几位年龄相仿的女教师打成一片，但她们却似乎总是回避她，使她产生了"格格不入"的孤独感。

态度是人的思想、信念、知识、价值观等等的综合，带有肯定或否定的情感评价，但表现的方式却常常十分简单：围绕感情表达这一圆心，简化为接纳或排斥，以热情、冷淡、讨厌等各种情绪反应在人际交往中。对这位女教师，土生土长的校长或许有这样的看法：她能舍弃城市的舒适生活到农村来，是有一定事业心的，但城里姑娘总免不了有点娇气，怕不一定吃得起苦；她受过正规的教育训练，基础知识是可以的，普通话说得很标准，不过没正式上过讲台，教学经验少，一下子适应不了；她长得漂亮，就是"洋"了点，派头、手势、习惯都让人看不惯，女同志就几年可用，今后结婚生孩子了，就派不上用场了。他根据自己的种种印象，决定了在初识阶段的态度——一般化，不大喜欢，也不厌恶，平平常常，没有特别的关心和热情。这种态度，比女教师心中期望的校长对她的态度冷了一截，所以她特别感到了对方的冷淡。

至于那几位女同事，虽然年龄相仿，但她们与她，无论生活经历、思想起点、知识教养、爱好情趣、习惯等都有许多明显的差异。何况她们在长期交往中，已形成了一个固定的圈子，所以她们不可能一下子接纳她。

在这种情况下，女教师并不灰心。经过努力，终于获得了校长的好感和同伴的接受。她的做法是：

1. 主动接近别人，寻找相互了解的机会

通过教学实践、集体活动等，她尽量使自己符合"新来的女教师"这一角色规范；在日常交往接触中，她注意真诚、平等地对待他人，热心地帮助有困难的同事，自己有困难时也同样求助于人；在合适的交谈机会中，她又使别人了解自己的抱负、心愿，用实际行动缩短了她与同事们的心理距离，使他们较全面地了解了她，并开始接受她。

2. 通过朋友传达友好的信息

人们说："朋友的朋友就是自己的朋友。"女教师首先在那群年轻女教师中建立了较好的人际关系，进而通过她们接近其他几位，很快就进入了这一圈子。这个圈子的同事对她的肯定评价，又影响了其他的同事。

如果说，女教师的方式是属于"以热对冷"，而使对方升温的范畴的话，那么，有时候也可以采取"不冷不热"的态度。如果对方对自己印象不佳或产生误会，一时又不能解释或难以使对方回心转意，也可以暂时保持一种不冷不热的关系。随着时间的推移，误会总会消除，前嫌也会冰释。要相信别人也十分重视建立良好的人际关系，谁都不想把自己赶入孤家寡人的境地。

当别人对你有误解而冷淡你时，大可不必自怨自艾，应该耐心等待机会。而当机会来临时，就要抓住抓紧，用火热的心肠贴上去。

用点小智慧可化危机、解难题

1. 小智慧化危机

话说明太祖朱元璋刚刚建朝不久的时候，江苏嘉定地区有个富豪名叫万二，是元朝的遗民。有一天，一位刚从京城回来的朋友来访，他便抓着机会，请这位朋友说说在京城的所见所闻。

朋友口沫横飞，兴冲冲地说将起来，万二当然听得津津有味。接着，朋友还说起，最近京城流行一首据说是皇帝朱元璋自己写的诗，京城人都觉得很有趣，于是便顺口吟唱起来："百僚未起朕先起，百僚已睡朕未睡；不如江南富足翁，日高五丈犹拨被。"

意思是说，皇帝天天做苦工，比文武百官还要晚睡早起，而与江南富翁们的舒适生活，更是没得比了。

这首皇帝自我叹气的"苦命诗"，说起来煞是新鲜有趣，但万二听在耳朵里，却有些毛骨悚然。听完之后，万二脸色大变，心中大感不妙，暗自感叹说："或许，大祸即将临头！"

朋友谈兴还浓，没有结束的意思，万二却已经坐立不安了，什么有趣的话题，听起来不但索然无味，还觉得多余了。急急送客之后，万二二话没说，便立刻进行逃命计划，除了迅速将家产托付给仆人管理之外，还马上找人买了一艘船，带着细软、载着家人，远走他乡避祸去了。

就在万二隐姓埋名、避居山林不到两年的时间，众多江南大族的家产果然陆续遭到毒手，没收的没收，抄家的抄家！很少人能够像万二这样幸免于难，得到善终的。

其实，万二也就是有点小聪明，相比杨修，他的小聪明是用对了时机。在改朝换代初期这个大背景下，万二保持着对政治动向的敏感度，所以能从皇帝的一首诗中看出杀机，忙找退路，最后才能化解危机，保得平安。

2. 小智慧解难题

诸葛亮生于东汉末年，少年失去了父母，跟随叔父从琅琊（今山东临沂市）辗转迁徙到荆州襄阳（今湖北襄樊市）。在这里，他投师于当地名士水镜先生。

一次，水镜先生叫诸葛亮清炖一条鲤鱼。鱼炖好了，接着又叫他挑水。诸葛亮很快就挑着满满一担水回到了厨房。一进门，却见水镜先生正对着一班弟子发脾气。原来，刚炖好的鱼，不知被哪个弟子吃了一半，十几个弟子谁也不承认自己偷吃了鱼。诸葛亮见状，眼睛一眨，假装惊慌地扔下水桶，跑到水镜先生面前，大声说："坏了，坏了，要出人命了！那鲤鱼是用荆芥炖的，荆芥炖鲤鱼就是八步断肠散，我是用它药野猫子的呀！"

他这么一说，有个弟子顿时变了脸色，"扑通"一下跪倒在地，大声喊道："先生救命！先生救命！是我偷吃了鲤鱼！"

水镜先生见此情景以为真的要出人命了，急得手上直冒汗。他正想吩咐弟子去取解毒汤，却发现一旁站着的诸葛亮不但一扫脸上的惊慌，还独自偷笑。水镜先生恍然大悟：原来这是诸葛亮用的一条计策呀！

从此，水镜先生对诸葛亮更加厚爱，将平生的本事和学问毫不保留地都传给了他。

诸葛亮这也是略施小计解决了难题。同样，在生活中看准时机用点小心思的话，有时会让剑拔弩张的气氛化为一片祥和。

王彬的母亲和妻子发生了口角，长达一周谁也不理会谁。典型的婆媳矛盾没有难倒王彬，他模仿妻子的笔迹给母亲写了个留言条，留言中坦言是自己的不懂事惹婆婆生气，请求原谅。老人家看了留言很是感动，立即对儿媳妇好了起来。儿媳一看老人都这样，自己还有什么好说的呢？就这样，王彬灵机一动的聪明和善意的欺骗，使其家庭生活又恢复了和睦。

不仅如此，和朋友、同事等都可以"聪明"地相处。磕磕碰碰的小事情在适当的方法面前，会灰溜溜地逃走，大家自然会在心照不宣中一笑泯恩仇。当然这种聪明应酌情使用，不要沦为故弄玄虚的无聊举动，不能滥用，否则就是聪明反被聪明误了。

巧用谐音，反贬为褒，不失为一剂良策

谐音，是指利用语言的语音相同或相近的关系，有意识地使用语句的双重意义，言在此而意在彼。谐音的妙用，在于能让人把话说圆而摆脱困境，甚至化险为夷。因为许多字词在特定场合中，用本音是一个意思，而用谐音则成了另一个意思。

据传，从前有个宰相，他有一个名叫薛登的儿子，生得聪明伶俐。当时有个奸臣金盛，总想陷害薛登的父亲，但苦于无从下手，便在薛登身上打主意。有一天，金盛见薛登正与一群孩童玩耍，于是眉头一皱，诡计顿生，喊道："薛登，你像个老鼠一样胆小，不敢把皇门边上的桶砸碎一只。"

薛登不知是计，一口气跑到皇门边上，把立在那里的双桶砸碎了一只。金盛一看，正中下怀，立即飞报皇上。皇上大怒，立刻传薛登父子问罪。

薛登父子跪在堂下，薛登却若无其事地嘻嘻笑着。皇上怒喝道："大胆薛登！为什么砸碎皇门之桶？"

薛登想了想，反问道："皇上，您说是一桶（统）天下好，还是两桶（统）天下好？"

"当然是一统天下好。"皇上说。

薛登高兴得拍起手来："皇上说得对！一统天下好，所以，我便把那只多余的'桶'砸掉了。"

皇上听了转怒为喜，称赞道："好个聪明的孩子！"又对宰相说："爱卿教子有方，请起请起！"

金盛一计未成，贼心不死，又进谗言道："薛登临时胡编，算不得聪明，让我再试他一试。"皇上同意了。

金盛对薛登嘿嘿冷笑道："薛登，你敢把剩下的那只也砸了吗？"

薛登瞪了他一眼，说了声"砸就砸"便头也不回，奔出门外，把皇门边剩下的那只木桶也砸了个粉碎。皇上喝道："顽童！这又如何解释？"

薛登不慌不忙地问皇上："陛下，您说是木桶江山好，还是铁桶江山好？"

"当然是铁桶江山好。"皇上答道。

薛登又拍手笑道："皇上说得对。既然铁桶江山好，还要这木桶江山干什么？皇上快铸一个又坚又硬的铁桶吧！祝吾皇的江山坚如铁桶。"

皇上高兴极了，下旨封薛登为"神童"。

谐音是一语双关的表现形式之一。在上面这个例子中，薛登之所以能够化险为夷，就在于他巧妙地运用谐音把话说圆了。

有时候出错是不好掩盖的，因为欲盖弥彰。这时候需要的是打破那种不快的气氛，让大家都能够释怀。用谐音把话说圆，就是让大家释怀的一种好方式。

第 13 章

拒人有方，委婉暗示令对方知难而退

拖延、淡化，不伤其自尊地将其拒绝

一般人都不太好意思拒绝别人，但在很多情况下，我们为了避免多余的困扰，对一些不合理或不合自己心意的事有必要拒绝，但怎样才能既不伤害对方自尊心又能达到拒绝的目的呢？当对方提出请求后，不必当场拒绝，你可以说："让我再考虑一下，明天答复你。"这样，既使你赢得了考虑如何答复的时间，也会使对方认为你是很认真对待这个请求的。

某单位一名职工找到上级要求调换工种。领导心里明白调不了，但他没有马上回答说"不可能"，而是说："这个问题涉及好几个人，我个人决定不了。我把你的要求带上去，让厂部讨论一下，过几天答复你，好吗？"

这样回答可让对方明白调工种不是件简单的事，这其中存在着两种可能，也使对方思想有所准备，比当场回绝效果要好得多。

一家汽车公司的销售主管在跟一个大买主谈生意时，这位买主突然要求看该汽车公司的成本分析数字，但这些数据是公司的绝密资料，是不能给外人看的。可如果不给这位大买主看，势必会影响两家和气，甚至会失掉这位大买主。这位销售主管并没有说"不，这不可能"之类的话，但他的话中婉转地说出了"不"。"这个……好吧，下次有机会我给你带来吧。"知趣的买主听过后便不会再来纠缠他了。

某位作家接到老朋友打来的电话，邀请他到某大学演讲，作家如此答复："我非常高兴你能想到我，我将查看一下我的日程安排，我会回电话给你的。"

这样，即使作家表示不能到场的话，他也就有了充裕时间去化解某些可能的内疚感，并使对方轻松、自在地接受。

陈涛夫妻俩下岗后，自谋职业，利用政府的优惠贷款开了一家日用品商店，两人起早贪黑把这个商店办得红红火火，收入颇丰，生活自然有了起色。

陈涛的舅舅是个游手好闲的赌棍，经常把钱扔在麻将桌上。有段时间，手气不好又输了，他不服气，还想捞回本钱，又苦于没钱了，就把眼睛瞄准了外甥的店铺。一日，这位舅舅来到了店里对陈涛说："我最近想买辆摩托车，手头尚缺五千块钱，想在你这借点周转，过段时间就还。"——他也知道用模糊语言。

陈涛了解舅舅的嗜好，借给他钱，无疑是肉包子打狗。何况店里用钱也紧，就敷衍着说："好！再过一段时间，等我有钱把银行到期的贷款支付了，就给你，银行的钱可是拖不起的。"

舅舅听外甥这么说，没有办法，知趣地走了。

陈涛不说不借，也不说马上就借，而是说过一段时间，等支付银行贷款后再借。这话含多层意思：一是目前没有，现在不能借；二是我也不富有；三是过一段时间不是确指，到时借不借再说。舅舅听后已经很明白了，但他并不心生怨恨，因为陈涛并没有说不借给他，只是过一段时间再说而已，给了他希望。

因此，处理事情时，巧妙地一带而过比正面拒绝有效，且不伤和气。

先承后转，让对方在宽慰中接受拒绝

日常中，我们经常会遇到这样的情况，对方提出的要求并不是不合理，但因条件的限制无法予以满足。在这种情况下，拒绝的言辞可采用"先承后转"

的形式，使其精神上得到一些宽慰，以减少因遭拒绝而产生的不愉快。

李刚和王静是大学同学，李刚这几年做生意虽说挣了些钱，但也有不少的外债。两人毕业后一直没有来往，一天，王静突然向李刚提出借钱的请求，李刚很犯难，借吧，怕担风险，不借吧，同学一场，又不好张口。思忖再三，最后李刚说："你在困难时找到我，是信任我、瞧得起我，但不巧的是我刚刚买了房子，手头一时没有积蓄，你先等几天，等我过几天账结回来，一定借给你。"

有的时候对方可能会因急于事成而相求，但是你确实又没有时间，没有办法帮助他的时候，一定要考虑到对方的实际情况和他当时的心情，一定要避免使对方恼羞成怒，以免造成误会。

拒绝还可以从感情上先表示同情，然后再表明无能为力。

黄女士在民航售票处担任售票工作，由于经济的发展，乘坐飞机的旅客与日俱增，黄女士时常要拒绝很多旅客的订票要求，黄女士每每总是带着非常同情的心情对旅客说："我知道你们非常需要坐飞机，从感情上说我也十分愿意为你们效劳，使你们如愿以偿，但票已订完了，实在无能为力。欢迎你们下次再来乘坐我们的飞机。"黄女士的一番话，叫旅客再也提不出意见来。

先扬后抑这种方法也可以说成是一种"先承后转"的方法，这也是一种力求避免正面表述，而间接拒绝他人的方法。先用肯定的口气去赞赏别人的一些想法和要求，然后再来表达你需要拒绝的原因，这样你就不会直接地伤害对方的感情和积极性了，而且还能够使对方更容易接受你，同时也为自己留下一条退路。

一般情况来说，你还可以采用下面一些话来表达你的意见：

"这真的是一个好主意，只可惜由于……我们不能马上采用它，等情况好了再说吧！"

"这个主意太好了，但是如果只从眼下的这些条件来看，我们必须要放弃它，我想我们以后肯定是能够用到它的。"

"我知道你是一个体谅朋友的人，你如果对我不十分信任，认为我没有能力做好这件事，那么你是不会找我的，但是我实在忙不过来了，下次如果有什么事情我一定会尽我的全力来支持你。"

………………

友善地说"不"，和和气气将其拒绝

业务员的销售技巧里有这么一招：从一开始就让顾客回答"是"，在回答几个肯定的问题之后，你再提出购买要求就比较容易成功。同理，当你一开始对自己说"我做不到"或"我不行"的时候，就陷入了否定自我的危机，然后就会因拒绝任何的挑战而失去信心。

当然，我们必须努力去做一个绝不说"不"的人，可是，当遇到别人不合理的请求时，我们是否也要委曲求全答应对方呢？

这个时候，你千万不要因为不能说"不"而轻易地答应任何事情，而应该视自己能力所及的范围，尽可能不要明明做不到却不说，结果既造成了对方的困扰，又失去了别人对你的信任。

30岁出头就当上了20世纪福斯电影公司董事长的雪莉·茜，是好莱坞第一位主持一家大制片公司的女士。为什么她有如此能耐呢？主要原因是她言出必行，办事果断，经常是在握手言谈之间就拍板定案了。

好莱坞经理人欧文·保罗·拉札谈到雪莉时，认为与她一起工作过的人，都非常敬佩她。欧文表示，每当他请雪莉看一个电影脚本时，她总是马上就看，很快就给答复。不过好莱坞有很多人，给他看个脚本就不这样了，若是他不喜欢的话，根本就不回话，而让你傻等。

通常一般人十之八九都是以沉默来回答，但是雪莉看了给她送去的脚本，都会有一个明确的回答，即使是她说"不"的时候，也还是把你当成朋友来对待。这么多年以来，好莱坞作家最喜欢的人就是她。

拒绝别人不是一件什么罪大恶极的事情，也不要把说"不"当成是要与人决裂。是否把"不"说出口，应该是在衡量了自己的能力之后，做出的明确回应。虽然说"不"难免会让对方生气，但与其答应了对方却做不到，还不如表明自己拒绝的原因，相信对方也会体谅你的立场。

不过，当你拒绝对方的请求时，切记不要咬牙切齿，绷着一张脸，而应该带着友善的表情来说"不"，这样才不会伤了彼此的和气。除了对别人该说"不"时就说"不"，同时对自己也要勇敢地说"不"。

很典型的就是美国电话及电报公司的创办者塞奥德·维尔，他经历过无数次失败之后，才学会了说"不"。

年轻时的他，无论做什么事都缺乏计划，一事无成地虚晃日子，连他的父母也对他很失望，而他自己也陷入了绝望之中。

20岁那年，他离家独自谋生时，给自己写了一封信："夜晚迟迟不睡而撞球或者喝酒，这些事是年轻人不该做的，所以我决定戒除。但是对这决定我应该说什么呢？是不是还照旧说'只这一次，下不为例'呢？还是'从此绝不'了呢？以前已经反复过好几次了。"

维尔最大的野心是买皮毛衣及玛瑙戒指，虽然这在当时不能说是太大的奢望，但对他来说是很难的。于是他无时不克制自己，以求事事三思而后行。这种坚决的克制态度，使得他由默默无闻的员工调升到铁路公司的总经理。

他向别人说"不"的同时，也向自己说"不"，尤其是创立电话电报这样巨大组织的时候，他时时刻刻地说"不"。正因为这样，他才能避免因采用一时冲动的手段而误了大事。

说"不"没什么开不了口的，只要站得住立场和对自己有益的，就请勇敢地向别人和自己说"不"吧。

通过暗示，巧妙说"不"

很多时候，我们不得不拒绝别人，但是怎样将这个难说的"不"说出口呢？暗示，是一种不错的选择。

美国出版家赫斯托在旧金山办第一张报纸时，著名漫画大师纳斯特为该报创作了一幅漫画，内容是唤起公众来迫使电车公司在电车前面装上保险栏杆，防止意外伤人。然而，纳斯特的这幅漫画完全是失败之作。发表这幅漫画，有损报纸质量，但不刊这幅画，怎么向纳斯特开口呢？

当天晚上，赫斯托邀请纳斯特共进晚餐，先对这幅漫画大加赞赏，然后一边喝酒，一边唠叨不休地自言自语："唉，这里的电车已经伤了好多孩子，多可怜的孩子，这些电车，这些司机简直不像话……这些司机真像魔鬼，瞪着大眼睛，专门搜索着在街上玩的孩子，一见到孩子们就不顾一切地冲上去……"听到这里，纳斯特从坐椅上弹跳起来，大声喊道："我的上帝，赫斯托先生，这才是一幅出色的漫画！我原来寄给你的那幅漫画，请扔入纸篓。"

赫斯托就是通过自言自语的方式，暗示纳斯特的漫画不能发表，让纳斯特欣然地接受了意见。

另外，通过身体动作也可以把自己拒绝的意图传递给对方。当一个人想拒绝与对方继续交谈时，可以做转动脖子、用手帕拭眼睛、按太阳穴以及按眉毛下部等漫不经心的小动作。这些动作意味着一种信号：我较为疲劳、身体不适，希望早一点停止谈话。显然，这是一种暗示拒绝的方法。此外，微笑的中断、较长时间的沉默、目光旁视等也可表示对谈话不感兴趣、内心为难等心理。

例如，一天，为了配合下午的访问行程，小王想把甲公司的访问在中午以前结束，然后依计划，下午第一个目标要到乙公司拜访。但是，甲公司的科长提出了邀请：

"你看，到中午了，一起吃中午饭吧？"

小王与甲公司这位科长平常交情不错，又是非常重要的客户，不能轻易地拒绝。但是，和这位爱聊天的科长一起吃中午饭，最快也要磨蹭到下午一点才能走。小王怎样才能不伤和气地拒绝呢？

答案就是在对方表示"要不要一起吃饭"之前，小王就不经意地用身体语言表示出匆忙的样子，如说话语速加快或自然地看看表等。但记住：这种时候千万不要提早露出坐立不安的神情，急得让人怀疑你合作的诚心。

巧妙地学会用暗示的方法拒绝别人，让对方明白你在说"不"，不仅能把事情办妥，而且不伤和气。

先说让对方高兴的话题，再过渡到拒绝

对于他人的话，人们总是会做出情感反应。如果先说让人高兴的话，即使马上接着说些使人生气的话，对方也能以欣然的表情继续听。利用这种方法，可以拒绝不喜欢的对象。

有一个乐师，被熟人邀请到某夜总会乐队工作。乐师嫌薪水低，打算立即拒绝。但想起以往受过对方照顾，他不便断然拒绝。他心生一计，先说些笑话，然后一本正经地说："如果能使夜总会生意兴隆，即使奉献生命，在下也在所不辞。"

此时夜总会老板自然还是一副笑脸，乐师抓住机会立刻板起面孔说："你觉得什么地方好笑？我知道你笑我。你看扁我，不尊重我，这次协议不用再提，再见！"

这样，乐师假装生气，转身便走。老板却不知该如何待他，虽生悔意，但为时已晚。

因此，面对不喜欢的对象，要出其不意地敲他一下，以便拒绝对方。若缺乏机会，不妨参照上例，制造机会，先使对方兴高采烈，然后趁对方缺乏心理准备，脸上仍在笑嘻嘻时，找到借口及时退出，达到拒绝的目的。

一位名叫金六郎的青年去拜访本田宗一郎，想将一块地产卖给他。

本田宗一郎很认真地听着金六郎的讲话，只是暂时没有发言。

本田宗一郎听完金六郎的陈述后，并没有做出"买"或者"不买"的直接回答，而是在桌子上拿起一些类似纤维的东西给金六郎看，并说："你知道这是什么东西吗？"

"不知道。"金六郎回答。

"这是一种新发现的材料，我想用它来做本田宗一郎汽车的外壳。"本田宗一郎详详细细地向金六郎讲述了一遍。

本田宗一郎共讲了15分钟之久。谈论了这种新型汽车制造材料的来历和好处，又诚诚恳恳地讲了他明年拟采取何种新的计划。这些内容使得金六郎摸不着头脑，但感到十分愉快。在本田宗一郎送走金六郎时，才顺便说了一句，他不想买他的那块地。

如果本田宗一郎一开始就将自己的想法告诉金六郎，金六郎一定会问个究竟，并想方设法劝说本田宗一郎，让他买下这块地。本田宗一郎不直接言明的理由正是如此，他不想与金六郎为此争辩什么。

拒绝对方的提议时，必须采用毫不触及话题具体内容的抽象说法。

日本成功学大师多湖辉说的这个故事发生在 20 世纪 60 年代末的学生运动中。某大学的教室里正在上课时，一群学生运动积极分子闯了进来，使上课的教授手足无措。当着班上学生的面，教授想显示一点宽容和善解人意的风度，就决定先听一下学生讲些什么之后再去说服他们。

结果与他的善良想法完全相反，学生们乘势向他提出许许多多的问题，把课堂搅得一团糟，再也上不成课了。并且这之后只要他上课就有激进派的学生出现在课堂上，就这样毫无宁日地持续了一年。

从这一教训中，教授悟到一条法则，即若无意接受对方，最好别想去说服他，对方一开口就应该阻止他："你们这是妨碍教学，赶快从教室里出去，与课堂无关的事，让我们课后再说！"

假如再发生一次同样的事，教授能否应付？就算他显示出了拒绝的态度，学生也会毫不理会地攻击他吧！如果一点也不去听学生的质问，一开始就踩住话头，至少不会给对方可乘之机，也不致弄得一年时间都上不好课！

可见，拒绝之前先说点与拒绝无关的话，这种欲抑先扬的方式，可以给人心里一个缓冲和铺垫，不至于让拒绝进行得很直接、僵硬。

巧踢"回旋球"，利用对方的话来拒绝他

拒绝不一定非要表明自己的意思，许多时候，利用对方的话来拒绝他，是更聪明的选择。只要合理地从对方的话语里引出一个合乎逻辑的相同问题，巧

踢"回旋球"，让对方"哑巴吃黄连——有苦说不出"。

小李从旅游局一个朋友那里借了一架照相机，他一边走一边摆弄着，这时刚好小赵迎面走来了。他也知道小赵有个毛病：见了熟人有好玩的东西，非得借去玩几天不可。这次看见了他手中的照相机又非借不可了。尽管小李百般说明情况，小赵依然不肯放过。

小李灵机一动，故作姿态地说："好吧，我可以借给你，不过我要你不要借给别人，你做得到吗？"

小赵一听，正合自己的意思。他连忙说："当然，当然。我一定做到的。"

"绝不失信。"小李还追加一句说。

"绝不失信，失信还能叫做人？"

小李斩钉截铁地说："我也不能失信，因为我也答应过别人，这个照相机绝不外借。"

听到这，小赵也目瞪口呆了，这件事也只有这样算了。

有一大部分人会产生这样的想法，难道我们在现实生活中都非要拒绝别人不可吗？我们在拒绝他人时都要采用这些委婉的方法吗？其实这个问题问得恰到好处。

在现实生活中，关于拒绝他人，我们还要注意以下问题：

第一，在日常生活中，我们就应该真诚地对待朋友和同学，积极地帮助他们。每个人都应该明白一个简单的道理："平时帮人，拒人才不难"。这种方法主要应用于那些的确违背我们意愿的事情。

第二，如果是由于自己能力或客观原因，我们应该坦诚相对，说明自己的实际情况，同时，要积极帮对方想办法。

第三，对于某些情况，直接说"不"的效果更好，特别是对于那些违法乱纪的事情，应持坚决的态度来拒绝。对于那些可能引起误解的事情，也应该明确自己的态度，否则会"当断不断，反受其乱"。此外，由于拒绝不明可能会影响对方，也影响事情发展方向，也应该直截了当地拒绝它。

第四，即使我们掌握了一些比较好的方法，在一般的拒绝中，我们也应该语气委婉，最好还能面带微笑，这样既达到自己拒绝他人的目的，又消除由于拒绝给对方带来的不快。

顾及对方尊严，让他有面子地被拒绝

自尊之心，人皆有之。因此在拒绝别人时，要顾及对方的尊严。人们一旦投入社交，无论他的地位、职务多高，成就多大，他们无一例外地都关心外界对自己的评价。由于来自外界评价的性质、强度和方式不同，人们会相应地做出不同反应，并对交际过程及其结果产生积极或消极的影响。通常的规律是：尊之则悦，不尊则哀。也就是说，当得到肯定的评价时，人们的自尊心理得到满足，便会产生一种成功的情绪体验，表现出欢愉乐观和兴奋激动的心情，进而"投桃报李"，对满足自己自尊欲望的人产生好感和亲近力，采取积极的合作态度，交际随之向成功的方向发展。反之，当人们不受尊重、受到不公正的评价时，便会产生失落感、不满和愤怒情绪，进而出现对抗姿态，使交际陷入危机。

顾及对方的尊严是拒绝别人时必不可少的注意事项，有这样一个例子：

某校在评定职称时，由于高级职称的名额有限，一位年龄较大的教师未能评上。他听说了这一消息后就向一位负责职称评定的副校长打听情况。副校长考虑到工作迟早要做，便和这位老教师促膝交谈：

校长："哟：老×，什么风把你给吹来了！"

老师："校长，我想知道这次评高职我有希望吗？"

校长："老×，先喝杯茶，抽支烟。我们慢慢聊，最近身体怎么样？"

老师："身体还说得过去。"

校长："老教师可是我们学校的宝贵财富，年轻教师还要靠你们带呢！"

老师："作为一名老教师，我会尽力的。可这次评定职称，你看我能否……"

校长："不管这次评上评不上，我们都要依靠像你这样的老教师。你经验丰富，教学也比较得法，学生反应也挺好。我想，对于一名教师来说，这一点，比什么都重要，你说呢？"

老师："是啊！"

校长："这次评职称是第一次进行，历史遗留的问题较多，可僧多粥少，有些教师这次暂时还很难如愿，要等到下一次。这只是个时间问题。相信大家一定能够谅解。但不管怎样，我们会尊重并公正地评价每一位教师，尤其是你们这些辛辛苦苦工作几十年的老教师。"

老教师在告辞时，心里感觉热乎乎的，他知道自己这次评上高职的希望不大，但由于自身得到了别人的尊重，成绩受到了别人的肯定，他能接受那样的结果。用他对校长的话讲："只要能得到一个公正的评价，即使评不上我也不会有情绪的，请放心。"

这位校长可谓是顾及别人尊严的典范，如果开始他就给这位老教师泼一桶冷水，那么后果就不堪设想了。

在社交场合上，无论是举止或是言语都应尊重他人，即使在拒绝别人的时候也要顾及对方的尊严。也只有这样，才能赢得别人的尊重。

贬低自己，降低对方期望值顺势将其拒绝

用自我贬低的方法或者在玩笑的氛围中拒绝他人，不仅维护了别人的面子，也使自己全身而退。

比如朋友想邀你一起去玩电游，你就可以说："我们都是好朋友了，说出来不怕你们笑话，我学了几年一直玩得不像样，你们看了都会觉得扫兴，为了不影响你们的兴致，我还是不去为好。"又比如说，在同学聚会的时候，你确实不会喝酒，你可以说："我是爸妈的乖儿子，在家里面又没有什么地位，要是喝了酒，那回去后会被我妈骂死的，甚至还肯定会被我爸揍死，你们就饶了我吧。"同时，你还可以说一些其他的事例进行说明，或者找一些比较好的借口来增强这种自我贬低的效果。

在贬低自己的策略中，"装疯卖傻法"是一种特殊形式，即"表示自己无能为力，不愿做不想做的事"，也就是说："我办不到！所以不想做！"

根据心理学的调查发现，人们的确有在日常生活中故意装傻的现象。例如

在上班族中，有20%的人曾对上司装过傻，而14%的人对同事装过傻。虽然这会导致评价降低，但令人惊讶的是，仍有一成以上的人是在自己有意识的情况下用了这个办法。

上班族会用到"装疯卖傻法"的场合有以下三种：

第一，不愿做不想做的事。

例如像是打杂般的工作、很花时间的工作，或单调的工作等。还有像公司运动会之类，公司内部活动的筹办委员也是其中之一。像这种情形便有不少人会用"我不会呀"或"我对这方面不擅长"等理由，来把不想做的事巧妙地推掉。

第二，拒绝他人的请求。

当别人找上你，希望你能帮他的忙时，你很难直接说"不"吧！因此便以"我很想帮你，可是我自己也没有那个能力"的态度来婉转拒绝。拒绝别人这种事，很难直接以"我不愿意"这种态度来拒绝，而且还可能会让对方怀恨在心。因此，若是用能力，也就是自己无法控制的原因来拒绝（想帮你，可是帮不了）的话，拒绝起来便容易多了。

第三，降低自己的期望值。

一个人若能得到他人的高度期待，固然值得高兴，但压力也会随之而来。因为万一失败，受到高度期待的人，所带给其他人的冲击性会更大。

因此，借此表现出自己的无能，来降低期望值，万一将来失败，自己的评价也不会下降得太多；相反的，如果成功，反而会得到预期之外的肯定。

"装疯卖傻法"有以下两种实行技巧：

1. 表明自己无能为力

就像前面所说，这招便是表明"我没有能力做那件事，因此我不愿意做"的一种方法。根据工作的内容，"无能"的内容也有所不同。例如：

（别人要求你处理电脑文书资料时）

"电脑我用不好，光一页我就要打一个小时，而且说不定还会把重要的资料弄不见！"

（别人要求你做账簿时）

"我最怕计算了，看到数字我就头痛！"用于与自己平日业务无关的业务上。

不过，如果所表明的"无能"的理由不具真实性，那可就行不通。例如刚才电脑处理的例子，如果是在电脑公司，说这种话谁信？后面那个例子，如果发生在银行，也绝对会显得很突兀。平常愈少接触到的工作，说这种话时，所获得的可信度也就愈大。所以要说"我没做过""我做得不好"这些话的时候，这些话一定要具有可信度才行。

2. 将矛头指向他人

这招是接着"表示无能"的用法之后，以"我办不到，你去拜托某某比较好"的说法，来将矛头指向他人的做法。

"我对电脑没办法，不过小王对电脑很熟，你去拜托他看看怎么样？"

"我对计算工作最头大了，小芸应该做得来！"

像这样搬出一位在这方面能力比自己强的人，然后要对方去拜托他就行了。

不只能力的问题，像下面这个例子中的场合也能适用。

"我如果要做这件事，恐怕要花掉不少时间。小范好像说他今天工作量不怎么大！"

只有在大家都知道那个人的确比较胜任时才能用这招。

这个办法有一个问题就是，可能会招致那个被你"转嫁"的人怨恨。想拜托人的人一定会说："是某某说请你帮忙比较好！"对方也就会知道是你干的好事。这么一来，那个人心里一定会想："可恶的家伙，竟然把讨厌的事推给我！"

尤其当需要帮忙的工作内容，是人人都不想做的事情的时候，惹来怨恨的可能性就愈高。所以，最好在多数人都知道"某某事情是某某最擅长的"这样的场合才用此招。

你的托辞不能损害对方的利益

从对方的利益出发，掌握好说"不"的分寸和技巧，给对方一个能够接受的，并且不会伤害对方的托辞十分重要。

随着社会的发展，人与人之间的交往越来越密切，也越来越复杂。比如，我们经常会发现办公室中谈笑风生的两个人，其实早已积怨很深。或者昨天还势如水火的两个同事，今天却亲密得俨如老友。从中我们可以看出，办公室中的人际关系确实让人难以捉摸。其实，我们每个人都希望能够得到他人的关注与理解。因此在职场上，我们要学会理解他人，要把握处理事情的分寸，尤其是我们因为各种原因而不能配合对方时，一定要从对方的利益出发，说好托辞。

例如，在办公室里，你在拒绝别人请求时，如只是说"我很忙"，对方则会说你不爱帮助别人。所以，拒绝别人时，要具体地说明一下理由。

再如，你正忙着整理第二天重要会议的资料时，你的上司走过来对你说："先处理这份文件。"

这时，你可以明确地告诉他自己正在为第二天重要会议准备资料，然后让上司判断哪个工作更加急迫。

"是这样啊！你正在做的工作不尽快完成可不行，我的这份之后再弄。"

每个人总会有需要别人施以援手的时候，所以，多一个敌人绝对不是什么好事情。虽然我们避免不了拒绝的发生，却可以采取适当的拒绝方式，最大程度地避免因为拒绝而树敌。

经常有人会说出这样的话："这件事情恕难照办""我们每天都一样地工作，凭什么要我帮你的忙"……如果你听到些话，会是什么反应呢？你会很高兴很客气地说"既然如此，那我就不打扰你了，对不起"吗？恐怕不会吧。你一定会恼羞成怒地回击对方："你这个人讲话怎么如此无情！难道你一辈子就没求过人吗？"然后拂袖而去。

一般情况下，我们在拒绝别人的时候要注意以下几点。

1. 积极地倾听

当你拒绝别人的请求时，不要随口就说出自己的想法。过分急躁地拒绝最容易引起对方的反感，应该耐心地听完对方的话，并用心弄懂对方的理由和要求，让对方了解到自己的拒绝不是草率做出的，是在认真考虑之后不得已而为之的。

2. 用和蔼的态度拒绝对方

不要以一种高高在上的态度拒绝对方的要求，不要对他人的请求流露出不快的神色，更不要蔑视或忽略对方，这都是没有修养的具体表现，会让对方觉得你的拒绝是对他抱有成见，从而对你的拒绝产生逆反心理。拒绝对方要保持和蔼的态度，要真诚。

3. 明白地告诉对方你要考虑的时间

我们经常碍于面子不愿意当面拒绝他人的请求，而是以"需要考虑"为借口来避免直接拒绝对方，其实希望通过拖延时间使对方知难而退。这是错误的。如果不愿意立刻当面拒绝，应该明确告知对方考虑的时间，表示自己的诚意。

4. 用抱歉的话语来缓和对方的情绪

对于他人的请求，表示出无能为力，或迫于情势而不得不拒绝时，一定记得加上"实在对不起""请您原谅"等抱歉用语，这样，便能不同程度地减轻对方因遭拒绝而受的打击，舒缓对方的挫折感和对立情绪。

5. 说明拒绝的理由

在拒绝他人的请求时，不要只用一个"不"字就想使对方"打道回府"，而应给"不"加上合情合理的注解，以使对方明白，自己的拒绝并非是毫无理由，而是确有苦衷。

真诚地说出你拒绝的理由是非常必要的，它有助于你们维持原有的友好关系。

6. 提出取代的办法

当你拒绝别人时，肯定会影响他计划的正常进程，甚至使他的计划搁浅。如果你给他提供一些建设性的意见，则能减轻对方的挫折感和对你的怨恨心理。

7. 对事不对人

你要想方设法地让对方知道你拒绝的是他的请求，而不是他这个人。

总而言之，成功地拒绝别人的请求不仅可以节省自己的时间和精力，还可以免除由不情愿行为所带来的心理压力。但前提是，拒绝时必须不损害对方的利益。

拒绝要真诚，不能让人感觉你敷衍了事

当你不得不拒绝别人时，要想好一些真诚的托辞，让别人从心眼里觉得的确是你能力有限从而不得不拒绝。

拒绝总是会让人感到不愉快。委婉拒绝无非是为了减轻双方，特别是对方的心理负担。特别是上司拒绝下属的要求时，不能盛气凌人，要以同情的态度、关切的口吻讲述理由，使之心服。在结束交谈时，一定要表示歉意。一次成功的拒绝，也可能为将来的重新握手、更深层次的交际播下希望的种子。

从事销售的小刘遇上一位工作狂上司，很多同事都因此而"逃离"了，而她却能始终保持极佳的工作状态，她是怎么做的呢？

小刘说："一开始我也像他们一样以办公室为家，日日夜夜伏案工作，在我的字典里'休息'这个词似乎早就不存在了。后来我发现，工作狂老板通常有一个思维定式：他们一般疏于考虑自己分配下去的任务量有多少，下属需要花费多长时间可以搞定，他们想当然地认为你应该没问题。所以，以后如果我觉得工作量过大，超出了个人能力所能达到的范畴时，我不会一味投身于工作中蛮干，要知道，不说出来的话，工作狂老板是不会体会到你的负荷已经到了警戒线的。这也不能怪他，每个人的承受能力不同，老板又如何能体会到下属执行当中的难度与苦衷？这个时候，下属应该主动与老板沟通交流。口头上陈述困难或许有故意推托之嫌，书面呈送工作时间安排与流程，靠数据来说明工作过多，让他相信，过多的工作令效率降低。合理正确的沟通会令老板了解你的需求，从而适当调整任务量及完成时间，或选派更多的同仁来帮你分担。"

试想一下，如果小刘怕得罪上司而勉强接受所有任务，到时完不成任务更会受到上司的指责，如果因为自己不事先说明难度，最后又耽误公司整体事务，罪过就更大了。这种坦诚拒绝的方法不仅适用于上司，也适用于周围的同事。当然，坦诚拒绝也要讲究方式。

当别人向你提出请求时，一定会担心你会不会马上拒绝自己，或者给自己脸色看。所以，在你决定拒绝之前，首先要注意倾听对方诉说。比较好的办法是，请对方把处境与需要讲得更清楚一些，这样，自己才知道如何帮他。

倾听能够让对方感受到你的尊重和真诚，委婉地向对方表达自己的拒绝，可以避免使对方的感情受到严重的伤害。

倾听的另一个好处是，你虽然拒绝了他，却可以针对他的情况，建议如何取得适当的支援。若是能提出有效的建议或替代方案，对方一样会感激你，甚至在你的指引下找到更适当的解决方案。

直接的拒绝只会伤害彼此的感情，而委婉地说"不"却更容易让人接受。当你仔细倾听了别人的要求，并认为自己应该拒绝的时候，说"不"的态度必须是温和而坚定的。

例如，当对方提出的要求不符合公司或部门的规定，你就要委婉地让对方知道自己帮不了这个忙，因为它违反了公司的相关规定。在自己工作已经排满而爱莫能助的前提下，要让他清楚地明白这一点。一般来说，同事听你这么说一定会知难而退，再想其他办法。

拒绝除了需要技巧，更需要耐性与关怀。若只是敷衍了事，这样只会伤害对方。

1. 对领导说"不"时一定要把握好时机

"不管什么事情只要交给安娜，我就放心了。"安娜进公司3年，这是领导常挂在嘴边的话。开始安娜很高兴，但时间一天天过去，交给她的任务越来越多。"安娜，这个方案你盯一下；安娜，这个客户恐怕只有你能对付"；"安娜，上海的那个项目人手不够，你顶一下"。老总为某事抓狂时，必会打开房门大叫安娜。

安娜手里的事情多到了加班加点也做不完，可周围有些同事却闲得很，薪水也并不比她少多少。安娜想，也许自己再忍一忍就会有升职的机会。然而，机会一次次地走到了她面前却又一次次地拐了弯。后来，安娜从人事部的一位前辈口里得知，关于她升职的事中层主管讨论过很多次了，每次都被老总否决了，说安娜虽然业务能力不错，但管理能力不足，需要再锻炼锻炼。

安娜很气恼，回家跟丈夫抱怨。丈夫居然也说："如果我是你们老总，我也不会升你的职。一个不懂拒绝的人，怎么去管理别人？"安娜仔细想了想，觉得这话真的很有道理。

往后，当老总给她加工作量时，安娜鼓足勇气说："我手里有 3 个大项目，10 个小项目，我担心时间安排不过来。"老总一听，脸立刻变了色："可是，这个项目只有你去做我才放心。"

"那好吧，我赶一赶。"说完这句话，安娜恨不得咬掉自己的舌头。看到老总的脸，一个大胆的念头突然冒了出来："不过，要按时保质完成，我需要几个帮手。"安娜轻描淡写地说。老总惊讶地看着她，继而笑着说："我考虑一下。"

原来安娜想，如果老总答应给自己派助手，就相当于变相给自己晋升，自己的工作也有人可以分担了；如果不答应，老总也不好把新任务硬塞给自己了。

果然，老总再也没提过加派新任务的事，还破天荒地经常跑来关心安娜的工作进展，并叮嘱她有困难就提出来，别累坏了身体，等等。

当领导把砖头一块块地往你身上叠加时，他也并不是不知道砖头的重量，但是他知道把工作加给一个不懂拒绝的人是件再省心不过的事。你不要因此就梦想你理所当然比别人薪水更高或升迁更快。

有的时候，你并不需要大张旗鼓地拒绝领导，只需要摆出自己的难处，领导也不会觉得你的拒绝很过分。要拒绝领导，就必须告诉他你在时间或精力上的困难，让他明白你不是超人。

2. 不想加班，就必须找个恰当的理由

"世界上最痛苦的是什么？加班！比加班更痛苦的是什么？天天加班！比天天加班更痛苦的是什么？天天无偿加班！"这些关于加班的种种看似戏言和怨言的说法，在调侃之余，也真实地反映了职场中人的生活和工作现状，因为加班已经成为他们生活中的必要组成部分。

身在职场，加班是很多人最痛恨的一件事。面对领导要求的加班，做下属的就只能听之任之吗？是不是也可以找到合适的理由，既不得罪领导，又能够少受一点加班之苦呢？

小李和女友相识 3 周年的纪念日就在这个周五，可是当离下班还有 10 分钟时，小李看到了部门领导在 MSN 上呼叫："今天晚上留下来吃饭，约好了一

位客户谈目前这个项目的事情。"顿时，小李不知所措。

小李肯定是不想错过今天这个重要日子里的约会的，但是，他又不能得罪领导。他琢磨了一会儿，心想凭着自己几年来和领导的关系，再加上自己幽默风趣的性格，相信领导能够放他一马。于是小李通过MSN和领导说："本人是公司著名的妻管严，地球人都知道，要不是为了她，俺哪敢和领导讲条件，但是俺要敢放俺那口子鸽子，俺可能会有生命危险。"等了一会儿，MSN上传来了领导的回复："你不用加班了，这事我来做，你去陪你的女朋友吧，代我向她问好！"

看到这句话，小李以最快的速度关掉电脑，拎起包飞奔出了办公室。

"适者生存，不适者淘汰"已成为企业中很多人士坚定不移的座右铭，也是上班族命运的真实写照。虽然如此，但每个人的生活中除了工作的8个小时，还有亲情、友情、爱情需要时间去维护，若因为工作而将其他的统统放弃，实在是得不偿失。而要实现这一目标，就需要多学一些拒绝的技巧。小李的做法也许并不适合每一个人，但也不失为一种借鉴。其实，每个人在拒绝加班时都可以找到恰当的理由，让8小时以外的时间真正属于自己。

3. 巧借打电话，逃离酒桌应酬

当单位里有应酬时，领导总想把自己喜欢和信任的下属带去"陪酒"。得到领导的赏识是一件好事，但有时候确实不愿意去，这时你该怎么办？如果贸然拒绝领导的好意，就很容易把领导得罪了。如何逃离酒桌应酬，又能让领导理解呢？

小王是一家杂志社的采访部主任，本来谈广告业务的事和她没有什么关系，但多年的打拼让她成了交际"达人"，再加上大方、稳重的气质和漂亮的外貌，主编每当面对大客户时都会想到她，让她作陪。

但小王对这类应酬是很不情愿的，因为下班后她希望能多陪陪孩子和丈夫，享受幸福的家庭生活。几次应酬之后，小王觉得不能再这样下去了，必须想个方法逃离酒桌。当主编又一次要带小王去见客户的时候，小王并没有当面拒绝主编，而是爽快地答应了下来。

晚上，小王如约前往。酒桌上，小王看出这次的客户确实来头不小，而且对他们的杂志比较认可。陪客人的除了她和主编外，还有杂志社的投资人以及广告部的主任。小王不知道自己的到来是否能起到一定的作用，但她还是不辱使命，施展着自己的交际才华。时间过去了大约半个小时，小王的电话响了起来，于是小王离桌去接电话。一会儿，小王回来，焦急地和主编说，自己的好朋友谢菲打来电话，说她得了急性阑尾炎，而其家人又不在身边，需要她去照顾一下。主编和在座的各位一看到这种情况，就马上答应了，让小王赶紧去。

就这样，小王一边说着抱歉的话一边急匆匆地离开了。

出门后，她给好友发短信："终于逃离了，谢谢你哦。是你的'阑尾炎'救了我！"

相信很多人都有同感。那些特别注重家庭生活的都市白领，都希望自己能够和家人共进晚餐，享受其乐融融的家庭氛围，而不是去酒桌旁陪客户、陪领导。在工作与家庭之间，在薪水与面子面前，他们往往不能按照自己的意愿行事，哪怕勉为其难也得将就着。不过，有些时候还是可以利用一些巧妙的方法，将那些自己不喜欢的应酬统统甩掉。就如小王这样，运用打电话救急，也不失为一个好办法。

4. 巧妙应对，避开另类"骚扰"

身在职场，很多女性都容易遭遇一个比较普遍的问题——性骚扰。在工作场合，性骚扰有时候会来自于领导。该怎样去应对性骚扰而又不得罪领导呢？

最近一次公司聚会后，伊茜发现老板罗伯特有点问题。饭后伊茜要回家，可罗伯特说要去唱歌，并且一个都不许走，其他同事都赞成，伊茜也不好反对。伊茜因为喝了点酒有点头晕就靠坐在沙发上，偶尔为他们选一些歌。罗伯特坐在离伊茜不远处，突然在和伊茜说话时用手轻轻地划了一下她的脸，伊茜想罗伯特可能喝醉了，于是离他更远了一些。终于一曲完了，伊茜准备回家，没想到他跟着伊茜离开。电梯里只有他俩，罗伯特抱住伊茜说："亲一下！"伊茜说不行。这时电梯停了，进来几个人，他只好放开了伊茜。

后来伊茜想他大概是喝醉了，自己以后不再参加这种聚会就是了。可没过几天，罗伯特的秘书很神秘地对伊茜说，后天还有个聚会，大家都得参加。伊茜心里暗暗叫苦，麻烦来了！伊茜后来找了一个理由，才躲了过去。然而，这几天罗伯特总是有意无意地来到伊茜的办公室，伊茜只好跟他谈工作的事。但他却总是有意无意地把话题往别的方面引，伊茜思前想后终于想出了一个主意。由于伊茜和罗伯特的妻子是老同学，于是伊茜周末约罗伯特的妻子一起打牌、游泳，他知道这些事后，便不再"骚扰"伊茜了。

　　遇上想占便宜的领导是职场女性最烦恼的事，因为处理不好的话便会丢掉工作和声誉。案例中的伊茜在对付领导的性骚扰上方法得当，巧妙地保护了自己，值得职场女性学习。

第 14 章

求人办事，活用心理策略获取对方帮助

外表是打动对方最直观的方式

我们在看到别人的第一眼时，都希望别人能够打动自己；同样的，我们更希望自己也能打动别人，这点对求人办事是很重要的，如果我们能够打动别人，那么对方很自然地就会帮助我们。反之，如果让别人看了我们第一眼就不想再看第二眼，那事情就很难再有指望了。

俗话说："相由心生。"这句话的意思是说我们的容貌是在爹妈给的基础上自己塑造的，难怪林肯说："一个男子 40 岁后就必须为自己的脸负责了。"

人人都希望看到也希望拥有动人的容貌，从古至今都是如此。人们往往都是很重外表形象的，殊不知很多人都会下意识地把一些正面的品质加到外表漂亮的人身上，像聪明、善良、诚实、机智等等。更有甚者，当我们做出这些判断时，我们一点也没有觉察到外表在这个过程中所起到的作用。这种趋势可能导致的后果是非常令人不安的。

例如，有人曾对 1974 年加拿大联邦政府选举的结果进行研究，后来他们发现，外表有吸引力的候选人得到的选票是外表没有吸引力的候选人的两倍还多。而尽管有明显的证据表明英俊的政治家有很多优势，一个随后的研究却表明投票人并没有意识到自己的偏见。事实上，有 73% 的加拿大选民都强烈否认他们的投票决定受到了外表的影响，只有 14% 的人承认也许有这个可能性。但不管投票人怎么不承认外表的吸引力对选举结果的影响，却有源源不断的证据表明，这种令人担忧的倾向的确是一直存在的。

再比如，1960 年，尼克松与肯尼迪之争中，年轻、英俊、风流倜傥的肯尼迪浑身散发着领袖的魅力，他看起来坚定、自信、沉着，不仅能够主宰美国的政坛，而且能平衡世界的局面。当他提出"不要问国家能为你做什么，问一问你能为国家做什么"的口号时，就在以"自我"为中心的国度里激起了美国人民上下一片的爱国热潮。他不仅满足了美国人梦中理想的领袖形象，而且创立了领袖形象的最高标准。

同样的，1980 年与里根竞选总统的杜卡基斯，无论是外表还是声音，无论演讲还是表演，在英俊、高大、富有感召魅力的里根的衬托下，越发显得"不像个领袖"，因而落选。而演员出身的里根用自己的微笑、声音、手势、服装及高超的演技，表现出一个具有迷人魅力的领袖形象，从而掩盖了他在知识和智力上的不足。

几十年过去了，肯尼迪的形象一直让人难以忘怀，使很多政治家黯然失色。30 年后，克林顿再度让美国人民旧梦重温。受到肯尼迪的影响，克林顿从小立志从政，他以肯尼迪为榜样，仪态、举止处处满足美国人渴望的总统形象，他终于成为美国总统。在克林顿身上，正反两面，都有肯尼迪的影子。尽管他是位创造了美国历史上丑闻最多的总统，但他每次都能安然渡过难关，使人们一次次原谅他的不检点。相比之下，尼克松一次"水门事件"就被迫离开了白宫。

可见，形象就是一种魅力，运用形象的魅力是杰出领袖的智慧之一。形象所产生的巨大领导力和影响力使世界上成功的巨人们无不在乎自己的形象。

在求人办事时，形象同样具有重大的作用。有一个例子就很能说明问题。1999 年，在中国网络腾飞时代，一位华裔英国投资商到了北京的中关村，和一位电脑才子会谈投资。事后，他说："我怎么也不能相信头发如干草，说话结巴的人会向我要 500 万美元的投资，他的形象和个人素养都不能让我信服他是一个懂得如何处理商务的领导人。"当然，谈判结果就可想而知了。

所以在办事前先把自己的仪表、形象修饰好。"欲把西湖比西子，浓妆淡抹总相宜。"只有掌握了修饰美的"修饰即人"的指导思想及"浓淡相宜"的美学原则，才能使美的修饰映照出一个人蓬勃向上的精神风貌，才能帮助我们提高办事能力。

"修饰即人"是说修饰美能反映一个人的追求及情趣。《小二黑结婚》里的"三仙姑",醉心于"老来俏",可是"宫粉涂不平脸上的皱纹,看起来好像驴粪蛋上下了霜"。这样的打扮如果说跟她的年龄、身份不符的话,那么这和她这个人物的那种虚荣、轻浮和愚昧的人格倒是挺相称的。美的修饰要考虑被修饰者的年龄、身份、职业等,教师、医生就不宜打扮得过艳,学生应当讲究整洁。

"浓淡相宜"是说修饰不能片面追求某一局部的奇特变化,而应注意统一协调,否则会失去比例平衡,以致俗不可耐,弄美为丑。一个人如果想受人尊敬,首先必须注意的是衣着的整齐清洁,让人觉得自己为人端庄、生活严谨。况且化妆的本意是为了掩饰缺点以表现优点,所以,如果为了掩饰缺点而化妆过浓,优点反而被破坏无遗。因此,欲将良好的风度、气质呈现在众人面前,应持淡雅宜人的妆容,不可把脸当作调色盘,不可把身体当做时装架,这也就是所谓有个性的妆饰,它是在表现本身的修养,同时也表现人格,因此必须使看的人感到清爽和产生好感才行。

然后,你再去找人办事时,自然就会留给别人一个深刻的、难以磨灭的印象。这会为你的成功办事增"辉"不少。

让你的眼神温柔起来,给他一种美好感觉

一对恋人在一起,双双一言不发,仅靠含情脉脉的眼神就能表达双方的爱慕之意。在办事时,你的眼睛也可以发挥很大的作用。

例如,直觉敏锐的客户初次与推销人员接触时往往仅看一下对方的眼睛就能判断出"这个人可信"或"要当心这小子会耍花样",有的人甚至可以透过对方的眼神来判断他的工作能力强否。

找他人办事时,能否博得对方好感,眼神起主要的作用。还拿推销人员为例吧,言行态度不太成熟的推销员,只要他的眼神好,有生气,即可一优遮百丑;反之,即使能说会道,如果眼睛不发光或眼神不好,也不能博得客户的青睐,反而会落得"光会耍嘴皮子"的评价。不少推销人员在聊天时眼神柔顺,

但在商谈时却毛病百出，尤其在客户怀疑商品品质或进行价格交涉时，往往一反常态与之争吵起来。

　　一本正经的脸色和眼神有时虽也能证明他不是在撒谎，但是，这种情况仅在客户争相购买的时候才会起好的作用。在一般情况下，一本正经往往容易伤害对方的感情而导致商谈失败。作为一位推销人员，不论如何强烈地反驳对方都必须笑容满面，如果不笑就无法保持温柔的眼神。在推销员的"辞典"里，没有嘲笑的眼神、怜悯的眼神、狰狞的眼神或愤怒的眼神等字眼。下面这些都是遭人反感的不当眼神，你一定要注意在实际工作中尽量避免，以免造成不必要的麻烦：

1. 不正眼看人

　　不敢正眼看人可分为不正视对方的脸，不断地改变视线以离开对方的视线，低着头说话，眼睛盯着天花板或墙壁等没有人的地方说话，斜着眼睛看一眼对方后立刻转移视线，直愣愣地看着对方，当与对方的视线相交时，立刻慌慌张张地转移视线，等等。

　　大家都知道，怯懦的人、害羞的人或神经过敏的人是很难成事的。

2. 贼溜溜的眼神

　　当你找人办事时，要是有一双贼溜溜的眼睛可就麻烦了。有的人在找别人办事时常有目的地带着一副柔和的眼神，可是一旦紧张或认真起来则原形毕露，瞪着一副可怕的贼眼，反而吓别人一大跳。

　　这种人必须时时刻刻注意自己平时的日常生活，养成使自己的眼神温和的习惯。此外，对一切宽宏大量，是治疗贼溜溜眼神的最佳办法。

3. 冷眼看人

　　有一颗冷酷无情的心，那么眼睛也会给人一种冷冰冰的感觉。有的人心眼虽然很好可是两眼看起来却冷若冰霜，例如理智胜过感情的人、缺乏表情变化的人、自尊心过强的人或性格刚强的人等往往有上述现象。这种人很容易被人误解，因而被人所嫌弃，这是十分不利于工作和生活的。

　　这些人完全可以对着镜子，琢磨一下如何才能使自己的眼神变得柔和亲切及惹人喜欢，同时也要研究一下心理学。如果对自己的矫正还不太放心，可请教一下朋友。

4. 混浊的眼睛

上了年纪的人眼睛混浊是正常现象。但是有的人年纪轻轻却也眼睛混浊充满血丝，这样的人会给别人带来一种不清洁的感觉，甚至被误认为此人的人格也是卑下的。

只要不是眼病，年轻人的眼睛本不会混浊。眼睛混浊的年轻人往往是由于睡眠不足和不注意眼睛卫生所引起的，因此，要注意睡眠和眼睛卫生。

5. 直愣愣的眼神

找别人办事时，环顾四周是件非常重要的事。如果你目不斜视直愣愣地朝着对方的办公桌走去，那就是没有经验的表现。应该怎么办呢？首先，要环顾一下四周，对视线能及的人（不要慌慌张张地瞪着大眼睛像找什么东西似的东张西望，而要用柔和亲切的眼神自然地环视四周），近的就走上前去打个招呼，远的就礼貌地行个注目礼。

对待任何人，即使与你的业务并无直接关系，也要诚心诚意地和他们打招呼，这样不但可以提高你的声望，而且在某些情况下他们还会给你意想不到的帮助。

另外，和很多人说话时行注目礼也是很重要的事，要一边移动视线交互看着全体人员的脸，一边说话。一般来说大家比较注意发言多的人，而往往忽视不发言的人，这就有点失礼了。对一言不发的人也要注意到，这样一来气氛就大不一样了。

总之，你要尽可能想一切办法克服上述那些不利于办事的眼神。平时你也可以将自己所喜爱的，认为极富魅力的明星照片放在随时可以看到的地方，并对他们经常观察。坐到镜子前，看看你眼睛的形状和光亮度，它们适合哪种眼神，做各种媚眼、平视、瞪眼、斜眼等动作，找到令你感觉最好的媚眼、平视、瞪眼等动作的神态并加以训练，等你习惯以后就会不自觉地运用它们。一些忧心忡忡的人或许会认为对明星神态的模仿只会出现一个令人恶心的复制品，这种看似不乏说服力的担忧实际上是杞人忧天。由于每个人所处的环境和社会经历不同，无法造就两种完全相同的气质。在你完全熟练把握某种神情时，正是出自自己的感觉而不是玛丽莲·梦露或周润发的感觉，因为这种感觉的差异，使你神情的发挥和把握显示出某种不同的个性来。

只要你加以练习，就会让自己的眼神看起来更加温柔，给人留下美好的感觉。这样就会有利于你找别人办事。

满足对方心理是求其办事最好的铺垫

中国有句俗话，叫"篱笆立靠桩，人立要靠帮"。一个人要想一生有所成就，就必须有求人办事的能力。这个话题，说起来很简单，可真正实施起来，又有多少人能轻松得手呢？我们常会听到这样的唠叨，"低三下四求人也未必求得动""软磨硬泡就算求动了人家也是不情愿，根本不会给你好好办"……

难道我们就不能让人家心甘情愿地帮忙吗？当然不是。有求于人，你必须明确，要对方帮你，唯一有效的、事半功倍的方法就是使他自己情愿。那么，我们怎样才能让他人心甘情愿地"为我所用"呢？这就需要心理技巧了。

人的需要是各不相同的，每个人都有各自的癖好与偏爱。你首先应当使自己的计划能满足别人的心理，然后你的计划才有实现的可能。

例如，说服别人最基本的要点之一，就是巧妙地诱导对方的心理或感情，以使他人就范。如果你特别强调自己的优点，企图使自己占上风，对方反而会加强防范心。所以，应该注意先点破自己的缺点或错误，使对方产生优越感。

关于这一点，曾有一个非常有趣的故事。

有一位年轻人是美国有名的矿冶工程师，毕业于美国的耶鲁大学，又在德国的佛莱堡大学拿到了硕士学位。可是当年轻人带齐了所有的文凭去找美国西部的一位大矿主求职的时候，却遇到了麻烦。原来那位大矿主是个脾气古怪又很固执的人，他自己没有文凭，所以就不相信有文凭的人，更不喜欢那些文质彬彬又专爱讲理论的工程师。当年轻人前去应聘递上文凭时，满以为老板会乐不可支，没想到大矿主很不礼貌地对年轻人说："我之所以不想用你就是因为你曾经是德国佛莱堡大学的硕士，你的脑子里装满了一大堆没有用的理论，我可不需要什么文绉绉的工程师。"聪明的年轻人听了不但没有生气，反而心平气和地回答说："假如你答应不告诉我父亲的话，我要告诉你一个秘密。"大矿主表示同意，于是年轻人对大矿主小声说："其实我在德国的佛莱堡并没有学到什

223

么，那三年就好像是稀里糊涂地混过来一样。"想不到大矿主听了却笑嘻嘻地说："好，那明天你就来上班吧。"就这样，年轻人在一个非常顽固的人面前通过了面试。

或许你觉得那个大矿主心理有问题，观念比较偏激、夸张，甚至有些滑稽，可年轻的工程师若不让矿主的"问题心理"得到满足，又怎么能让他聘请自己呢？

美国著名政治家帕金斯30岁那年就任芝加哥大学校长，有人怀疑他那么年轻是否能胜任大学校长的职位，他知道后只说了一句："一个30岁的人所知道的是那么少，需要依赖他的助手兼代理校长的地方是那么的多。"就这短短一句话，使那些原来怀疑他的人一下子就放心了。大多数人遇到了这样的情况，往往喜欢尽量表现出自己比别人强，或者努力地证明自己是有特殊才干的人，然而一个真正有能力的领袖是不会自吹自擂的，所谓"自谦则人必服，自夸则人必疑"就是这个道理。

在办事过程中，你要努力做到这点——先在心理上满足对方，这样事情就会变得简单、顺利多了。

让自己看起来像个老板，他会觉得为你办事踏实

办事时，如果你要想让别人重视自己，你就要有一些让人信任的表现。在人们的心目中，大老板总是比平民百姓容易让人信任。不管大老板出现在哪里，人们总是对他们特别信任。所以，为了使自己办起事来更为顺利你不妨做个修饰，使你自己像个大老板，你可以参考下面的做法：

1. 你要显得充满信心

为了使你显得出类拔萃，你可以常用肯定的表情，常微笑而不常皱眉，常开怀大笑而不常阴险冷笑。说话时不要吞吞吐吐，因为这让人觉得你不够坦率，欠缺潇洒。要常提对方的姓名，给人亲切感。让别人多谈自己，这是人们最喜欢的话题，对方也会因此而喜欢你。要学会尊重别人，要同情别人的困境，使别人不会难堪。要学会不嫉妒别人，显示你有宽阔的胸怀。会调侃自己

是对自己有信心的表现。平常要多运动，使你精神饱满，头脑灵活。你还要相信自己一定会成功，这样不会甘心一辈子只当个小角色。要注意服饰，例如配上鲜艳的领带，配点小装饰，都会让人觉得你很醒目。要让自己身上散发似有似无的某种清香，例如刮完胡子后，擦点润肤水。人的嗅觉是很灵敏的，而且对人的感觉影响比较大，所以你身上若散发出某种清香，可给人留下深刻印象。走路时要抬头挺胸，让你显得很自信。讲问题时可以卖卖关子，别一下捅破，让别人来问你。有条件的话学一门专长，如精通某一段历史、会演奏某种乐器等都是出众的本钱。最起码你要说话清楚，别让人觉得你老是喃喃自语，也别常带口头语。

2. 要诚恳地对待别人

你要知道，实话也会伤人。所以说实话也要讲究技巧。要信守诺言，尽量不言而无信。前提是许诺要慎重，不轻易放弃原则。要有自己的见解，若人云亦云，别人不会认为你很真诚。要平等待人，无论是谁都要给予尊重，如果你对上司百般奉承，对下属却摆出一副冷面孔，人家会怎么看你？不要装模作样，这很容易被人看穿。要以本色示人，不要怕承认缺点，敢于面对自己的弱点，最易赢得别人的信赖。

3. 不要让人觉得你正处在紧张的状态中

要克服紧张，首先要弄清自己在什么场合容易紧张，例如走进正在开会的房间，在上司面前，等等。你可以故意多到这种场合去，习以为常则见怪不怪了。或者学一套放松体操，坚持每天上床前练习，必有收效。也可以在手腕上套一根橡皮圈，感到自己又要紧张了，悄悄拉几下。

如果要克服紧张时的习惯动作，先要知道自己的习惯动作是什么。习惯动作都是无意识的，不知不觉中做出来的，所以必须留意才能察觉。还要弄清在什么情况下容易出现这种动作。然后再有意识地克服这种习惯性动作。同时克服自己的习惯性动作要有毅力，别指望长期养成的习惯一朝一夕就可以改掉。

4. 注意细节修饰

为了使自己看起来更向老板迈进一步，你还必须注意服装配饰等的细节问题。如果一套笔挺的西装，却有一个肮脏的衣领，对方一定感到不舒服。袜子也是一样，你坐着与人谈话时，脚会不自觉地伸出去或翘上来，袜子也就会暴露在人前，如果不干净、不整洁就会让人反感。

头发、牙齿、胡子也是应该经常修饰的部分。头发一定不要过长，否则就容易乱，容易脏，要按时理发，使自己的头发保持一个精神的式样。胡子要经常刮，牙齿要经常刷，口中不要有异味，尤其是出去谈判时一定不要吃有异味的食物。认真苛刻地对待自己的外表，也是你对对方的一种尊重。

如果你与对方谈判或请对方为你办某件事情的时候，衣衫不整、头发蓬乱，对方会感到不舒服，瞧不起你。对于自己的细节要时时注意，因为这些细节蕴含着丰富的内容。比如，像公文包、钢笔、笔记本、名片夹、手表、打火机等最好都要讲究些。

总之，尽可能地采取一些措施，让自己看起来像一位很有作为的老板，这样你再同别人办事时，就有了很大的把握和胜算。

以礼相待，多用敬语好求人

求人办事过程中，无论双方的地位高低，年纪大小，辈分高低，在人格上都是平等的。所以，切不可盛气凌人、自以为是、唯我独尊。谈话时，要把对方作为平等的交流对象，在心理上、用词上、语调上，体现出对对方的尊重。尽量使用礼貌语，谈到自己时要谦虚，谈到对方时要尊重。恰当地运用敬语和自谦语，不仅可以显示你的个人修养、风度和礼貌，而且有助于你把事情办成。

例如，在外出办事时，如果双方约定见面又有其他人在场，主人为你介绍时，你应当如何表示才算合乎礼节呢？一般说来，介绍时彼此微微点头，互道一声：某某先生（或小姐）您好！或称呼之后再加一句"久仰"便可以了。介绍时你还应该注意，如果你是坐着的，那你就应该站起来，互相握手。但如果相隔太远不方便握手，互相点头示意即可。随身带有名片的此时也可交换，交换时应双手奉上，并顺便说一声"请多多指教"之类的客套话。接名片时也应用双手，并礼貌地说一声"不敢当"等，自己若带着名片也应随后立刻递给对方。如果你是介绍人，介绍时就务必要做到清楚明确，不要含糊其辞。比如，介绍李先生时最好能补上一句"木子李"或介绍张先生时补一句"弓长张"等等，这样使对方听起来更明确，不容易发生误会。如果被介绍的一方或双方有一定的职务，最好能连同单位、职务一起简单介绍。像"这位是某某公司的业务经理某某同志"，这样可使对方加深印象，也可以使被介绍者感到满意。

还有，如果你外出、旅游或者初到一个陌生的地方，可能会有地址不清或对当地的风俗习惯不了解的情况，这就需要询问别人。要想使询问得到满意的答复，就要做到这样两点：

一是要找对知情人，主要是指找当地熟悉情况的人。比如，问路可以找民警、司机、邮递员、老年人等。

二是要注意询问的礼节，要针对不同的被询问者和所问问题区别对待。比如，询问老年人的年龄时可适当地说得年轻一些，而询问孩子的年龄时则应当说得大一些；询问文化程度时最好用"你是哪里毕业的""你是什么时候毕业的"等较模糊地问句等。注意询问时不要用命令性的语气，当对方不愿回答时就不要追根问底，以免引起对方不快。

此外，请求别人的帮助时，应当语气恳切。向别人提出请求，虽无须低声下气，但也绝不能居高临下，态度傲慢。无论请求别人干什么，都应当"请"字当头，即使是在自己家里，当你需要家人为你做什么事时，也应当多用"请"字。向别人提出较重大的请求时，还应当把握恰当的时机。比如，对方正在聚精会神地思考问题或操作实验，对方正遇到麻烦或心情比较沉重时，最好不要去打扰他。如果你的请求遭到别人的拒绝，也应当表示理解，而不能强人所难，更不能给人脸色看，不能让人觉得自己无礼。

适当转移话题，调动对方的谈兴

适当转移话题，调动对方的谈兴，也是求人办事过程中常用的一种方法。

比如，有些事通过直言争取对方的应允已告失败，或在自己未争取之前就已经明确了对方不肯允诺的态度，在这种情况下，就应该采取委屈隐晦、转移话题的办法了。"委屈"就是不直接出面或不直取目的，绕开对方不应允的事情，通过另外一个临时拟定的虚假目的做幌子，让对方接受，当对方进入自己设定的圈套之后，自己的真实目的也就达到了。所谓"隐晦"就是掩盖自己的真实目的，以虚掩实，让对方无从察觉。表面上好像自己没有什么企图，或者让对方感到某种企图并非始于自己，而是另外一个人。这样，对方可能就不再有戒备和有所顾虑，要办的事情处在这种无戒备和无顾虑的状态中显然要好办得多了。

委屈隐晦的最大特点就是含而不露或露而不显，在具体运用时有些小窍门需要认真领悟。

在运用这种技巧时，说话者首先要了解听者的心理和情感，这是必须掌握的说话技巧的基础。我们也只有在了解听者的心理和情感的基础上，才能正确地选择某个场合该讲什么，不该讲什么，哪些话题能够打动听众的心，能使听众产生共鸣。

人的情感源于内心世界，是捉摸不定，较难把握的。但是，在有些场合，人的内心又常通过各种方式而外露。如果我们善于观察听者的一举一动，并能据此加以分析和推测，那么，我们是基本上可以掌握听者的心理和情感的。

某中学老师悉心钻研中国古典文学，出版了一本近 20 万字的有关诗歌的书籍。该校的文学社小记者得到情况后就到这位老师家采访，让老师介绍写书经验。只见那位老师面带难色，认为只是一个专题学习，谈不上什么经验。

小记者抬头望着墙上的隶书说："老师，这隶书是您写的吧？"

老师："是的！"

小记者："那么请您谈谈隶书的特点，好吗？"

这正是老师感兴趣和愿意谈的话题，师生之间的感情交谈变得融洽起来。

这时，小记者不失时机地说："老师，您对隶书很有研究，我们以后还要请您多加指导。不过，我们现在很想听听您是怎样写成《中国诗歌发展史》这一书的。"此刻，老师深感盛情难却，也就只好加以介绍了。

由此可见，当某个话题引不起对方的兴趣时，要有针对、有选择地挑选新的话题，以激起对方的谈兴。如同运动员谈心理与竞技的关系，同外交人员谈公共关系学，两人肯定会一拍即合，谈兴大发。

值得注意的是，换题以后，劝说者还要注意在适当时机及时将话头引入正题。因为换题只是为了给谈正题打下感情基础，而非交谈的真正目的，所以，当所换之题谈兴正浓，双方感情沟通到一定程度时，劝说者就要适可而止，将话锋转入正题。

20世纪80年代，广东省某玻璃厂就玻璃生产的有关事项同国外某玻璃公司进行谈判。在谈判过程中，双方在全套设备同时引进还是部分引进的问题上发生分歧，各执一端，互不相让，使谈判陷入僵局。在这种情况下，我方玻璃厂的首席代表为了使谈判达到预定的目标，决定主动打破这个僵局。可是怎么才能使谈判出现转机呢？谈判代表思索了一会儿，带着微笑，换上一种轻松的语气，避开争执的问题，向对方说："你们公司的技术、设备和工程师都是一流的。用一流的技术、设备与我们合作，我们能够成为全国第一。这不单对我们有利，而且对你们也有利。"

对方公司的首席代表是位高级工程师，一听到称赞自己公司的技术、设备和工程技术人员，十分高兴，谈判的气氛一下子就轻松活跃起来了。我方代表看到对方表示出兴趣，则趁势将话题又一转，说道："但是，我们厂的外汇的确有限，不能将贵公司的设备全部引进。现在，我们知道，法国、比利时和日本都在跟我们北方的厂家搞合作，如果你们不尽快跟我们达成协议，不投入最先进的技术和设备，那么你们就可能失去中国的市场，人家也会笑你们公司无能。"

由于我方代表成功地奏出投其所好、开诚布公、国际竞争扭转局面的三部曲，使双方的僵持局面完全被打破。在和谐的气氛中，双方在一个新的起点上进一步讨论，最后终于达成了对我方有利的协议。

因此，当你与别人谈话陷入某种僵局时，你最好采取适当转移话题的办法，从另一个角度同对方谈话，以此调动对方的谈兴。在不知不觉中，你再把话题拉回来，顺利办成你想办之事。

反复催问，不给对方拖延之机

求人办事者，总是想尽快解决问题，可实际上，事情往往难以如愿。显然，被动等待是不行的，还须一次又一次地向对方催问。

因此，要求你说话办事要有良好的心理素质，要做到遇硬不怕，逢险不惊，要学会控制自己的感情，喜怒不形于色才行。

有一位朋友，去找别人办事，拿出烟来递给对方，对方拒绝了，他便一下子失去了托他办事的信心。这样是不行的，这样的心态什么事也办不成。俗话说，张口三分利，不给也够本，见硬就退是求人办事的大忌。有道是人在屋檐下，不得不低头，想当乞丐又不想张口，有谁会愿意主动地把好处让给你？要是真有那样的事倒要好好地研究一下他的动机了。所以我们说，要想求人应该有张厚脸皮。如上例所说，对方不要你的烟，可能是因为怕你找他办事，所以才拒绝的。但话说回来，你应该这样想才对，对方不要你的烟，并不等于你不找他去办事，尽管他用这种办法给你求他的念头降了温，但俗话说，让到是礼，你同他一直是处在同一个高度上讲话。如果你决定求人，对方一时不能合作，你不妨一而再，再而三，反复请求，反复渲染，反复强调，那么就一定会精诚所至，金石为开的。

宋朝赵普曾做过太祖、太宗两朝皇帝的宰相，他是个性格坚韧的人。在辅佐朝政时自己认定的事情，就是与皇帝意见相悖，也敢于反复地坚持。

有一次赵普向宋太祖推荐一位官吏，太祖没有允诺。赵普没有灰心，第二天上朝又向太祖提起这件事情，请太祖裁定，太祖还是没有答应。

赵普仍不死心，第三天又提出来。

赵普三天接连三次反复地提，同僚也都吃惊了，太祖这次动了气，将奏折当场撕碎扔在了地上。

但令人吃惊的是，赵普又默默无言地将那些撕碎的纸片一一拾起，回家后再仔细粘好。第四天上朝，话也不说，将粘好的奏折举过头顶立在太祖面前不动。

太祖为其所动，长叹一声，只好准奏。

平常说话办事就是不管对方答应不答应，采取不软不硬的方法，反复催问，不达目的誓不罢休。即不怕对方不高兴，在保证对方不发怒的前提下，让对方在无可奈何中答应你的要求。但使用这种方法要适度，也就是说这种方法不是让你消极地耗时间，也不是硬和人家要无赖，而是要善于采取积极的行动影响对方，感化对方，使事态向好的方向转化。

　　某工地急需一批钢筋，采购员小王接到命令后到物资部门去领，但负责此事的马处长推说工作忙，要等一个月才能提货。小王非常着急，那边工程马上就要开工了，他怎么能等一个月呢？后来他从仓库保管员那里了解到有现货，马处长之所以没有让他提货，是因为他没有"进贡"。得知这个消息，他简直气愤至极，真恨不得马上找到那个厚脸皮的马处长理论一番。

　　但他竭力控制自己的情绪，思考解决问题的办法。自己手头一无钱二无物，向那位马处长"进贡"是不可能了。可是工期拖延不得，他急得像热锅上的蚂蚁，最后他决心和那位处长大人软缠硬磨。

　　从第二天起他天天到处长办公室去，耐心地向处长恳求诉说。处长感到烦，根本就不理睬他。他就坐在一边等，一有机会就张口，面带微笑，心平气和，不吵不闹。处长急不得、火不得，劝不走也赶不跑。小王一副"坚决要把牢底坐穿"的样子，就这样一直耗着。等到"泡"到第五天，处长就坐不住了，他长吁一声："唉，我算是服你了。就照顾你这一次，提前批给你吧！"小王终于如愿以偿，高高兴兴地回去交差了。

　　上面的例子中，采购员小王通过反复催问马处长，直问得那位处长心烦意乱，招架不住，不得不让他提货。表面看来，小王是耗费了四五天的时间，但与一个月的等待时间相比，他还是争取到了更多的时间。试想，对于马处长这样的人，如果小王与他坐下来理论一番，甚至一脸怒气地去质问他，那么事情肯定会变得更糟。小王知道工期不能耽搁，也知道马处长"做贼心虚"，在这种情况下，反复催问也许是最有效的办法。

　　因此，求人办事也要掌握反复催问的方法，不给别人拖延之机，让你的事情早日办成。

"理直气壮"的理由对方更容易接受

　　求人办事也要名正言顺，要有个理由，有个说法，给个交代，或找个借口，做个解释。在求人的理由上做文章，实际上就是为自己的求人办事寻找个好借口。

人类是理性的动物，不论什么事情，都希望能给别人个说法。即使是个无赖之人，也不愿让人说自己无理取闹，他们总会有自己的"歪理"；皇帝杀臣下、除异己，也得给文武大臣个解释，真是"欲加之罪，何患无辞"，在求人办事时，我们也总要为自己找个借口。借口随处都需要，只是编造技术有好有赖。

找人办事总是要找一定理由的，但具体怎样找理由就应该多下一番功夫了。

以广告人为例，他们可以说个个都是找借口的高手，当速溶咖啡在美国首度推出时，曾有这样一段故事。咖啡公司方面本来预测这种咖啡的"简单""方便"会大受家庭主妇的欢迎。没想到事与愿违，其销售并无惊人之处。姑且不论味道问题，大概是因为"偷工减料"的印象太强的关系。因为在美国，到那时为止，咖啡一直都是必须在家里从磨豆子开始做起的饮料，只要注入热水就能冲出一大杯咖啡来，怎么看都太过便宜了。

所以，厂商便从"简单""方便"的正面直接宣传，改为强调"可以有效利用节省下来的时间"的广告战略——"请把节省下来的时间，用在丈夫、孩子的身上"。

这种改变形象的做法，去除了身为使用者的主妇们所谓"对省事的东西趋之若鹜"的内疚。因为"我使用速成食品，一点也不是为了自己享乐，而是因为可以把节省下来的时间用到家人身上"。此后，销售量年年急速上升，自是不在话下。

人都是这样，办事情讲究名正言顺，你给他一个名，他是很乐于做些事情的，尤其是事情对自己有利的时候。实际上，嗜酒者从不主动要求喝酒，却以"只有你想喝，我陪你喝"，或者"我奉陪到底""舍命陪君子"这类借口来达到心愿，表面上既不积极，也不干脆。

如果你想在交际中如鱼得水，就一定要擅长这方面，即在办某件事时总要找个理由作为依托，这样才算圆满。而且在这种理由的掩盖下，即使他知道自己的责任，也会一味推卸。利用人们的这种心理，先替对方准备好借口，对方就不会再推辞。比如，送礼给人时，先要说："你对我太照顾了，不知如何感激，这是我一点小意思，请您接受。"由于有了借口，所以对方减少了内疚意识，定会欣然接受礼物。

总之，在求人办事时，先在理由上做足文章，为办事找个台阶。

不好意思直接开口求人，可借他人之口

有事情想求别人帮忙，但由于很多原因，你又不好直接开口说，这种情况下，你不妨借别人的口，说自己的话。事实证明，这是求人办事的一个重要的技巧。难堪的事经由"我听人说"一打扮，就变得不再尴尬；有风险的话，通过别人传过去，便有了进退的余地；不想或不便直接面对的人，也可经第三者从中周旋，穿针引线，解决问题。有这样一个例子。

一个推销百叶窗帘的推销员偶然得到一条消息：某公司要安装百叶窗帘，而且其经理和某局长又是老相识。这位推销员灵机一动，就想出了一个接近对方的好办法。于是他便打听到这位经理的所住之处，然后提着一袋水果前去拜访。在彼此都介绍之后，推销员这样说道："这次能找到您的门，实在是多亏了刘局长的介绍，他还请我替他向您问好呢……"

"说实话，第一次与您见面就十分高兴……听刘局长说，你们公司现在还没有装百叶窗帘……"

第二天，百叶窗帘一事自然就成交了。这位推销员的高明之处就是他有意地撇开自己，借"刘局长介绍"，来说出自己的目的，这种很巧妙地借他人之力的方法，让对方很快就接受了他的请求。

社会本来就纷繁复杂，虚虚实实、真真假假，谁又能去时刻提高警惕辨别真假呢？因此这就为那些懂得留心的人创造了绝佳的机会。

某天下午，李刚来到他的一个朋友的朋友家中，并且还带来了朋友的一封介绍信。他们彼此一番寒暄客套之后，李刚接着说："此次真是幸会啊，因为我们赵科长极为敬佩您的才华，叮嘱我若拜访您，务必请您在这本书上签下名……"边说边从公文包里取出这位朋友最近出版的一本新书，于是这位朋友

不由自主地便信任起李刚来。

在这里，赵科长的仰慕和签名的要求只不过是一个借口，李刚的目的是想对这位朋友进行恭维，使他高兴。

而李刚使用这种巧妙的方法有意撇开自己，用"我的上司是您的忠实读者"这种借他人之口，传自己之意的方法，就比"我崇拜您"来得更巧妙、更有效，同时，又不显露出自己的故意谄媚，因此，更容易使人接受。尤为高超的是，他已将这位朋友的书提前准备好了。

像这种求人的高明手段，确实是让人难以招架，更不失为一个求人办事的好方法。

对于两个素不相识，陌路相逢的人来说，你求他办事的原因是你与他是朋友的朋友、亲戚的亲戚，显然这是十分牵强的。但是，一般人是不会不给朋友面子，也不至于让你吃闭门羹的。而这个方法是你求人的一条捷径。

在求人的时候通过第三者的话，来传达自己的心情与愿望，这在求人过程中也是一件很正常的事情。有时人们会不自觉地发挥这一技巧。比如说："我听同学王林说，你是个特别热心的人，求你办事准错不了……"但是要当心，这种话不能说得太离谱了，不然就有可能会闹出笑话。必要的时候最好是事先做一些调查和研究。

比如，为了事先了解对方，可向他人打听有关对方的情况。第三者提供的情况是很重要的，尤其是与被求者的初次会面有重大意义时，更应该尽可能多地收集对方的资料。但是，对于第三者提供的情况，也不能全套照搬，还要根据需要有所取舍，配合自己的临场观察、切身体验灵活引用。同时，还必须切实弄清这个第三者与被求者之间的关系。这一点非常重要，不然说不定效果适得其反。

激起对方同情心，打动他易成事

大多数人都具有同情心，即使铁石心肠的人也不例外。同情能够加强别人对你的理解，因此求人办事不妨利用一下别人的同情心。

在很多时候，用感情打动别人，激起别人的同情心，比一味滔滔不绝地讲大道理会更有效果。

一位遭人欺凌的受害者在向某领导告状时十分冲动，口出狂言、污语，使得这位领导很反感，因而，问题迟迟没有得到解决。后来，此人绝望了，痛苦不堪，几欲轻生，反倒引起了这位领导的同情与重视。

当然，这并不是说，凡告状者都要摆出一副可怜兮兮的样子。而是说，告状者在请求解决问题时，应该调动听者的同情心，使听者首先从感情上与你靠近，产生共鸣，这就为你问题的解决打下了基础。人心都是肉长的，只要你将受害的情况和你内心的痛苦如实地说出来，处理者都是会动心的。

同情心可以促进当权者对受害人的理解，但这并不等于说处理者马上就会下定处理的决心。因为处理者要考虑多方面的情况，有时会处于犹豫之中，甚至会抱着多一事不如少一事的态度，不想过问。这时候，当事人就得努力激发处理者的责任感，要使处理者知道，这是在他职责范围以内的事，他有责任处理此事，而且能够处理好此事。

一天，一位老妇人向正在律师事务所办公的林肯律师哭诉她的不幸遭遇。原来，她是位孤寡老人，丈夫在独立战争中为国捐躯，她只能靠抚恤金维持生活。可前不久，抚恤金出纳员勒索她，要她交一笔手续费才可领取抚恤金，而这笔手续费却是抚恤金的一半。林肯听后十分气愤，决定免费为老妇人打官司。

法院开庭后，由于出纳员原来是口头勒索的，没有留下任何凭据，因而指责原告无中生有，形势对林肯极为不利。但他仍旧十分沉着和坚定，他眼含着泪花，回顾了英帝国主义对殖民地人民的压迫，爱国志士如何奋起反抗，如何忍饥挨饿地在冰雪中战斗，为了美国的独立而抛头颅洒热血的历史。

最后，他说："现在，一切都成为过去。1776年的英雄，早已长眠地下，可是他们那衰老而又可怜的夫人，就在我们面前，要求申诉。这位老妇人从前也是位美丽的少女，曾与丈夫有过幸福的生活。不过，现在她已失去了一切，变得贫困无靠。然而，某些人还要勒索她那一点微不足道的抚恤金，有良心吗？她无依无靠，不得不向我们请求保护时，试问，我们能熟视无睹吗？"

法庭里充满哭泣声，法官的眼圈也发红了，被告的良心也被唤醒，再也不矢口否认了。法庭最后通过了保护烈士遗孀不受勒索的判决。

没有证据的官司很难打赢，然而林肯成功了。这应归功于他的情绪感染，激起了听众及被告的同情心，达到了理智与情绪的有机统一，收到了征服人心的效果。

没话的时候要找话说，制造融洽氛围

在办事过程中，与人谈话时要善于寻找话题，也就是要学会没话找话说的本领。

所谓"找话"就是"找话题"。写文章，有了个好题目，往往会文思泉涌，一挥而就；交谈，有了好话题，就能使谈话融洽自如。好话题，是初步交谈的媒介、深入细谈的基础、纵情畅谈的开端。好话题的标准是：至少有一方熟悉，能谈；大家感兴趣，爱谈；有展开探讨的余地，好谈。

但值得注意的是，那种不分场合地说三道四或不分形势地东拉西扯、没话找话是十分让人反感的，势必令人不愉快。但事无绝对，求人办事时，如果掌握住一定的原则，没话找话说一样能够融洽气氛。这两条原则如下：

1. 兴趣原则

你找别人办事有时需要从一个话题入手，这种时候自己感兴趣而对方不感兴趣的话题应该少谈或不谈。比如对方对足球既不爱好，又不感兴趣，你却滔滔不绝说得津津有味，他不仅插不进话，相反让他感到厌恶；对方感兴趣而自己不感兴趣的话题，应该适时暗示，可以利用对方谈话中的基本内容，把话题顺势转移开去，也可以借用对方谈话中的某个细节，把话题转移到别的内容上去。对于双方都有兴趣的话题，则不应轻易偏离，要相互补充、相互渗透。

2. 注意相似因素

人们都喜欢同在某方面或多方面与自己相似的人说话。比如，你在外地碰到同一地域的人，你操家乡口音，对方会感到亲切，因为文化背景相同。在年龄上，老年人爱与老年人做伴，青年人爱与青年人交往，这是由于年龄相似，彼此的兴趣爱好和节奏都容易协调。如果你与所要交谈的对象年龄上差距过大，作为主动者，你应力求找出与对方年龄结构相符合的话题。与社会地位与经济条件不如自己的人交谈，千万不能闭口摆架子，张口摆阔气，否则，势必使对方产生逆反心理和不满情绪，出现话不投机半句多的局面。

人类学家沙勃说过："社会是人际关系的联络网，主要靠沟通活动来维持。"人不可能时时处处都置身于熟人圈中，应该认识到，一个人在熟人圈里需要交际，在陌生的环境中更需要沟通。像上述场合之中，"没话找话"既能避免冷场，使气氛和谐，更能使生人变熟人、路人变朋友。

当然这种初次交往中的没话找话，又必须找得准确，说得得体，说得有情感。白居易说："感人心者莫先乎情。"与人交谈，要使"快者掀髯，愤者扼腕，悲者掩泣，羡者色飞"，唯有炽热的感情。倘若你自身对所谈的内容缺乏热情，语气显得冷漠，无动于衷，你又怎能感染对方，激起对方心灵的共振呢？

此外，和陌生人成为朋友，是锻炼没话找话说的好途径，是扩大横向联系的机会，是求知学习的好渠道，这不失为提高办事能力的好办法。

求人办事，最好找对方心情好的时候

办任何事情都应有轻重缓急之分，有的事发生后，必须马上处理，延误了时间就可能与预期目标相悖离，或是财产损失加大，或是身家性命有危。但是有些人际关系的处理，发生之时立即解决，可能会火上浇油，使事态发展愈严重，而冷却几日，使当事人恢复理智以后再处理，就可能会大事化小，小事化了。所以，在办事过程中，处理事情，就要掌握好火候，这对事情的成败至关重要。

像我们都熟知的"将相和"的历史故事，如果蔺相如在廉颇正气势汹汹时，去找他解释，与他理论，即使和颜悦色、平心静气，廉颇也可能一句也听不进去。这样不但不利于解决矛盾，反而极有可能引起新的冲突，使事态严重，对彼此双方更为不利。

为掌握解决冲突的"火候"，有人找到了一种"10%法"，即事情发生后，再等10%的时间。这10%的时间，你的朋友或对方，会因说出的话，办过的事向你道歉；这 10% 的时间，也使你的头脑更清醒，而不至于在盛怒之下失去控制。

受到别人的伤害，我们很可能暴跳如雷、怒发冲冠，与其如此，不如暂且迫使自己先冷静下来，然后再去想应当怎样对待，要知道大多数人不是有意要伤害我们的。

事实上，我们永远也无法避免受伤害，它是我们生活的一部分。既然如此，何必忧之恨之？除此之外，要想别人不伤害你，还要时刻想到不要伤害别人，只有这样，才能活得轻松，活得愉快，也只有这样，你才能找到为你办事的人。

需要我们立马做的事就是最重要、最紧急的事，来不得任何拖延。做完了一件事后又可依此方法对下面的事进行分类。那么我们依据什么来分清轻重缓急，设定优先顺序呢？

善于办事的高手都是以分清主次的办法来统筹时间，把时间用在最有"生产力"的地方。

面对每天大大小小、纷繁复杂的事情，如何分清主次，把时间用在最有生产力的地方呢？下面是三个判断标准：

1. 我必须做什么

这有两层意思：是否必须做；是否必须由我做。非做不可，但并非一定要亲自做的事情，可以委派别人去做，自己只负责督促。

2. 什么能给我最高回报

应该用80%的时间做能带来最高回报的事情，而用20%的时间做其他事情。所谓"最高回报"的事情，即是符合"目标要求"或自己会比别人干得更高效的事情。

前些年，日本大多数企业家还把下班后加班加点的人视为最好的员工，如今却不一定了。他们认为一个员工靠加班加点来完成工作，说明他很可能不具备在规定时间内完成任务的能力，工作效率低下。社会只承认有效劳动。

因此，勤奋 = 效率 = 成绩 / 时间

勤奋已经不是时间长的代名词，勤奋是最少的时间内完成最多的目标。

3. 什么能给自己最大的满足感

最高回报的事情，并非都能给自己最大的满足感，均衡才有和谐满足。因

此，无论你地位如何，总需要分配时间于令人满足和快乐的事情，唯有如此，工作才是有趣的，并易保持工作的热情。

通过以上"三层过滤"，事情的轻重缓急就很清楚了，然后，以重要性优先排序（注意，人们总有不按重要性顺序办事的倾向），并坚持按这个原则去做，你将会发现，再没有其他办法比按重要性办事更能有效利用时间了。

练习分清事情的轻重缓急，逐步学习安排整块与零散时间，不要避重就轻。事情肯定会有轻重缓急，先集中时间，把最重要的先完成，不重要的拖拉了自己也不后怕。利用好零散的时间做事，可以在不知不觉中完成烦琐的杂务，这一步最重要的是不要怕办难办的事。

总之，只有在办事时把握住处理的火候，才能在短时间内把事情办得又快又好。

第 15 章

职场有道，锦绣前程要靠点滴运筹

应对面试官，要根据其性格特点从容施策

在战争中，知己知彼是百战百胜的保障。面试也是如此，作为应聘者，只有了解了面试官的性格，才能把公关做得恰到好处，使自己获得成功。

一般来讲，面试官分为以下几种表现形式，你可以根据不同情况见招拆招，方可从容应对。

1. 性格外向型特点

充满活力；善谈，肢体语言丰富，富有感染力；表里如一，想到什么就说什么。

对策：随他去说，你只要做个好听众，面带微笑，频频点头，心领神会；可以温和平静，可以大笑，可以做惊讶状，可以做陶醉状，一言以蔽之，要随机应变。

2. 性格内向型特点

外表冷峻，不喜形于色；不善言谈，几乎无任何肢体语言；喜欢沉思默想，而后出言表达。

对策：时而提问，时而倾听；不要打断他的谈话，要有耐心，给他时间去沉思默想。

3. 性格感应型特点

语言简洁精练，直述其意；无想象力，求实际，重事实。

对策：直接切入正题；问一句答一句，有理有据，不要夸夸其谈；直接阐述你的实际工作经验，最好引述一两例成功案例。

4. 性格直觉型特点

谈话高深莫测，喜用修辞和成语；无论其谈吐和表情都给人以模糊、含混的感觉。

对策：尽力保持谈话不要间断，亦可以引用成语和典故；要表现出你的创造性；强调你已经领悟了他高深莫测的寓意。

5. 貌如思想家型特点

富有严密的逻辑思维能力，善用分析和推理；性格敦厚。

对策：回答问题时，你也要逻辑严密；与他的观点和立身之道保持一致；表现出你也是公正无私、敦厚之人。

6. 敏感试探型特点

友好，温和；善解人意，富有同情心；善用外交手腕，处事圆滑。

对策：要温和，平稳；表现出你的热情助人行为，以及你的通情达理和为他人着想的美德；表现出你协调组织和善于沟通不同人之间关系的能力。

7. 貌如审判官型特点

非常严肃和冷静；具有决定性和组织的权威之感；凌驾于你的 IQ 和 EQ 之上，任意判断，独断专行。

对策：要有充分准备，做乖乖状且随机应变；谦虚谨慎，多向他征求意见；服从组织安排，要有"叫干啥就干啥"的精神。

8. 貌如观察家型特点

活泼开朗，善用游戏等方式测试候选人；好奇心强；想法随意，大有天马行空之势。

对策：要热烈响应他的任何提议，积极参与协助对你的各种测试；时刻期待着回答他对你提出的各种问题，但要有选择地回答；不要勉强做出评价和表达自己的意思。

把你的功劳让给上司，上司会对你奖励更多

汉代有一位能干的官吏，安民有方，平息了大灾害后的暴动。他鼓励人民垦田种桑、重建家园。经过几年治理，当地社会稳定，百姓安居乐业，这位官吏得到了人民极大的拥戴，名声响彻朝野。

皇帝突然在此时召他还朝，临行前，他座下的一位谋士突然前来求见，问他："天子如果问大人如何治理地方，大人打算怎么回答？"这位官吏坦然地回答："我会说任用贤才，使人各尽其能，严格执法，赏罚分明。"谋士连连摇头道："非也非也，此话将陷大人于不利，在天子心中，大人声名已经过于显赫了，再自夸其功，后果不堪设想。"官员心中一惊，"功高震主"的人往往没有好下场，这样的教训已经够多了。

于是在皇帝召见时，官吏一再推辞奖赏，只说"都是天子的神灵威武感化所致"，皇帝果然龙颜大悦，将他留在身边，委以显要的官职。

这个故事深刻地阐释了"做下级的，最忌自以为有功便忘了上司"这样一个道理。

古今中外许多事实证明，功高震主之时，往往也是失宠之日。不在乎被比下去、重视人才、超凡脱俗的上司毕竟是凤毛麟角，在大多数人的心中，都或多或少藏着"嫉妒"的鬼火，一旦你的光芒太过耀眼，你的功劳太过卓著，上司在你身边，便会觉得自己黯淡无光，更会有地位被你动摇的联想，他们会很自然地将你视为竞争对手、心腹大患，而你在不知不觉中，就已面临着一场灾难。

在这个以自我为中心的社会中，如果有人肯大方利落地将功劳让给别人，受到礼让的人一定会大为吃惊，继而心生感激，常常会产生"我欠了此人一份人情"的想法，对此人更是好感大增。

不居功自傲不仅仅可以在上司心中留下美好的印象，更深层次的意义是能使你的人格变得更伟大。将自己用辛勤和汗水换来的功劳拱手相让，这本身就需要具备很深的修养。但是，也只有这种气量很大，不斤斤计较得失的人才能

真正打动上司，他总有一天会设法偿还这笔人情债。当然，在他的帮助下，你也不会缺少再次建功的机会。只是有一点需要注意，礼让功劳的事绝对不能作为个人资本到处宣传，否则，让功的收益率便会下降为零，甚至适得其反，你在上司眼中会成为彻头彻尾的小人。

记住永远不要让你的光芒遮盖了你的上司。具体来说是切勿冒犯上司，不抢上司的风头；做事情把握分寸，要到位而不要越位，总是比上司矮一截，任何情况下不让上司觉得你是对他有威胁的。能够做到这些，你自然就能够在陷阱重重的权利森林中得以自保，进而提升自我，获得事业的成功。

不争小利、夸大困难，向上司邀功请赏不会遭反感

职场上，很多人努力工作后，"领赏"时却发现"酬劳"远不如"付出"，但碍于颜面和心理因素的影响，又不敢向上司邀功请赏。其实，不必有此疑虑。因为掌握了技巧，向上司邀功请赏并不会遭到对方的反感。

王翦是秦始皇手下战功赫赫的大将，他协助秦始皇消灭赵王，赶走燕王，并击破楚军，但秦始皇对他仍疑心很大，怕他功高震主，所以在攻打楚军时有意重用李信将军，于是王翦称病告老还乡。

但李信在与楚军交战时受挫，秦始皇只好放下架子到王翦面前谢罪并请他出山。

王翦心里很清楚秦始皇必定对自己放心不下，于是在出发前，向秦始皇请求大量田宅园池。秦始皇问："将军就要走了，为什么忧虑贫穷呢？"王翦说："作为君王的将军，即使有功也不能封侯，因此趁君王信任、重用和偏向我时，我要及时请求点好处来为子孙造福。"

秦始皇听完王翦的话后开怀大笑，放心多了。此后王翦又五次派人回都请求良田，时人以为王翦的请求太过分了。

王翦却深谋远虑地说："不然，秦王粗鄙而不信人，现在倾全秦国的士兵而委任于我一人，我不多求田宅为子孙谋基业来巩固自己，反而让秦王因此而怀疑我吗？"

身处职场的人，也应该学会这招，在适当的时机跟你的老板"邀功请赏"。调查表明，很多老板在交代重要任务时常常利用承诺作为一种激励手段，对你而言这既是压力又是动力，对老板来说心理上也感到踏实、稳定，因为他坚信"重赏之下，必有勇夫"。

假如老板在交代任务时忘记了承诺，或不好做出承诺，你应该提前要求你应该得到的，这绝不是什么趁火打劫，老板也容易接受。

当然，"邀功请赏"也要把握好分寸，不能让自己"太吃亏了"，也不能要求太多，引起老板的反感。以下两点可供参考：

第一，不争小利。

不为蝇头小利而生气，要具有宽广胸怀、大将风度，在老板心目中形成"甘于吃亏""会吃亏"的好印象，在小利上坚持以忍让为先。

第二，夸大困难，允许老板打折扣。

有时你把困难说小了，老板可能给你记功小，给你的好处也少。因此，要学会充分"发掘"困难，善于向老板表露困难，要求利益时可以放得大些，比你实际想得到的多一些，给老板一些"余地"。

此外，在请赏过程中，一定要按"值"论价，等价交换。假如你拉到10万元赞助费或为单位创利100万元，你要按事先谈好的"提成"比例索取报酬，不能扩大要求，也不要让老板削减对你的奖励。

把上司的想法看在眼里，妥善进退

一个善于察言观色的员工，一定善解人意，机灵乖巧，能了解上司在想什么、需要什么，什么事情都逃不过他的眼睛。这是一种沟通上的优势，有了这种优势，可以洞察先机，知道上司的想法，觉察上司心中的取向，在心里有所准备；也可以根据上司的反应，妥善安排自己的进退应对，把话说在适当时机。这样的沟通，一切都掌控在自己的手中，你在办公室中就会一帆风顺，万事顺利了。

李续宾是曾国藩手下善于揣测其意图的爱将。一天，曾国藩召集众将开会，谈到当时的军事形势时说："诸位都知道，洪秀全是从长江上游东下而占据江宁的，故江宁上游乃其气运之所在。现在湖北、江西均为我收复，仅存皖省，若皖省克复……"

此时，李续宾早已明白曾国藩的意图，趁势插口道："您的意思，是要我们进兵安徽？"

"对！"曾国藩以赞赏的目光看了李续宾一眼："续宾说得很对，看来你平日对此已有思考。为将者，踏营攻寨计算路程尚在其次，重要的是要胸有全局，规划宏远，这才是大将之才。续宾在这点上，比诸位要略胜一筹。"

李续宾一句话赢得了这么高的赞扬，实在是高明之举。由此可见，适当的察言观色，适当的说话技巧能让你更有可能在职场里出类拔萃。

以下的办公室常用句型，不但能帮你化危机为转机，更可以让你成为上司眼中的得力助手。

1. 传递坏消息时

句型："我们似乎碰到一些状况……"

你刚刚才得知，一件非常重要的工作出了问题，此时，你应该以不带情绪起伏的声调，从容不迫地说出本句型，千万别慌慌张张，也别使用"问题"或"麻烦"等字眼，要让上司觉得事情并非无法解决。

2. 被传唤时

句型："我马上处理。"

冷静、迅速地做出这样的回答，会令上司直觉地认为你是有效率、听话的好部属。

3. 闪避你不知道的事时

句型："让我再认真地想一想，三点以前给你答复好吗？"

当领导问了你某个与业务有关的问题，而你不知该如何作答时，千万不可以说"不知道"，可利用本句型暂渡危机，不过事后可将功课做足，按时交出你的答复。

与同事交往，使其在领导面前替你说话

在每个组织、单位里，都有一些业绩出色、能力特别优秀的人，也有与领导关系密切的人，领导一般会通过他们来了解下属的情况。如果与单位里的那几位"关键"的同事处好关系，使他在关键时刻替你说上几句好话，或许比你努力表现自己更加有效。

小齐与郑浩同在市教育局教研股工作。郑浩到教育局已经有7年的时间了，上上下下人缘不错，也深受教研股长的器重，凡事都同他商量。小齐从学校毕业一年有余，与郑浩是校友，在课题研究上，具有互补性，两个人关系也不错。

后来，根据国务院有关精神，市教育局也开始精简机构，其中教研股也在精简之列。一天，小齐约郑浩出去喝酒。席间，小齐探问精简的虚实，并请郑浩帮助一下，郑浩心领神会。

教研股长同郑浩探讨人员调配，当谈到小齐时说道："小齐人倒不错，只是太年轻了点，我考虑将他另调别处……"随后对郑浩说："你在咱们教研股虽然岁数不大，但是经验丰富，我的安排对你研究的课题有无影响，我想听听你的意见。"此时，郑浩正在研究"小学生游戏与心理健康的关系"这一课题，教育局想把它作为一项科研成果向上级申请。郑浩说道："课题研究进展工作比较顺利，咱们股的这些人都参与了，但是相对于心理学这一部分，真正明白的人并不是很多。小齐恰恰弥补了我们这方面的不足，从我自己的角度考虑，最好不要这样安排，如果确有困难，能否延缓几个月？""让我再考虑一下吧。"股长无奈地说道。最后，小齐留了下来。

这个案例说明，通过同事与领导间接沟通，既免除了表功之嫌，又能够得到较好的效果。

所以，在平时的交往中要注意与同事之间的交往，建立较为密切的关系。有的同事并不愿意或根本想不到做这种顺水人情。适当地提醒是必要的，不一定非要明确说明，借着酒席宴上，半真半假地说："老兄你可是某某的红人儿，还希望在领导面前美言几句。"

不过，值得注意的是，同事的好话一般在小事上能够起到作用，但对于大的事情，不可全部寄托于同事，同事可以起到铺垫的作用，具体运作还要靠自己去努力。

读懂不同类型的同事，才能制造融洽气氛

一个公司就是一个社会的缩影，各种性格的人在一个公司里都有可能遇上，有些还是工作当中无可避免的麻烦人物。面对不同性格类型的人，如何调动他们，使大家相处融洽，促进工作顺利进展呢？

1. 推卸责任的人

对那些习惯推卸工作职责的同事，在请他们协助工作时，目标必须明确，时间、内容等要求要讲清楚，甚至白纸黑字写下来，以此为证据。不为他们所提出的借口而动摇，温和地坚持原来的决议，表达你知道工作有困难性，但还是需要在一定范围内完成的期望。

如果他们试图把过错推给别人，不要被他们搪塞过去，你只需坚定说明那是另一回事，现在要解决的是如何达成原定的目标。如果他们真的遇到问题，除非真有必要，你不用主动帮他们解决，防止养成他们继续对你使用这招以摆脱工作的习惯。

2. 过于敏感的人

一些同事生性敏感，应尽量避免在其他人面前对他们做出可能冒犯的评语，要批评请私底下讲。即使像"有点""可能""不太"这类有所保留的语气，都会让他们心乱如麻，因此在批评时尽量客观公正，慎选你的用词，指出事实就好。尤其要让他们了解你只是针对事情本身提出意见，而不是在对他们做人身攻击。

针对他们过度的反应，你不要也跟着乱了手脚急于辩解，那可能会愈描愈黑，只要重申事情本身就好。提出意见时也同时指出他们的优点，以及表现出色的地方，以建立他们的自信心。

3. 喜欢抱怨的人

他们之所以抱怨，是因为他们在意事情的发展。如果抱怨的内容跟你负

责的业务有关，最好能立即做出响应或改善；如果他们抱怨的是无关紧要的琐事，听听就算了，也不需要动气反驳。遇到问题时，问问他们觉得最好的解决方法是什么，怎么样才能避免问题再度发生，将他们的力气引导到解决问题上。

4. 悲观的人

脸上总带有悲观情绪的同事害怕失败，不愿意冒险，所以会以负面的意见阻止工作、环境上的改变。你不妨问问他们认为改变后最坏的结果是什么，事先准备好应对的方法。

与悲观的同事合作时，告诉他们如果失败的话是整个团队的责任，而不会光责怪他们，解除他们的心理压力，他们就不会在一旁唠叨。

5. 喜怒无常的人

有些同事属于黏质型的，容易喜怒无常。当他们表现出喜怒无常的行为时，不要回应他们无理的行为，找个借口离开现场，等他们冷静一点再回来。面对他们的情绪失控，不要也被撩起情绪，应以冷静、客观的态度响应，陈述事实即可，不需辩解。一旦他们恢复理智，要乐于倾听他们的谈话。万一他们中途又开始"抓狂"，就立即停止对话。

6. 沉默的人

办公室里总有一些不善说话、只会默默工作的同事。在与他们说话时不能语带威胁，要不带情绪并放低姿态。

花时间与他们一起将每个工作步骤写成白纸黑字，了解彼此对工作的认知。尽量让他们做自己分内的工作就好。

尽量多问一些开放性的问题，鼓励他们说话，如果他们一时无话可说就耐心等待，给他们时间思考，不用对彼此之间的沉默觉得不自在。称赞他们的成就，以符合他们需求的方式鼓励他们。

7. 固执的人

对待这样的同事，仅靠你的三寸不烂之舌是难以说服他的，你不妨单刀直入，把他工作和生活中某些错误的做法一一列举出来，再结合眼下需要解决的问题提醒他将会产生什么严重后果。这样一来，他即使当面抗拒你，内心也会开始动摇，怀疑起自己决定的正确性。这时，你趁机摆出自己的观点，动之以情，晓之以理，那么，他接受的可能性就大多了。

8. 轻狂高傲型

对轻狂高傲的同事，你根本用不着与之计较，他喜欢吹嘘自己，那就由他去吧。就是他贬低了你，你也不要去与他们较量，更不要低三下四，你只需长话短说，把需要交代的事情简明交代完即可。

所以，在公司里，面对不同类型的同事，要把握他们各自的性格特点，积极调动，营造一个和谐融洽的工作氛围。

同事争功，用不伤和气的方式捍卫自己

你是否有过以下的经历？一天，一位与你熟稔的同事向你提出建议，一起合作帮助上司整理历年来的开会资料记录，虽然此举会增加工作负担，却不失为一个表现的好机会，可以博取升职与加薪。你对于这样的提议大表欢迎，甘愿每天加班完成额外的工作，甚至没有发出丝毫怨言。可是，你怎样也想不到，对方竟然把全部功劳归为己有，在上司面前邀功，结果他获得上司的提拔，使你又惊又怒。

一开始，你还不太在意，渐渐连其他同事也看不过眼，谣言开始满天飞，令你再也难以忍受这一切。

这时候如果你公开地表示不满，只会把事弄坏，给某些不怀好意的人以更多挑拨离间的机会，得不偿失。

你向上司或老板投诉以表明态度也不是妙法，这样容易变成"打小报告"，人家只会以为你"争宠""妒才"，甚至是"恶人先告状"，无端留下坏印象，错上加错。

对自己做出的成绩，除非你打算继续坐冷板凳，蹲在角落里顾影自怜，否则，每当做完自认为圆满的工作，要记得向上司、同事报告，别怕人看见你的光亮；当有人来抢夺属于你的功劳时，也要坚决捍卫。

一般来说，你可以选择这样的方式来捍卫自己的这些成果：

1. 想法和创意提前提出

很多时候，你在不经意间提到的想法和创意很可能被你的同事拿去用了。

一旦等他们用后再和上司去说,估计就迟了。所以,一定要注意,有什么好的想法和创意,一定不要随便说出,先想好了,有了十足的把握就去和上司谈。

2. 用短信澄清事实

当然,首先短信不能有任何坏的影响,短信内容一定不能让对方产生不悦。写短信的主要目的是要委婉地提醒一下对方,自己当初随便提出的想法,是怎样演变到今天这个令人欣喜的样子的。在短信中适当的地方,你可以写上有关的日期、标题,可以引用任何现存书面证据。

在短信的最后要建议进行一次面对面的讨论,这是很重要的,这能让你有机会再次含蓄地加强一下你的真正意思——这主意是你想出来的。

3. 不着急和他人夺功

不着急和他人争功,并不是不争,而是要找准时机,想好怎样安排自己的语言。

在做出决定时,要考虑打这场"官司"得花费多少精力。如果你正在准备一次重要的提升,或者证明"所有权"只能使你疲惫不堪,再或者也许还会让你的上级生气,让他们纳闷你为什么不能用这个时间来做点更有意义的事情,在这些情况下退出争夺战显然是上上之策。

赢得同事好感四法宝:自然、关怀、宽容、大方

同事是我们用一天近 1/3 的时间来相处的人,无疑和我们的工作、事业乃至生活的快乐幸福都有密切的关系,是对我们影响最深的一个群体。那么,走在职场,如何赢得同事的好感呢?

1. 顺其自然,不要虚假

工作时间是你和同事相处、争取早日融入同事圈子的最好机会,你和同事之间,本来没有什么牢不可破的障碍,只不过因为陌生,或者仅仅因为你自己内心设置的屏障,所以使你感觉到他们的排挤,实际上未必是事实。工作过程中的每一个平实的日子都是你和同事们相处的最好机会,只要你有耐心,和同事们打成一片不过只是时间问题而已。

需要注意的是:你千万不要为了尽快融入同事圈子,而刻意改变自己去适

应别人。比如在言语和行为上故意迎合同事，心底里挺冷淡，而表面上却装成极热情的样子……这样是没有必要的，一旦他们看出你的虚伪，反而会鄙弃你的为人，倒不利于你融入集体之中了。

除了工作时间，业余时间也是你尽快融入团体做努力的好时机，休息日或假日你可以动动脑筋举办一些有趣的聚会，或者真诚邀请同一办公室的同事去你家里玩，你亲自做上几道拿手好菜……这都是沟通思想和交流的好方法。

另外，单位集体旅游或者度假时，尽可能地活跃起来，真实地显现你的个性，真诚地表示你的热心。一定不要独来独往，冷漠孤僻，那样会让同事们觉得你很难接触。

2. 细心关怀、体贴同事

不要怕主动表达你的关爱，只要你是真心诚意的。比如去收发室取报纸时，顺便就把楼上几个办公室同事的信和报刊都带上去送给他们；比如哪位同事工作忙，中午加班，你就主动帮他买午餐等。即便同事不需要你的帮忙，你的心意他也是会领受的。这样，你随时细心地体察同事的需求，时时抱着善意和助人的心态，那么同事圈子就一定会很快地认同和接受你的。

3. 要宽容，要满足

你永远不必希望一个团体里的每一个人都认同和接受你，因为人的性情总是多种多样的，你只需要被大多数人接纳和认可就足够了。所以面对个别人的排拒和冷漠你要宽容，认定它是一种正常现象，并且对他一样地微笑和处事，至于他对你的态度如何你完全没有必要计较。当你已经被一个圈子里的大多数人所接纳和欣赏时，你就已经是融入这个群体之中了，你要学会满足。如果你一直紧张，甚至有所抱怨，那么你就算易于融入人群，也不会长久合群，因为人们总是欢迎那些给他们带来快乐的人，而不是带来尴尬和压抑的人。

4. 对同事大方一些

为人太吝啬不好，有时候适当地大方一点，你的恩惠就会让人铭记于心。

当然，对同事大方一点，并非是让你为了讨好他人，为了赢得同事的好感，而不顾自身经济条件，大把花钱去买"人缘"，只是在适当的时候，略施恩惠即可。这样，既不会花太多的钱，又能赢得好人缘，你何乐而不为呢？

无论如何，要赢得别人的好感，怀着一颗真诚的心是最重要的。在一些细节上关心、体贴同事，宽容、大方地与之相处，同事一定会对你产生好感并乐于与你相处。

化解同事敌意，要积极主动和好

同事与你在一个单位中工作，几乎日日见面，彼此之间免不了会有各种各样鸡毛蒜皮的事情发生，各人的性格、脾气禀性、优点和缺点也暴露得比较明显，尤其每个人行为上的缺点和性格上的弱点暴露得多了，会引出各种各样的瓜葛、冲突。这些瓜葛和冲突有些是表面的，有些是背地里的，有些是公开的，有些是隐蔽的，种种的不愉快交织在一起，便会引发各种矛盾。

同事之间有了矛盾并不可怕，只要我们能够面对现实，积极采取措施去化解矛盾，同事之间仍会和好如初，甚至比以前的关系更好。

要化解同事的敌意，你不妨采用以下几个技巧：

1. 主动向他示好

既然他对你的敌意十分明显，那在这种情况下，你就不能佯装不知了，而应当主动向对方示好，你可以在没有其他同事在场的情况下问他："我究竟有什么不对呢？"一般情况下，他会冷冰冰地回答你："没什么不妥。"此刻，你也许觉得自己是自找没趣，不知该如何是好，其实你完全可以巧妙应对。

既然他说没有不妥，你就乘机说："真高兴你亲口告诉我没事，因为万一我有不对的地方，我乐意修改。我很珍惜咱俩的合作关系，一起去吃午饭，如何？"

这样，就可逼他面对现实和表态。要是一切如他所言的没事，共进午餐交流感情则是很自然的事。或者，邀他与你一起喝下午茶。若你在离开办公室时碰上他，开心地跟他天南地北地聊一番。总之，尽量增加与他联络的机会。友善地对待，对方怎样也拒绝不得！

2. 勇敢地承认自己的错误

如果同事对你的敌意是由你的不当而引起的，你就应勇敢地承认自己的错误。这样不仅可以有效地防止对方对你的进一步攻击，避免你们之间的关系进一步恶化，同时，还可以挽回你与同事之间的合作，迅速扭转不利局面。

承认错误，最佳和最有效的策略是，向他简单地道歉："对不起，我实在有点过分，我保证不会有下一次。"

记住，在道歉时千万不要重提旧事，要是你重提旧事，企图狡辩些什么，只会惹来又一次冲突，同时，显得你也缺乏诚意，人家日后再也不会相信你了。记着，你的目标是将事情软化下来，与同事化敌为友。所以，最好静待对方心情好转或平和些时，再正式提出道歉。

3. 对你的同事微笑

对你身边的每一位同事微笑，尤其是那些对你不满、怀有敌意的同事。微笑是可以感染人的，如果你平常总以亲切的微笑对待同事，即使是对那些与你为敌的同事也如此，那你的同事关系一定会处理得很好，至少在工作中与你为敌的同事会感到你的友善，也许以后就不会再像以前那样对待你了。

4. 表示你的尊重

认真倾听对方的话，表现出你的礼貌和尊重，向对方表示你需要其帮助，就是让这位同事知道你需要他。当然，你是否真的需要，那则是另外一回事。我们就是要利用这样的一种接纳，抬高对方的自尊，对方一高兴，就可以避免把谈话激化，尽可能减少或消除将来的敌对情绪。

5. 关注对方的成绩

你一定要时刻关注对方的成绩，即使是与工作无关的，也能够成为你们之间建立感情桥梁的机会。要记住，对别人的行动和成就表示真正的关心，是一种表达尊重与欣赏的方式。

如果你的同事处处反对你是出于要证实他自己的能力，那么你承认对方在工作中某一方面的特长，就很有可能会平息冲突。

你做出以上努力以后，基本可以化解同事之间的矛盾。如果遇上一些顽固不化的人，在你做出努力后，他仍然不愿意和你和解，你也不要难过，遇上这样的人，谁也没办法。问题并不在你，你只管放心地去工作，别理会这类人就是了。

批评下属要 "看人下菜碟"

真诚的赞美使人愉悦，真诚的批评则能够催人奋进。领导者要管理好自己的下属，就要掌握正确的批评艺术。其中需要掌握的一个重要原则就是批评人要懂得因人而异，针对不同的下属，采取适宜的方法，这样既可以达到批评的效果，又不至于伤了和气。

具体而言，领导者在批评下属时，应注意以下几个方面：

1. 职业情况

不同行业有不同行业的批评要求；同一行业，不同工种、不同职务级别有不同的批评艺术。对工作成熟和初学者，对担任领导工作的下属和一般工作人员的批评也是不一样的。一般说来，随着下属工作熟练程度和行政级别的提高，要求应该越来越严格，虽然方式各有不同。

2. 年龄情况

对不同年龄的人的批评是有差别的。对年长的人，一般应用商讨的语言；对同龄人，就可以自由一些，毕竟彼此共同的地方多一些；对年少的下属，就应适当增加一些开导的语句，以使其印象深刻。

3. 知识、阅历情况

不同的下属，知识、阅历情况是不同的。因此，领导者在批评下属时，必须根据其知识、阅历的不同施以不同的语言艺术。有几十年工龄的下属，你一声轻叹，就会勾起他对过去的回忆，从而引起心中的共鸣；受过高等教育的下属，可能因你对某些艰深理论的谙熟而产生由衷的敬意；一句粗话出口，会使还不习惯集体劳作的社会青年感到 "来者不善"；对知识、阅历深的人需要讲清道理，必要时只需蜻蜓点水，他便心领神会；相反，对知识、阅历浅的人必须讲清利害关系，他们看重的是结果如何，而不理会其中的奥秘究竟怎样。

4. 心理情况

领导者批评下属时必须首先在心理上占上风，否则是不会成功的。

领导者在批评胆汁质类型的下属时不宜使用带有较多情感色彩的语言，但又不能因怕起"火"而不敢点，而是要摆出事实和道理，不给其以任何发作的借口。对多血质类型的下属要适当给予情感刺激，激发其前进的活力。对抑郁质的下属，批评的语言以点到为妥，并尽量消除彼此之间的距离感，增加感情上的认同。

一般说来，对于改正错误、改进工作有较高积极性的下属，领导者的指导性批评无异于一支清醒剂，会使其加倍努力工作。相反，对那种缺乏积极性的人，必须多费口舌调动或激发其改进工作的积极性。对于那些无视批评、屡教不改的人，在严厉批评的同时，也要采取一定的组织行政措施，以儆效尤。

宽容对待下属的过失，对方更愿意被你领导

宽容，应该是每一个领导应具备的美德。没有一个下属愿意为对下属斤斤计较、小肚鸡肠，犯一点小错就抓住不放，甚至打击报复的领导去卖力办事。

尽可能原谅下属的过失，这是一种重要的笼络手段。对那些无关大局之事，不可同下属锱铢必较，当忍则忍，当让则让。要知道，对下属宽容大度，是制造向心效应的一种手段。

汉文帝时，袁盎曾经做过吴王刘濞的丞相，他有一个从侍与他的侍妾私通。袁盎知道后，并没有将此事泄露出去。有人却以此吓唬从侍，那个从侍就畏罪逃跑了。袁盎知道消息后亲自带人将他追回来，将侍妾赐给了他，对他仍像过去那样倚重。

汉景帝时，袁盎入朝担任太常，奉命出使吴国。吴王当时正在谋划反叛朝廷，想将袁盎杀掉。他派五百人包围了袁盎的住所，袁盎对此事却毫无察觉。恰好那个从侍在围守袁盎的军队中担任校尉司马，就买来二百石好酒，请五百个兵卒开怀畅饮。兵卒们一个个喝得酩酊大醉，瘫倒在地。当晚，从侍悄悄溜进了袁盎的卧室，将他唤醒，对他说："您赶快逃走吧，天一亮吴王就会将你斩首。"袁盎大惊，赶快逃离吴国，脱了险。

从这里，我们不仅看到了袁盎的宽宏大度，远见卓识，也可以洞悉他驾驭部下的高超艺术。无独有偶，曹操巧败袁绍的故事也恰恰能说明这一点。

公元199年，曹操与实力最为强大的北方军阀袁绍相距于官渡，袁绍拥众十万，兵精粮足，而曹操兵力只及袁绍的十分之一，又缺粮，明显处于劣势。当时很多人都以为曹操这一次必败无疑了。曹操的部将以及留守在后方根据地许都的好多大臣，都纷纷暗中给袁绍写信，准备一旦曹操失败便归顺袁绍。

相距半年多以后，曹操采纳了谋士许攸的奇计，袭击袁绍的粮仓，一举扭转了战局，打败了袁绍。曹操在清理从袁绍军营中收缴来的文书材料时，发现了自己部下的那些信件。他连看也不看，命令立即全部烧掉，并说："战事初起之时，袁绍兵精粮足，我自己都担心能不能自保，何况其他的人！"

这么一来，那些动过二心的人便全部都放了心，对稳定大局起了很好的作用。

曹操这一手的确十分高明，这种做法将已经开始离心的势力收拢回来。不过，没有一点气度的人是不会这么干的。

可见，精明的上司，一定要懂得原谅下属的过失，让下属知道你胸怀大度，他会情愿为你做任何事。

掌控能力比自己强的下属：一用、二管、三养

汉高祖刘邦平定天下之后，在洛阳的庆功宴上就曾说过这样的话："夫运筹帷幄之中，决胜千里之外，吾不如子房；镇国家，抚百姓，给馈饷，不绝粮道，吾不如萧何；连百万之军，战必胜，攻必取，吾不如韩信。此三者，皆大杰也。吾能用之，此所以取天下也。项羽有一范增而不能用，此所以为我所擒也。"

刘邦还是很有自知之明的，他知道自己不是全才，在很多方面不如自己的下属。他之所以能打败不可一世的楚霸王项羽，一统天下，是因为重用了一些某些方面比自己能力更强的人。而恰恰是在这一点上，刘邦表现出了一个统帅

最值得称道的品格和能力。

打天下如此，干其他事业也莫不如此。

美国钢铁大王卡内基的墓碑上刻着一行字——"这里躺着一位善用比自己能力更强的人"，一语道破了上司应有的管理品质。工作中下属是能人的现象随处可见，然而每个上司对待能力高强的下属的态度却千差万别，正是由于这不同的态度和做法，不仅影响着能干的下属的命运，同样也影响着自身利益。那么，作为一个上司，要善用能力比自己强的下属。

以欣赏的心态来看待有能力的人。要平和积极地对待表现出色的下属，不要有嫉妒心理。如果有嫉妒心理，就会有许多过激的行为和语言产生，这大大影响到上司自身的形象和声誉。以欣赏的心态来看待下属，这样不仅下属会有自豪感和荣耀感，而且也会积极地把能力都发挥出来，而上司自身也会受到有才干的人和其他人的尊重、信赖和佩服，大家就会团结起来，进行开创性的工作，于是工作效率会大大提高。因此说，下属是能人是值得高兴的事情，有能人要比没有能人要好得多，因为能人可以来做好多工作，而且可以做一般人做不了的工作，解决一般人解决不了的问题。

对待有能力的下属要把握三点：一用、二管、三养。

第一是要用。

给能人挑战性的工作，千方百计地调动能人的积极性，让他们出色地完成工作，让他们的能力得到发挥，让他们的才华得到施展，给他们以舞台获得满足感，只有这样才能留住他们，不然，离去是迟早的事情。

第二是要管。

能人毛病多，恃才傲物，有时甚至爱自作主张，因此，必须要管，要有制度约束，要多与之进行思想沟通交流，力争达成共识，引起共鸣。目的在于让他们与你相互了解，防止因相互不了解，而产生误会和用人不当，出现麻烦和损失。

第三是要养。

如果能人是鱼，组织就是水，而这个组织就是由组织中的每一位成员组成，也包括能人自己。因此除了要引导能人少说多做，做出成绩外，还要善意地有艺术性地帮他改掉毛病，同时也要教导组织成员解放思想、更新观念，见贤思齐，使组织形成团结合作、积极进取的健康氛围，这样一来再引导他们和组织成员融合在一起。

因此，如果你真心希望你的下属能够各尽其才、各尽其能，为你的事业而奋斗，就必须敢于起用他们，让他们的才华，铸就你事业的辉煌。

第 16 章

以心悦心，好爱情是"算计"出来的

识破"男子汉"硬壳下的那颗脆弱之心

在《哈姆雷特》里，莎翁有一句名言："女人，你的名字叫弱者。"一直以来，人们总喜欢将与"软""弱"有关的名词用来形容女人，而男人则似乎与之毫无关联。其实不然，虽然男人外表上总是给人一种刚毅、坚强的印象，背后却隐藏着一颗脆弱的心。

男人，甚至包括最弱小的男人，都自认为是强壮的，最起码认为比女人强壮。许多文学作品也把男人描写成巍然耸立的大山，把女人描写为绕山而行的流水；或是把男人比喻为高耸挺拔的大树，而女人则被喻作缘树而上的细藤。这一方面说明女人有依附性；另一方面，也说明男人历来被当作人类强者的化身。

不！事实不是这样，实际上男人比女人更脆弱！男人平时的天不怕、地不怕都是做给女人看的，是被整个男性文化逼出来的。大多数男人为了证明自己是个真正的男子汉，不愿意和脆弱有瓜葛，但生活中男人免不了有脆弱的时刻。我们一般很难看到男人的脆弱，主要是因为他们强忍着，只有当压力实在难以承受的时候，脆弱才表现出来。

随着社会的发展，男人"坚强"背后的脆弱症状一日更甚一日，他们许多优势正在逐渐丧失，要想凭借雄性的特征"占便宜"，只能是痴心妄想。如今男人在世上立足，不再依赖蛮勇的武力，所以他们粗壮的手臂越来越找不到

"市场"，并且随着机械化、现代化程度的提高，使用体力的机会日益减少，手臂也就变得越来越纤细，宽阔的胸膛变得越来越狭窄，魁伟的体魄变得越来越瘦弱。

从进化论的角度看，男人体格特征上的退化恰恰是一种进化，因为我们人类的生存和发展不仅凭借生理力量，更多地要凭借头脑和心灵。男人们蜕去了若干不必要的体毛，弱化了一些不重要的体力，更能集中精力使大脑得到充分锻炼。但与此同时，男人与女人相比所占的优势正在逐步消失，以前许多只有男人才能从事的领域，因为不再仅仅需要体力，而被女人夺去了一大片天地，男人的脆弱也由此开始。

有人说，21世纪的第一性不再是男性而是女性，男人们正变得越来越脆弱，越来越需要关怀。今日"男人更需要关怀"命题的被提出，谁能说只是广告的威力，而不是男人心底深处的隐忧在作祟呢？我们在各种传媒上经常可以看到，男人们破产、倒台、事业走到穷途末路后选择自杀，而不少女人，遇到失败，选择的却是从头再来。

其实，男人不仅在心理上比女人脆弱，在生理上也是一样，过去我们一直忽略了这个问题。免疫学家说："男性是一种有缺陷的生物，如果双胞胎是一男一女，一般而言，其中的男孩在体力智力上都弱于女孩。"

男人的脆弱，还在于他不愿意公开承认自己的病痛、烦恼和压力，遇事总喜欢硬撑着。男人的口头禅是"没问题""没什么事儿"。实际上他们只想独自躲在一边大哭一场，像原始的野兽一样躲到山洞里，默默舔舐伤口。悲伤、沮丧、幻灭的感觉，男人也会有。这个时候，你诚心实意的关心只能更加让他们感到自己的弱点暴露无遗。对男人而言，流血是光荣的，拒绝用"创可贴"是神圣的。所以，他们有时会竖起坚硬的上面写着"免谈"的盾牌来掩饰自己。

另外，男人的脆弱还表现在小心眼上。一般观念认为，男人不应该在乎小事，所以从表面上看他们总是泰然自若，但内心就不一定是这样了。比如，被别人说了坏话，他就总是感到心神不定，变得无精打采。尤其是男性气质被否定，他们会特别在乎，一旦你对一个男人说"你还是个男人吗"之类的话，他就会受到刺激，甚至有可能为此恼怒你一辈子。

古人云："男儿有泪不轻弹，只因未到伤心处。"在所有的文化传统中，没有哪一种文化是鼓励男人随心所欲表达自己情感的，通常都认为轻弹泪者不自重，男人一哭，女人心中就无底，因此男人掩藏脆弱就成了理所当然的事。不过，由此我们也可以知道，男人并没有我们想象得那样强势，与其把我们的终生幸福交给这样一种不可靠的"动物"，不如我们自己去争取。

从男人的场面话里听"门道"

男人虚伪，所以最喜欢说场面话，如果你不能从他们的场面话里听出其真实的意图，就可能经常会曲解他们的意思，使自己处于被动的地位。比如，一个小气的男同事，经常抛出社交辞令客套邀约："哎呀，哪天我请大家吃饭吧！"如果你真对这顿饭抱有很大希望，最终必然会让你气得发晕，如果你不断提醒他，他不是跟你打哈哈，就是以冷眼相对。事实上，男人这种与本意相反的场面话，往往是因为内心的不安与恐惧，为求自我安慰，于是一而再，再而三，因循成习了。

不过，话说回来，有时候场面话也是一种生存智慧，不仅男人需要说，我们女人也应该会说。这不是罪恶，也不是欺骗，而是一种必要。但前提是，只有你听懂了他们的场面话，才能充分利用，最终皆大欢喜，否则便常常会被场面话伤害。

张丽毕业后在外地某中学教书，她一直想找机会调回本市，一天她的一个好朋友告诉她，市一中正好缺一个语文老师，看她能不能托个人调回来。张丽东打听西打听，还真打听到有一个远房亲戚在市教育局上班，虽然不是什么一把手，但还是能"说上话"的，于是她拿了点东西便去拜访这位从未谋过面的亲戚了。

他看上去还挺斯文的，对张丽也很热情，当面拍胸脯说："没问题！"张丽一听这话，便高高兴兴地回去等消息，谁知几个月过去，一点消息也没有。打电话去，不是不在就是正在开会，后来那个朋友告诉她，那个位置早已被别人捷足先登了。张丽一听这话，非常生气地说："自己没本事你早说啊，我还可以想别的办法，这不是害我嘛！"事实上，那位亲戚只不过说了一句场面话，而张丽则信以为真了。

男人的场面话有的是实情，有的则与事实有相当的差距。听起来虽然不实在，但只要不太离谱，听的人十之八九都会感到高兴。诸如"我全力帮忙""有什么问题尽管来找我"等，男人经常把这些话挂在嘴边，因为他们觉得，当面拒绝别人自己会很没面子，所以用场面话先打发，能帮忙就帮忙，帮不上或不愿意帮忙就再找理由。

因此，对于男人拍胸脯答应的场面话，你只能持保留态度，以免希望越大，失望也越大。你只能姑且信之，因为人情的变化无法预测，你既测不出他的真心，只好先做最坏的打算。要知道男人说的是不是场面话也不难，事后求证几次，如果对方言辞闪烁，虚与委蛇，或避而不见，避谈主题，那么对方说的就真的是场面话了！

总之，我们对男人嘴里的场面话，要有清醒的头脑，否则可能会坏了大事。对于称赞、同意或恭维的场面话，也要保持冷静和客观，千万别因男人的两句话就乐过了头，从而影响你的自我评价。冷静下来，反而可看出对方是何用心。

爱要开口，锁住芳心

要想找到如意的另一半，享受甜美的爱情，就要大胆地去表达。只有表达，才会让别人知晓你心中所想。如果心中有爱却"金口难开"，终归会让爱神与你擦肩而过。

李刚是个帅气的小伙子，暗恋着公司里一位漂亮的女孩，却苦于不知如何表达。女孩的一颦一笑令他动心，而女孩的变化无常又让他觉得捉摸不定。他见不到女孩便坐立不安、魂不守舍。他很想向女孩倾吐自己的感情，但话到嘴边，又泄了气。为此他深感苦恼，不知如何是好。

弗洛姆在《爱的艺术》一书中指出："爱，不是一种本能，而是一种能力，可经有效的学习而获得。"这真是一句鼓舞人心的话，让渴望爱情的人充满了憧憬。那么，我们要如何找到自己心中的爱人？

吴丽是一位长得美丽且通情达理的姑娘，公司上上下下的人都喜欢她，特别是那几个还未找到女朋友的小伙子，更是有事无事都围着她转。不过，精明强干、风流倜傥的王鹏却总是一副不屑一顾的神情。

过了一段日子，传出消息说吴丽"名花有主"了，男朋友竟是公司里最不起眼的张弛。看着两人出双入对的甜蜜样子，有人不禁叹息道："唉，一朵鲜花插在牛粪上。"帅哥王鹏最为沮丧。

原来，吴丽一到公司上班时王鹏就喜欢上了她，他也看出，当自己的眼睛与吴丽相视时，她的目光亦是亮亮的、柔柔的，闪动着一种妙不可言的东西。然而，当那几个长相一般的小伙子围着吴丽转的时候，王鹏的自尊心却在作怪。因为自己长得帅，身边有不少女孩子"陪"着，就不愿屈尊去"陪"吴丽，但在心里却巴不得吴丽来"陪"自己。他一直固执地认为，这么漂亮的女孩只有我王鹏配得上。直到发现张弛赢得了吴丽的爱慕后，王鹏才知道自己输得很惨。

确实，在现实生活里，不少人看见漂亮女孩找了个相貌平平的男朋友就会感到惋惜，认为不般配。那么，为什么这个平常的男士能赢得美丽女孩的芳心呢？别看女孩子含羞带笑，温柔文静，其实在她的心里，早就将身边的男孩一个个地排起了队。一般来说，仪表当然是首选的，但那些肯低头、愿捧女孩的小伙子在她心目中的印象分也会提高。特别是漂亮的女孩，假如男孩能够以发自内心的关爱对其"侍奉"，即使男孩子相貌差些，说不定也能锁住她的芳心。但是在通常情况下，仪表堂堂的小伙子就做不到这一点。由于自己长得帅，身边不缺女孩，自视身价不低，怎么可以屈尊？因此，即使漂亮的女孩起初会被其外表打动，但从长远考虑，假如以后一辈子受这样的"美男人"的牵制，倒不如找一个能够呵护自己的男士过日子。只要自己感觉幸福，别人爱怎么说就怎么说好了。

因此，所有想找漂亮女孩做女朋友的小伙子，当你爱上她时，千万别学这位帅哥王鹏，一定要"爱她在心就开口"，不然的话，吃亏的可就是你自己了。

当然，女孩也一样，有了自己中意的白马王子，也不要太矜持，不然中意的人也要被抢走了。

揣摩男人心思，把话说进"心窝"

实际上，男人是一种很容易听女人话的动物，尤其是陌生的男人，由于他们对你也同样陌生，出于礼貌一般不会直接拒绝你。但是，如果你不能把话说进他们的心窝，很快便会遭到拒绝了。

想要把话说到男人心窝里，就需要一些小技巧了。你可以通过他们在无意中显示出来的态度了解其心理，从而进行有针对的谈话。例如，对方抱着胳膊，表示在思考问题；抱着头，表明一筹莫展；低头走路、步履沉重，说明他心灰意冷；昂首挺胸，高声交谈，是自信的流露；抖动双腿常常是内心不安、苦思对策的举动；若是轻微颤动，就可能是心情悠闲的表现；等等。了解了男人在当下的这些心理，你就会很容易抓住他们的要害，让他们完全听命于你。

当然，对男人的了解还不能停留在静观默察上，还应主动侦察，采用一定的侦察对策，去激发对方的情绪，才能够迅速准确地把握对方的思想脉络和动态，从而顺其思路进行引导，这样的会谈会更易于成功。

面对陌生的男人，谈话需要考虑以下几个方面：

1. 年龄差异

对年轻人应采用煽动的语言；对中年人应讲明利害，供他们斟酌；对老年人应以商量的口吻，尽量表示尊重的态度。

2. 地域差异

生活在不同地域的人，所采用的劝说方式也应有所差别。如对我国北方人，可采用粗犷的态度；对南方人，则应细腻一些。

3. 职业差异

要运用与对方所掌握的专业知识关联较紧密的语言与之交谈，对方对你的信任感就会大大增强。

4. 性格差异

若对方性格豪爽，便可单刀直入；若对方性格迟缓，则要"慢工出细活"；

若对方生性多疑，切忌处处表白，应不动声色，使其疑惑自消；等等。

5. 文化程度差异

一般来说，对文化程度低的人所采用的方法应简单明确，多使用一些具体数字和例子；对于文化程度高的人，则可采用抽象说理方法。

6. 兴趣爱好差异

凡是有兴趣爱好的人，当你谈起有关他的爱好这方面的事情来，对方都会兴致盎然。同时，对你无形中也会产生好感，为你找人办事儿打下良好的基础。

抓住说话线索，同陌生男人成为朋友

女生天生比较含蓄一些，面对陌生男性，总是犹犹豫豫不敢近前，即使求人办事也会站在一边等对方注意自己，主动和自己搭讪，这对我们自己的发展很不利。其实，跟男人说话不用那么费劲，你把他们当成自己的朋友，很容易就能聊开，慢慢就真成了朋友了。

因此，在社交活动中，你应该主动与人相处，不要害怕开口，不要怕别人笑你。当你走进陌生人住所时，你可凭借自己的观察力，推断主人的兴趣所在，甚至室内某些物品会引发一段故事。如果你把它当作一个突破口，不就可以由浅入深地了解主人心灵的某个侧面了吗？当你抓到一些线索后，你就不会感到不自然，就不愁找不到开场白。

在你打算和某个陌生男人交往时，不妨将以下建议作为参考：

1. 可以先介绍自己，给对方一个接近的线索

并不一定得介绍自己的姓名，因为初次见面，这样做对方可能会感到唐突。切入点很多，从自己的工作单位切入，或从自己的兴趣爱好切入，需要强调的是，应该先从自己的情况入手，等时机成熟，对方也会相应告诉你他的有关情况。

2. 问一些有关他本人的一般问题

比方说，有关他子女上学或工作的情况，也可以问问对方单位一般的业务情况。对方谈了之后，你也应该顺便谈谈自己的相应情况，才能达到交流的目

的。需注意切忌跨步过大，问及对方隐私的问题。

3. 和陌生人谈话，要全神贯注

因为你对他不熟，你更应当重视已经得到的任何线索。

他的声调、眼神和回答问题的方式，都可以揣摩一下，以决定下一步是否能向纵深发展。

4. 消除与你不喜欢的人之间的隔阂

应当注意的是，有些人你虽然不喜欢，但必须学会与他们谈话。当然，人都有以自我为中心的习惯，如果你对自己不感兴趣的人不瞥一眼，一句话都不说，恐怕也不是件好事。你可能被人认为骄傲，甚至有些人会把这种冷落当作侮辱，从而产生隔阂。

和自己不喜欢的人谈话时，第一要有礼貌；第二不要接触双方的隐私，这是为了使双方自然地保持适当的距离，一旦你愿意和他结交，就要一步一步设法缩小这种距离，使双方容易接近。

各个行业都有许多出类拔萃的人，他们的影响是非同小可的，必须利用和他们接触的机会与之建立良好的关系，这对你的前程至关重要。

温柔，女人智取男人的最好方法

有人说，男人爱上女人是女人一生的幸福，女人爱上男人是女人一生的痛苦。因为女人不确定到底是这个男人爱她多一点，还是她爱这个男人更多一点；她不确定这个男人到底爱着她还是爱着别的女人。所以，如果遇到一个自己钟情，却不能一直相知相伴到老的人，那将叫人痛苦万分。

收服这样的男人，女人只要出"一招"就能制胜。这一招就是女人的柔情似水，女人的温柔体贴。任何男人都抵挡不住一个女人对他"好"，尤其是温柔的好，女人的柔情"润物细无声"，能让男人不知不觉中"销魂断骨"。

香港富华国际集团董事长陈丽华的丈夫是电视剧《西游记》里唐僧的扮演者迟重瑞。两人风风雨雨走过了这么多年，依然相敬如宾，恩爱甜蜜，一起手牵着手散步，手牵着手看日落，但是谁又知道这对幸福的伴侣之前走过了多少坎坷，陈丽华又是如何让这样一个"六根清净"的男人动心的呢？

　　20 岁的陈丽华极具商业头脑，从做家具做到房地产，生意越做越大，商场得意爱情却不那么得意，正是如花的年纪却一直找不到自己的"白马王子"，直到 1988 年冬的一天，酷爱京剧的陈丽华来到中国京剧院唱戏，遇见了迟重瑞。当时，电视剧《西游记》红透全国，迟重瑞这个名字几乎家喻户晓。陈丽华和迟重瑞客串过几出京戏，便被这个为人很诚恳的小伙子深深吸引了，后来媒人搭线，两人慢慢走到一块，但是比陈丽华小 10 岁的迟重瑞腼腆而大男子主义，两人在一起的时候，迟重瑞特别怕别人发现，总是提心吊胆。陈丽华问他为什么要这样。迟重瑞嗫嚅了半天，说出了心里话："咱俩的事，剧院里已经传开了，有人说我傍大款，有人说我吃软饭儿，难听极了。"

　　当时，陈丽华心里很难过。但是，一个女人一旦坠入情网就难以自拔，她是那样爱迟重瑞。于是，过了没多久，陈丽华提出结婚，她认为只有登记结婚了，才能使那些谣言不攻自破。

　　从南美洲蜜月旅行回来后，陈丽华把最好的朋友都请到新家聚会。酒酣耳热之际，陈丽华的一个女友要求大家安静一下："我在书房里发现了一封信，在这喜庆的时刻，我决定把这封信公之于众，即使因此得罪了丽华，也在所不惜。"信里，陈丽华向迟重瑞表达了自己的爱慕之情，言真意切，词词动情。信还没念完，大家都乐得笑出了眼泪。

　　木讷的迟重瑞嘀咕：陈丽华什么时候给他写过这样一封"肉麻"的情书呀？陈丽华悄悄掐了一下他手心，示意他别作声。迟重瑞恍然大悟：原来，这是爱妻导演的一出双簧啊。朋友散会后，迟重瑞眼含泪花说："其实，你本可以不必这样做的。只要我们相爱，别人说什么，又有啥关系呢？我们不必多作解释。"陈丽华幸福地依偎在丈夫胸前，低声笑着说："这叫舍卒保车嘛！"

　　用温柔来融化男人那颗冰冷的心，用心来呵护你的一叶方舟。"爱"不需要太猛烈，只需要柔情似水的甜蜜；"爱"中的人不需要清醒，只需要几分"爱"的醉意。

　　男人总是喜欢温柔的女人，温柔、善解人意是女性最重要的品质和最吸引人的地方，一个女人一旦施以"温柔"，就是再不负责任的男人也离不开她，而男人如果也能适时地对自己喜爱的女人施以温柔，她们会对你报以更大的感激。

温柔是一种善良，是一种爱的包容。

对付想当英雄的男人，你就要小鸟依人

网上曾流行这样一段话："女人读书不宜多，大专生是小龙女，本科生是黄蓉，研究生是赵敏，博士生是李莫愁，博士后是灭绝师太。"更有女人曾这样感叹：现实生活中，女人的能力总是和她的幸福成反比。

在如今的许多"剩女"中，不乏好强心重的女强人。她们怎么也想不明白：为什么大方善良，长相也不算难看的自己总是为他着想，却总是被恋爱和婚姻抛弃？那是因为，太强势的女人会让男人生畏的，你力大无比，你才识过人，你处处精明，那还要男人做什么？在男人的心目中，女人终究是娇弱的形象。女人太要强，能力太强，往往让男人望而却步。

在男人心目中，自己是刚强如铁的形象，女人是小鸟依人的柔弱姿态，爱情中，男人天生的使命即是呵护小女人。男人喜欢被女人需要，觉得那是一件很幸福的事情，他们总是乐于为心爱的女人做任何事情。所以聪明的女人知道在适当的时候向男人示弱，自己明明可以做得到的事情，也要装着不会做，对男朋友说："电脑装个系统好麻烦哦，你来帮我装好不好？"面对这样撒娇示弱的小女人，哪个男人心里不会生出怜惜之心？

在迟子建的小说《逝川》中，吉喜就是一个好强的女人，正是因为她的能力太强，让男人望而却步，以至于她孤老一生。

年轻时的胡会能骑善射，围剿龟鱼最有经验。别看他个头不高，相貌平平，但却是阿甲姑娘心中的偶像。那时的吉喜不但能捕鱼、能吃生鱼，还会刺绣、裁剪、酿酒。胡会那时常常到吉喜这儿来讨烟吃，吉喜的木屋也是胡会帮忙张罗盖起来的。那时的吉喜有个天真的想法，认定百里挑一的她会成为胡会的妻子，然而胡会却娶了毫无姿色和持家能力的彩珠。胡会结婚那天吉喜正在逝川旁剖生鱼，她看见迎亲的队伍过来了，看见了胡会胸前戴着的愚蠢的红花，吉喜便将木盆中满漾着鱼鳞的腥水兜头朝他浇去，并且发出快意的笑声。

胡会歉意地冲吉喜笑笑，满身腥气地去接新娘。吉喜站在逝川旁拈起一条花纹点点的狗鱼，大口大口地咀嚼着，眼泪簌簌地落了下来。

胡会曾在某一年捕泪鱼的时候告诉吉喜他没有娶她的原因。胡会说："你太能了，你什么都会，你能挑起门户过日子，男人在你的屋檐下会慢慢丧失生活能力的，你能过了头。"

吉喜恨恨地说："我有能力难道也是罪过吗？"

吉喜想，一个渔妇如果不会捕鱼、制干菜、晒鱼干、酿酒、织网，而只是会生孩子，那又有什么可爱呢？吉喜的这种想法酿造了她一生的悲剧。在阿甲，男人们都欣赏她，都喜欢喝她酿的酒，她烹的茶，抽她制的烟叶，喜欢看她吃生鱼时生机勃勃的表情，喜欢她那一口与众不同的白牙，但没有一个男人娶她。逝川日日夜夜地流，吉喜一天天地苍老，两岸的树林却愈发葳郁了。

男人天生有英雄情结，不管多么懦弱的男人，都希望在女人面前充满力量，以满足自己天生的保护欲。男人为什么喜欢那种小鸟依人的女人呢？因为小鸟依人的女人藏起了她的力量，掩盖了她的才识。这种女人精明就精明在她会示弱，让男人觉得自己是高大的、不可或缺的。所以，女人不要总以女强人的身份出现，适当在男人面前示示弱，或许就不至于吓跑你的王子。

"女为悦己者容"的背后

其实"女为悦己者容"背后隐含着的一个意思就是，那些"悦己者"要为这份美丽来买单。当然，结婚后两个人成了一家子，就没有必要分得那么细了，但是在谈恋爱期间，你有没有计算过，谈一场恋爱的成本是多少？

当然，也许你正在甜蜜的爱情中享受着幸福的瞬间，谈这个问题有些煞风景。爱情是崇高而伟大的嘛，如果恋爱也谈成本，那这个世界还有什么不是物质的。不过事实是，如今的浪漫太需要物质的支撑了。将爱情进行到底，说来容易做起来难。所以，恋爱中的你一定要为自己和你喜爱的她算一算爱情的成本。这样你才能知道恋爱也是一笔很大的支出，进而回味一下那句"女为悦己者容"背后的深意。

曾经有一家国内机构对 100 对即将步入婚姻殿堂的恋人进行了一次有趣的专项调查。调查结果显示，72％的准新人恋爱全过程的花费在 12000 ～ 35000元，66％的准新人恋爱至今的花费在 10000 ～ 15500 元。当然，这些钱大部分都出自准新郎身上。你是不是吃了一惊，上面的数据还只是针对西安市的调查结果。如果以此类推，北京、上海、广州这几个大城市的恋爱成本会更高！

当然，在恋爱过程中，随着感情的增进，女方也会分担一部分，不过恋爱成本的绝大部分还是男方承担的。

小陈和女朋友江娜是大学同学，他们恋爱已三年了，现在两个人都是公司白领。小陈也和中国大多数男士一样，由于中国男人的大男子主义心理，主动承担起了两个人的开支。

但其实小陈心里也是有苦说不出，因为他感觉自己现在的压力好大，家里有在农村的父母，以后还要负责买房，而且他和江娜在一起的开支有增无减。看下面这个小陈的清单。

星期一：白天我们很忙，晚饭也没有时间一起吃。最后我们从城市的两头打车汇集到一个爵士酒吧，聊聊天，喝了一点饮料。花费：85 元。

星期二：午休时间我正打算在办公室休息，我的手机响了，我很高兴地接听。结果我听了半小时的情话。每分钟 4 毛钱，一共 12 元钱。晚上，我决定和她吃顿晚饭，然后回家洗洗睡觉。结果我们在那家人来人往的饭店里，花了两个小时和 200 元钱。

星期三：我想起她说过喜欢那个 SWATCH 的手表。所以我去了商场花了280 元买下来送给她当作礼物。付出 280 元，得到含情脉脉的一个吻。

星期四：她说晚上我们去喝点咖啡吧。于是，我们无比喜悦地去了那家有人弹奏古典吉他的典雅的咖啡馆，我们窃窃私语，烛光摇曳，我们还自己动手现磨咖啡。总代价：150 元。

星期五：早上她说下午就没事了，我们去逛街吧。我们坐在商场的美食广场吃午饭——我们都喜欢的回转寿司简餐，60 元。然后，我们在商场待了 4 个小时。她的收获是我手中的一件无袖短连衣裙、一双凉鞋、一瓶美白乳液和一个挂件，她只要我送其中的美白乳液，价值 330 元。

星期六：昨天晚上和她吵架了，后来有点自责，于是我咬咬牙请她到我们说过好几次的一家宾馆的西餐厅吃法国蜗牛和鹅肝。480元的晚餐当然好吃。接着我们心满意足地去看了一场100元的电影。

星期天：我们只想在一起去看看那些高高低低的树。我们骑车远行。我们看到的满眼是绿色，我们有点累，回来时走进了那家舒适的冰淇淋店，点了她最喜欢的意大利冰淇淋。总花费：120元。

小陈的这个单子只是他和江娜在一起很普通的一周，他们基本上每周都这样。所以，虽然小陈每个月月薪六千多，但每到月底还是"月光一族"。其实，很多大城市的白领男士都会遇到同样尴尬的局面，这份美丽的代价着实不低。

因此，如果你听到女人说"女为悦己者容嘛"，千万不要傻呵呵地真的以为她完全是为了你而打扮，在恋爱的过程中，有一些不必要的花费可以与其协商节省一些，如果她因此跟你说"Bye bye"，那就让她"Bye bye"吧，这样的女朋友你应该认真考虑考虑了。

倾听，男人了解女人的必修课

很多男人懂得"言多必失"的道理，因而能够适时保持沉默，但是，大多数男人却又不懂得倾听，从而丧失了深入了解女人的机会。倾听是如此重要，我们不妨做一下换位思考，如果一个女人能听懂你的每一句话，而且她能告诉你，你所说的真正意思，那么你一定把她当作知音。女人也是这样，如果你想走进她的世界，必须要学会倾听。

在与女人的谈话过程中，你若耐心倾听对方说话，等于告诉她"你说的东西很有价值"，或"你值得我结交"，等于表示你对对方有兴趣。同时，这也使对方感到她的自尊得到了满足。由此，说者对听者的感情也更进一步了，说者会觉得"他能理解我"，"他真的成了我的知己"。于是，二人心灵的距离缩短了，只要时机成熟，两个人就可以成为好朋友。

由此可见，适时的倾听对了解女人十分有益。让她先吐为快，既表示对其尊重，又能借机了解其为人。此外，你低调的言行又会使对方感到你的和善、谦逊。有人认为,言行低调可能会被人轻视或忽略,得不到关注。事实上,低调一些,你会赢得更多的好感、机遇,以及朋友。这样看来,与其自顾自地滔滔不绝,倒不如将说话的机会让给对方。

不过,成功的"听"者并不是被动的。纪伯伦曾经说过:"如果你想了解一个人,不要去听他说出的话,而要去听他没有说出的话。"一般说来,女人不会轻易把自己真实的意见、想法表达出来,但她的感情或意见,总会在她的语言里体现得清清楚楚。

如果你想真正地了解一个女人,就不要刨根问底,试图让对方表白自己,要做一个聪明的听者,首先要提高自己的倾听能力。那么,怎样提高倾听的能力?以下提几点建议:

1. 保持耳朵的畅通

在与女性交谈时,尽量谈对方感兴趣的事,并用鼓励性的话语或手势让对方说下去,并不时地在不紧要处说一两句表示赞同的话,对方会认为你尊重她。

2. 全心全意地聆听

轻敲手指或频频用脚打拍子,这些动作是会伤害女人的自尊心的。眼睛要看着对方的脸,但不要长时间地盯住对方的眼睛,因为这样会使对方产生厌恶的情绪。只要你全神贯注,轻轻松松地坐着,不用对方放大音量也可以一字不差地听进耳朵里。

3. 协助对方把话说下去

这一点很重要,因为女人说了很多话以后,却得不到你的反应,尽管你在认真地听,她也会认为你心不在焉。在对方话语的不紧要处,不妨用一些很短的评语以表示你在认真地倾听,诸如:"真的吗?""太好了!""告诉我是怎么回事?""后来呢?"这些话语会使女人兴趣倍增。

4. 把说话的机会奉还给女人

有些男人有一种错觉,以为在与女人交谈时,越能表现自己越能得到对方的青睐,事实上,女人的嘴是闲不住的,你说个没完,反而剥夺了她们说话的权利,让她们兴味索然。所以,在你滔滔不绝讲话的时候,注意也要把说话的机会奉还给对方。

5.不要乱插嘴

在女人讲话的时候，如果你自作聪明，用不相干的话把她们的话头打断，会引起她们极强烈的反感，她们会认为你太大男子主义，对她们不够尊重。

6.要学会听出言外之意

通常除说话以外，女人的一个眼色，一个表情，一个动作都能在特定的语境中表达明确的意思。并且，就是同一句话也可以听出其弦外之音、言外之意。

7.用心听，要听全面

欣赏对方的为人，这一点很重要。仔细倾听能帮助你做到这一点，认真听，并且要听全面的而不是支离破碎的话语，否则你可能会妄加评说，影响沟通。

总之，倾听是表示关怀的行为，是一种无私的举动，它可以让我们摆脱孤独，进入亲密的人际关系，并建立友谊。一个男人，在与女人交谈中要善于倾听，这样才能及时给对方反馈，使其有一种心照不宣之感，把你当成知己。

掌握女人言谈的韵律，才能赢得芳心

女人在言谈中，除了所说的内容之外，很多外在的形式也透露了她们的内心世界，比如她说话的韵律就是其中一种。有的时候，由于主客观因素的制约，女人说出来的话不一定就是她们本身所想的，但她们说话的韵律却伪装不了。

一般来说，充满自信的女人，谈话的韵律定为肯定语气；缺乏自信的女人或性格软弱的女人，讲话的韵律则犹豫不决。生活中你一定遇到过这种情形：一个女人跟你说话说到一半的时候，她们会略带神秘地说："不要告诉别人……"这种情况多半是女人秘密谈论他人闲话或缺点，害怕被别人知道，但内心却又希望传遍天下。

有些女人，说话时话题冗长、相当时间才能告一段落，这说明谈论者心中必潜藏着唯恐被打断话题的不安。唯有这种女人，才会以盛气凌人的方式谈个不休。还有一些女人，她们希望尽快结束话题交谈，也有害怕受到反驳的心理，所以总是试图给予对方没有结果的错觉。另外，经常滔滔不绝谈个不止的女人，一方面目中无人，另一方面喜欢表现自己。并且，这种类型的人，一般性格外向。

说话比较缓慢的女人，大都性格沉稳，她们处事做人是通常所说的慢性子。在一个公司中，高玉、张梅同在一个办公室工作，高玉说话做事都很缓慢，而张梅则是个风风火火的人，办事果断，做人颇为自信。由于性格上的差异，两人经常为一些小事闹意见。有一天，张梅看到高玉买了一双新鞋，认为款式不错，她很想买一双穿，就问高玉："你这双鞋多少钱？"高玉慢慢地举起右脚缓缓地对张梅说："这只900元。"张梅素来性情急躁气量又小，听到这里，便大发脾气，"你怎么告诉李红说这种鞋子要1800元？"正想继续责骂，这时，高玉又慢慢地抬起左脚说："这只也900元。"张梅怒气才消。

通常，那些女强人，无论是政治家还是企业家，在掌握言谈的韵律方面，都有独到之处。这种细节性的处理方式，使她们赢得了社会或下属的认可与尊重。

女人冷时，你就要猛攻

聪明的男人必须要懂得，恋爱的诀窍在于"猛攻"。只要把握时机，果断地发动强劲的攻势，女人必定招架不住而向你屈服。

曾经有一个男人爱上了一个女人，他觉得她无论容貌还是人品都是上等的，她正是他所要找的梦中情人。于是，他就对她展开了猛攻。比如，约她出来吃饭，送她玫瑰花，等等。当然，这些都被她拒绝了，因为她觉得他不是自己要找的理想对象。

后来，女人找到了她要找的恋人，就更不用正眼瞧这个男人了。可是，这个男人还是没有灰心，他给女人的恋人写恐吓信。结果，女人的恋人怕被人杀害就离开了女人。女人伤心极了，就跑到公安局去报警，男人被判了刑。可男人不恨女人，仍继续关心着女人。当公安局来带人的时候，女人却后悔了。她心想：他其实也挺优秀的，如果错过了他，也许就再也找不到对自己这么好的男人了。于是，女人撤销了起诉，接受了男人的爱。

正如有人所形容的那样："恋爱就像跷跷板，男人热时女人冷，男的死心，女的就积极，就仿佛是海边与浪嬉戏的少女。"所以，在男人巨浪般的冲击下，女人爱情力学上的平衡就会遭到破坏，致使女人心理动荡不定。

女人对这种攻势是气愤的，甚至她会歇斯底里："没皮没脸的，真叫人讨厌！"然而，在对方一再强攻之下，她又会想：这家伙还真有点儿毅力，真拿他没办法，也许是真的爱我爱得很深！

如果男人再来上那么几句："没有了你，我将……"那一定更加激发起她的"自我崇拜欲"，满足她的"被虐待狂心理"，到了这个时候，你说她怎么能不举手投降呢？

说得明白些，女人之所以经不住男人的猛攻，与其说是由于爱，还不如说是由于她们喜欢被爱。塞万提斯曾借堂吉诃德的口说过这样的话："露骨地求爱，在女人看来未必不是件愉快的事。并且，不论这个女人多么冷淡，即使嘴上说着讨厌得要死，也会在心底深处留下对爱她的人的疼惜。"

另外，圣·西尔也说过："不顾一切向女人发动进攻的男人，只有在他没有付诸实施或半途而废的时候，才会被认为是没有价值的男人。"

听了这些话，也许给男人增添了不少的勇气吧！但是，在这里还是要给你一个忠告：如果仅仅作为手段，一意孤行，也是不妥当的。心理学家海伦·德伊琪说："女人是天生的被虐待者。"然而，这有一个限度，如果你偏信了这种说法，以为女人口头上说讨厌，内心是在高兴，而以虐待狂的方式向女人发动猛攻的话，那势必要栽跟头，因为女人的心理并不至于达到这种懦弱的地步。

爱到深处，不妨"趁火打劫"

恋爱中最痛苦的莫过于单相思，喜欢你的人，你不喜欢；你喜欢的人，不喜欢你。正所谓"强扭的瓜不甜"，恋爱是两个人的事，勉强的感情不会幸福，只能造成彼此之间的折磨和痛苦。生活中有太多的不完美和无奈，每当我们情到深处，爱一个人爱到疯狂的时候，上苍似乎总喜欢捉弄我们，难道"爱"的温度是零？"爱"不能温暖和融化对方的心吗？喜欢一个人最后却只能远远地望着他吗？

生活中我们总是经历着这样的事情：某一个人深深地吸引着你，你愿意看他疯狂地踢球，然后悄悄装作球迷递上你的爱心饮料；你愿意看他忘我地打游戏，自己却装作陌生人坐在他的旁边陪着他；你习惯在同一条路上同一个时间等待他的出现；你希望有一天能跟他做朋友……但是，你却发现他已经有心爱的人。

爱是私有财产，爱是没有先后，没有对错的。爱是勇敢地争取而不是卑怯地放弃。所以，要想抓住喜欢的人的心，首先要学会"趁火打劫"。

"趁火打劫"原意是，趁人家家里失火，一片混乱，无暇顾及的时候去抢人家的东西，趁机捞一把。所以，趁火打劫的行为一直为人们所不齿，因为乘人之危毕竟显得不太光明，非君子之道。但是，在爱情战争这里是指，当对方在最失意、最痛苦的时候，送上你的温暖，最容易打动对方的心。因为，在一个人最脆弱的时候，如果有人陪着他，他们会感到异常的温暖和欣慰，会因此敞开自己的心扉，甚至把你当成自己人，拉近彼此之间的心理距离。其实，爱情本来就是自私的、盲目的、没有对错的，你不趁火打劫，自有其他人来打劫。爱情不施点小诡计，很难争取到自己想要的。因为，堕入情网的人都是戴着面具跳舞，彼此指尖可触，但是陌生得又那么遥远。

在爱情中，要了解对方所需，在他最需要的时刻送上自己的帮助，但一定要心存善意和真诚，否则弄巧成拙，只会引火上身。还要把握住"打劫"的度，千万不要让这个本来是联络感情的好时机，变成对方厌烦你的时刻。

在《恋爱兵法》这部电视剧中，王文清和金正浩之间的"爱情战争"中，就经常采用"趁火打劫"这一招，王文清要负责欧阳明明的行程宣传，而金正浩要负责公司的管理，两人都有难以分担给其他人的责任，也有因为工作而焦头烂额的时候，所以，这时采用"趁火打劫"的一方往往能收到奇效，捕获自己的爱情。

人是有感情的动物，或许很多人习惯冰封着自己的心，总是一副拒人于千里之外的样子，让人无法靠近，但其实，他一直在等待一份能温暖自己内心的"爱"。

我们要学会"趁火打劫"，在最恰当的时刻，最恰当的关头，以最合适的尺度进行"打劫"，这样才能"劫"得自己的"爱"。